비전

첫 코딩
챌린지

HTML CSS
5 3

Must Have 시리즈는 내 것으로 만드는 시간을 드립니다.
명확한 학습 목표와 핵심 정리를 제공하고, 간단명료한 설명
과 다양한 그림으로 학습 효과를 극대화합니다. 예제를 제공
해 응용력을 키워줍니다. 할 수 있습니다. 포기는 없습니다.
지금 당장 밑줄 긋고 메모하고 타이핑하세요!
Must Have가 여러분의 성장을 돕겠습니다.

GOLDEN RABBIT

골든래빗은 가치가 성장하는 도서를 함께 만드실 저자님을 찾고 있습니다.
내가 할 수 있을까 망설이는 대신, 용기 내어 골든래빗의 문을 두드려보세요.

apply@goldenrabbit.co.kr

우리는
가치가 성장하는
시간을
만듭니다.

GOLDEN RABBIT

추천의 말

이 책은 원고 단계에서 베타 리딩을 진행했습니다. 보내주신 의견을 바탕으로 더 좋은 원고로 만들어 출간합니다. 참여해주신 모든 분께 감사드립니다.

HTML&CSS 입문자

이 책은 구어체로 쉽게 설명되어 있어 과외 선생님께 배우는 것 같은 친근함이 느껴집니다. HTML과 CSS는 웬만한 프로젝트를 진행하면서 거의 필수로 사용되는데 의외로 간과됩니다. 바쁜 현업 중에 빠르게 HTML과 CSS를 익혀야 한다면 이 책이 좋은 선택이 될 겁니다.

김진웅 넥스클라우드 Product Owner

인터넷을 하다 보면 감탄이 나오는 홈 페이지를 본 경험이 있을 겁니다. 어떻게 만드는지 궁금하지 않던가요? 이 책은 코딩 초보자에게 웹 페이지가 어떻게 화려한 화면을 보여주는지, 그러한 페이지를 만들려면 어떻게 해야 하는지를 친절하게 설명합니다. 많은 궁금증이 풀릴 겁니다.

사지원 현대엠엔소프트 책임 연구원

저자의 설명을 듣고 문제를 풀어보고, 안 되면 저자가 주는 힌트를 보고 풀어보고, 그래도 안 되면 저자의 풀이 방식을 보면서 하나하나 익혀봅시다. 자신도 모르게 코딩 재미에 빠질 겁니다.

송진영 프로그래머

코딩을 전혀 해보지 않았지만, 웹 사이트를 만들고 싶은 분이 맨 처음 보기에 딱 적절한 책. HTML과 CSS가 뭔지 모르는 비전공자도 즐겁게 읽을 수 있습니다. 저자가 이해한 방식대로 쉽게 설명하기 때문에 예제 난이도도 적절하고 책장도 유쾌하게 잘 넘어가는 매력이 있습니다.

이요셉 IT인

코딩 입문자라면 하나씩 따라 해보며 코딩의 즐거움을 만끽할 수 있을 겁니다. 다른 언어를 배운 초보자라면 HTML과 CSS의 개념을 잡을 수 있을 겁니다. 현업에서 HTML과 CSS를 사용한다고요? 클론 코딩은 의미가 있다고 생각합니다.

이태헌 프로그래머

나만의 웹 페이지를 갖고 싶다는 생각은 누구나 합니다. 그런데 어떻게 해야 하는지 모른다고요? 이 책으로 시작하고 도전해보세요. 코딩한 결과물을 웹에 직접 배포하거든요. 개발 환경을 구성하고 기본 문법과 개념을 익히는 첫걸음 첫 코딩 책으로 추천합니다.

최희욱 프로그래머

HTML&CSS 전문가

비전공자의 눈높이에 맞춰 설명합니다. 재밌게 따라 할 수 있는 예제가 좋아요. 어려움을 느끼지 않고 따라 할 수 있습니다. 비전공자가 웹 프로그래밍을 시작하기에 딱 좋은 책입니다.

마동석 11번가 개발팀장

IT 비전공자가 웹 프로그래밍을 시작하기에 딱 좋은 책입니다. 초보자에게 적절한 난이도로 재미있게 설명합니다. 무리해서 모든 것을 설명하려고 하지 않아 지루하지 않습니다. 각 장이 짧아 하루에 시간을 많이 투자하지 않아도 되어 더욱 마음에 들어요.

조현석 개발자

저자와 4문 4답

Q 왜 디자이너와 비전공자가 코딩을 배워야 할까요?

직장인이라면 회사에서 개발자와 협력하는 일이 많을 거예요. 사업을 시작하더라도 웹 사이트나 앱은 필수로 만들어야하는 시대입니다. 개발자와 효율적으로 커뮤니케이션하려면 코딩 관련 최소한의 지식을 알아두는 게 좋습니다.

예를 들어 디자이너라면 개발자가 구현할 수 있는 디자인을 고안해야 합니다. 열심히 디자인을 했는데 개발자가 못한다고 하면 그것만큼 허무한 것도 없겠죠. 진짜 못하는 건지, 어떻게 다른 디자인을 해야 하는지를 안다면 일의 효율이 팍팍 올라갈 거예요. 추가로 픽셀, 아이콘 등 작은 부분을 직접 수정할 수 있다면 더할 나위 없이 좋겠습니다.

Q 왜 HTML&CSS로 첫 코딩을 해야 하나요?

매일 웹에 전 세계 사람이 접속합니다. 웹은 이미 생활의 일부이고 HTML과 CSS는 웹 페이지를 이루는 기본입니다. 게다가 HTML과 CSS의 코딩 결과물은 친숙한 웹 브라우저 창에서 보입니다. 브라우저는 검정 바탕에 hello world가 출력되는 터미널 환경보다 훨씬 친숙하고 익숙한 환경입니다. 터미널 환경은 비전공자에게 두려움을 줍니다. 자바, C, 파이썬은 터미널로 결과를 출력합니다.

코딩은 재미있어야 합니다. 그래야 포기하지 않습니다. HTML과 CSS로 코딩에 입문하세요. 코딩 결과가 눈에 보여 재미있습니다. 다른 언어에 비해 훨씬 쉽습니다. 이 두 가지면 코딩 맛보기를 끝까지 완수하는 데 충분하지 않겠습니까?

Q 직접 진행한 30일 챌린지, 정말 할 만하던가요?

네~ 정말 도전하길 잘했다고 생각합니다. 이 도전으로 새로운 꿈이 생겼고, 생활습관에도 변화가 생겼습니다. 저는 30일 내내 미친 듯이 달리는 방식 대신 꾸준히 조금씩 나아가는 방식의 챌린지를 채택했습니다. 그렇기 때문에 누구나 하실 수 있다고 생각합니다. 각자 자신이 부족했던 부분을 개선하는 계기가 될 겁니다. 30일 챌린지에 도전하시고 모두 저처럼 자신만의 의미를 찾기 바랍니다.

Q 챌린지 이후 무엇이 변화되었나요?

마케팅, 디자인만 바라보던 제게 새로운 꿈이 생겼습니다. 저는 웹 프론트엔트 개발자가 되고 싶습니다. 그래서 지금은 자바스크립트를 배우고 있습니다.

비전공자가 프로그래머를 꿈꾸는 건 굉장히 파격적인 변화라고 생각합니다. 하지만 오늘날 흔한 모습이기도 합니다. 이 책을 읽으시는 모든 분이 저처럼 개발자를 꿈꾸실 필요는 없다고 생각합니다. 중요한 건 하고 싶은 일을 하는 거라고 생각합니다. 나만의 코딩 챌린지 목표를 모두 달성하시길 빕니다.

숫자로 보는 책의 특징

0 아무것도 몰라도 OK

코딩의 'ㅋ'도 모르는 분을 대상으로 설명합니다. IT 비전공자, 디자이너, 기획자 모두를 환영합니다.

1 달간의 코딩 첫걸음

총 20개 장을 제공하지만, 챌린지 기간을 30일로 잡으세요. 공부하다 보면 막히는 부분이 있을 겁니다. 게다가 뒤로 갈수록 분량도 많아지고 내용도 깊어집니다.

2 가지 언어, HTML과 CSS

웹 UI를 만드는 HTML과 CSS 모두를 배워요.

3 단계 코딩 챌린지

1단계와 2단계에서 HTML로 구조를 잡고, CSS로 꾸미는 방법을 배운 후, 3단계에서는 배운 내용을 종합해서 영상 서비스 앱 UI 만들기에 도전합니다.

3 가지를 챙겨드립니다.

첫 코딩 뭣이 중합니까? 코딩 재미, 코딩 개념 장착, 성취감 아니겠습니까? 비주얼하게 보이니까 재밌습니다. 문법 외우기보다는 개념을 중심으로 알려줍니다. 클론 코딩으로 도전 결과물을 멋지게 만들어 성취감도 챙겨가자고요!

4 가지 프로젝트 제공

입문 수준부터 완성된 앱 UI 클론 코딩까지 다양한 난이도의 프로젝트를 제공합니다.

* ★★☆☆ 박스 레이아웃 만들기
* ★★☆☆ 햄버거 만들기
* ★★★☆ 프로필 UI 구현하기
* ★★★★ 영상 서비스 앱 UI 클론 코딩

대상 독자께 드리는 편지

 코딩의 'ㅋ'도 모르는 IT 비전공자께

문과생 관점에서 차근차근 설명했습니다. 너무 깊은 내용 대신 비전공자에게 딱 필요한 만큼 설명합니다. 처음엔 생소하게 느껴질 수도 있지만 하다 보면 새로운 세계에 눈을 뜨실 수 있습니다. 다만 한 가지 꼭 지켜주셔야 하는 게 있습니다. 직접 코드를 작성하며 책을 따라와주세요. 읽을 땐 이해되는 것 같지만 책을 덮으면 기억이 나지 않을 거예요.

 프로그래머와 협업하는 디자이너께

디자이너가 왜 코딩까지 해야 할까요? 아는만큼 보이기 때문입니다. 개발자와 협업하는 디자이너라면 "안 돼요"라는 말을 들어보셨을 겁니다. 왜 안 되는지, 정말 안 되는지, 그렇다면 되는 디자인은 어떤 건지 알고 싶지 않으신가요? 심지어 개발자와 회의를 할 때도 의사소통이 더 잘 됩니다. 원활한 의사소통은 더 나은 결과물로 이어질 수 있어요. 그러면 일 잘하는 디자이너로 인정받을 수도 있겠죠. 코딩, 한 번 경험해보세요.

 '나도 정말 코딩을 할 수 있나'라는 의구심에 빠진 분께

파이썬, C, 자바 같은 프로그램 언어는 결과를 텍스트 기반으로 보여줍니다. 그래서 낯설고 어렵습니다. 반면 웹 코딩은 눈에 결과가 비주얼하게 보이기 때문에 좌절하지 않고 코딩 자체를 체험하고 코딩 개념을 맛보는 데 더 적합합니다. 이 책은 모든 걸 알려주는 것보다, 재미있게 하나하나 만들어가는 데 목적이 있습니다. 정말 할 수 있을까 의구심이 든다면 도전해보세요.

이 책을 보는 방법

1 프로젝트 제시
* 프로젝트 장에서만 제시합니다.

2 QR코드
움직이는 결과물을 곧바로 확인할 수 있어요.

학습 개요 안내 3
학습 목표와 순서, 핵심 내용을 일목요연하게 제시합니다.

프로젝트 4 함께 풀기
힌트, 풀이 보기, 스스로 구현하기, 함께 풀기로 이어지는 코딩 맛보기

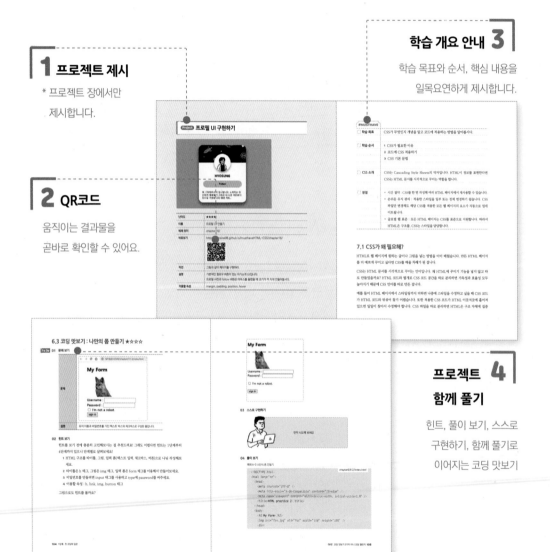

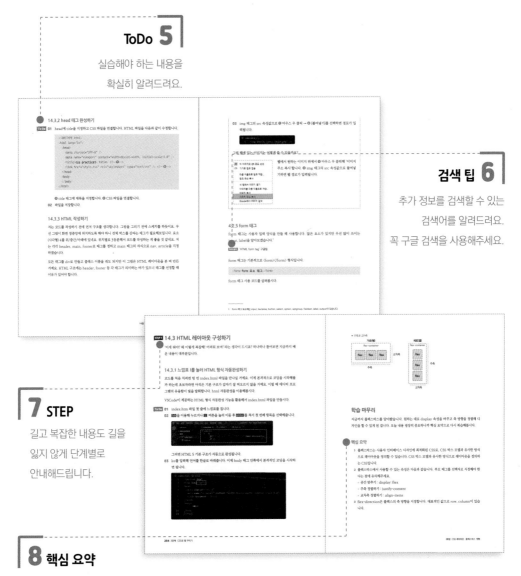

ToDo 5

실습해야 하는 내용을
확실히 알려드려요.

검색 팁 6

추가 정보를 검색할 수 있는
검색어를 알려드려요.
꼭 구글 검색을 사용해주세요.

7 STEP

길고 복잡한 내용도 길을
잃지 않게 단계별로
안내해드립니다.

8 핵심 요약

핵심 개념을
한 방에 정리해드립니다.

이 책의 구성

코딩의 'ㅋ'도 모르는 문과생이 30일간 도전한 코딩 입문기를 담았습니다. 세상 모든 비전공자에게 희망을 주고자, 조금 더 알찬 내용으로 채워서 누구나 할 수 있는 코딩 맛보기를 제공합니다. 이 책을 읽고 나면 다음 단계로 나아갈 작은 성취감을 얻게 될 겁니다.

00장 개발 환경을 구축하자

개발 환경을 구축해봅시다. HTML로 코딩할 때는 코딩 편집 도구만 있으면 충분합니다. 편집 도구를 선택하고 설치해보겠습니다. 이 책에서 다루는 예제 코드도 다운로드하겠습니다.

1단계 첫 코딩에 입문하기

첫 코딩 챌린지에 참여해주신 모든 분을 환영합니다. 1단계에서는 나만의 코딩 목표를 세우고, 웹이 무엇인지, 코딩이 무엇인지 알아봅니다. 웹 코딩의 첫 관문인 HTML로 첫 코딩에 입문해봅시다.

01장 나만의 코딩 목표 세우기

계획이 없으면 나태해지기 쉬워요. 앞으로 어떻게 공부할지, 무엇을 만들지 같이 계획해봅시다.

02장 웹, HTML이 뭐지?

웹이 무엇이고 HTML은 무엇인지, 어떻게 동작해 우리 눈에 보여는지를 배워볼 거예요. 그리고 "나 코딩 좀 안다"라고 말할 수 있는 코딩에 필요한 기본 용어를 알려드릴게요.

03장 첫 코딩 도전하기

개발 환경을 구축해봅시다. HTML로 코딩할 때는 코딩 편집 도구만 있으면 충분합니다. 편집 도구로 선택한 비주얼 스튜디오 코드에 확장 프로그램을 설치해보겠습니다.

2단계 CSS로 웹 꾸미기

CSS는 HTML로 만든 웹 페이지를 꾸미는 스타일링 코드입니다. 크기나 색을 지정하거나 변경할 수 있습니다. 회전이나 이동하는 애니메이션도 구현할 수 있습니다. 밋밋했던 웹 페이지에 생동감과 감성을 불어넣어주는 CSS 세계로 함께 여행을 떠나 보시죠.

이 책의 구성

3단계 도전, 영상 서비스 앱 UI 클론 코딩

HTML과 CSS만으로도 앱 화면을 구현할 수 있습니다. 이번 최종 프로젝트에서는 영상 서비스 앱을 만듭니다. 우리가 항상 즐겨보는 영상 서비스 앱 UI를 어떻게 HTML과 CSS만으로 구현할 수 있는지 알아봅시다. 이 과정을 통해 여러분은 코딩이 더 재미있어지는 놀라운 경험을 하게 될 겁니다. 영상 서비스 앱을 웹에 배포도 해봅시다. 3단계 전체가 한 프로젝트입니다.

프로젝트 소개

프로젝트를 체계적으로 확실하게 이끌어드립니다(프로젝트 특성에 따라 일부 단계를 생략하기도 합니다).

코딩 맛보기 3가지 미니 코딩 챌린지 ★☆☆☆

HTML만으로 초간단 맛보기 예제를 만듭니다. 코딩과 친해질 기회를 놓치지 마세요(6장).

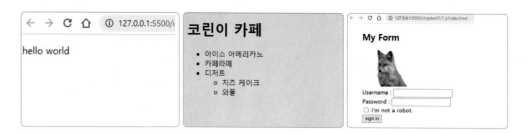

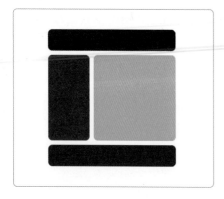

박스 레이아웃 만들기 ★★☆☆

header, article, footer를 가진 박스 레이아웃을 만듭니다(14장).

햄버거 만들기 ★★★☆

클릭 시 햄버거와 X 아이콘이 번갈아 나타나도록
구현해봅시다(15장).

프로필 UI 구현하기 ★★★☆

앱 프로필 페이지입니다. 프로필 사진과 [follow]
버튼은 마우스를 올렸을 때 크기가 커지게 만들
어보아요(16장).

영상 서비스 앱 UI 클론 코딩 ★★★★

다양한 콘텐츠를 즐길 수 있는 넷플릭스, 왓챠 같은 OTT 앱 UI를 클론 코딩합시다. 일명 '뉴
플릭스'를 만들어보아요. 완성한 앱을 웹에 배포도 해봅시다(17~20장).

▼ 로그인 페이지

▼ 콘텐츠 추천 페이지

▼ 마이 페이지

목차

목차

2 단계   CSS로 웹 꾸미기   113

목차

3 단계   **Project 도전, 영상 서비스 앱 UI 클론 코딩**   313

목차

개발 환경을 구축하자

☐ 학습 목표	개발 환경을 구축해봅시다. HTML로 코딩할 때는 코딩 편집 도구만 있으면 충분합니다. 편집 도구를 선택하고 설치해보겠습니다. 이 책에서 다루는 예제 코드도 다운로드하겠습니다.

☐ 학습 순서

1 코드 편집기 선택

2 VSCode 설치

3 예제 코드 다운로드

☐ 코드 편집기 소개

코드 편집기는 코드를 편집하는 도구를 말합니다. 영어로는 코드 에디터라고 하는데, 보통 줄여서 에디터라고 부릅니다. 이 책에서도 줄여서 에디터라고 부르겠습니다.

☐ 코드 실행 환경 안내

이 책에서 실린 모든 예제는 다음과 같은 환경에서 개발하고 실행을 점검했습니다. 소프트웨어는 지속적으로 발전합니다. 버전이 상이하면 UI가 달라지거나 다르게 동작할 수 있습니다.

- 사용 언어 : HTML5, CSS3
- 실습 운영체제 : 윈도우 10
- 비주얼 스튜디오 코드 : 1.53
- 브라우저 : 크롬 브라우저 89.0.4389.90, 엣지 브라우저 89.0.774.57
- 깃 : 0.29.2

알려드려요

1 이 책은 크롬과 엣지 브라우저 모두에서 코드 실행을 확인했으나, 책에서는 크롬 브라우저를 기준으로 설명합니다(단축키, 메뉴 등).

2 이 책에서 제시하는 검색 팁은 구글 검색을 기준으로 합니다.

0.1 코드 편집 도구가 필요해

코딩을 하려면 코드 에디터code editor가 필요합니다. edit가 '편집하다'라는 뜻이니 editor는 편집기가 되겠네요. HTML 코드를 작성하는 데 꼭 엄청난 전문 편집 도구가 필요한 것은 아닙니다. 심지어 메모장으로 새 파일을 생성해서 원하는 코드를 넣고, 파일 확장자를 html로 수정해도 됩니다. 하지만 효율적으로 코드를 작성하길 원한다면 에디터를 사용하세요. 이 장에서는 설치형 에디터인 비주얼스튜디오 코드를 소개합니다(참고로 내 PC가 없을 때 급히 사용할 수 있도록 온라인 에디터인 리플잇replit을 부록에서 소개합니다).

현업에서는 특별한 이유가 없으면 메모장 대신 아톰Atom, 비주얼 스튜디오 코드Visual Studio Code, 서브라임 텍스트Sublime Text, 이클립스Eclipse 같은 코딩에 특화된 텍스트 에디터를 사용합니다.

기술마다 선호하는 에디터가 다릅니다만 HTML 코딩에서 특별한 차별점은 없습니다. 그래서 2021년 기준 가장 많이 사용하는 비주얼 스튜디오 코드(이하 VSCode)를 알려드리겠습니다. 참고로 무료입니다.

0.2 VSCode 설치하기

설치형 에디터 VSCode를 내 컴퓨터에 설치해봅시다.

To Do **01** VSCode 홈페이지에 접속합니다.
- code.visualstudio.com

02 ☑를 클릭합니다.

03 팝업 메뉴에서 여러분이 사용하는 컴퓨터 운영체제에 맞는 Stable 버전을 선택합니다. 저는 Windows x64 Stable 버전을 선택했습니다.

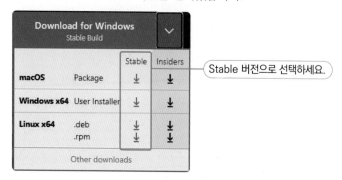

Stable 버전으로 선택하세요.

04 다운로드가 완료되면 내려받은 파일을 실행합니다.

05 [동의합니다(A)]를 선택하고 [다음(N)》]을 클릭합니다.

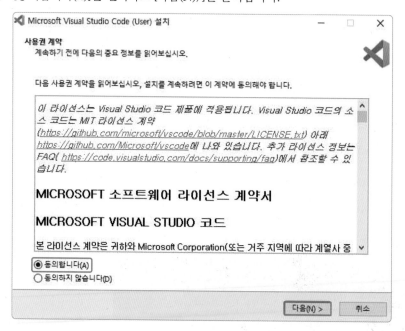

06 설치 경로를 확인할 차례입니다. 기본값 그대로 두고 [다음(N)>]을 클릭합니다.

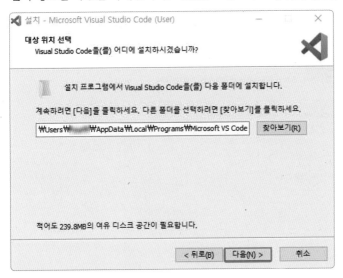

07 원하는 추가 작업을 선택합시다. 기타에서 Code로 열기 작업을 체크해주어야 나중에 VSCode를 실행하기 편합니다. 아래 화면과 똑같이 체크하고 나서 [다음(N)>]을 클릭합니다.

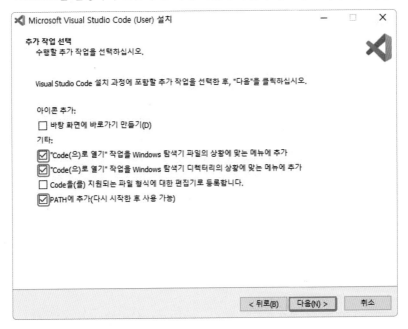

08 설치 시작 안내 창에서 [설치(I)]를 누릅니다.

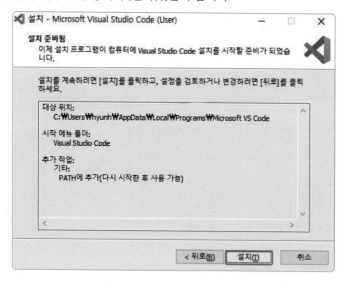

09 설치 완료창이 보이면 [마침(F)] 버튼을 눌러주세요. 그러면 VSCode가 자동 실행됩니다.

지금까지 VSCode를 설치했습니다.

0.3 예제 코드 다운로드 및 점검

깃허브에서 예제 코드를 다운로드하고 실행하는 방법을 알아보겠습니다.

0.3.1 예제 내려받기

이 책에 등장하는 모든 예제 코드를 깃허브에서 내려받을 수 있습니다. 깃허브에 대해서는 13장 '깃/깃허브 배우기'에서 다룹니다. 우선은 코드를 내려받는 용도로만 사용하고 잠시 잊어도 됩니다. 저장소 위치는 다음과 같습니다.

- 깃허브 URL : github.com/lorraine98/musthaveHTML-CSS

`To Do` **01** 예제 코드를 내려받읍시다. 브라우저로 이 책의 깃허브 URL에 접근하세요.

02 ❶ ⌄ Code ▾ → ❷ ⎙ Download ZIP 을 클릭하세요.

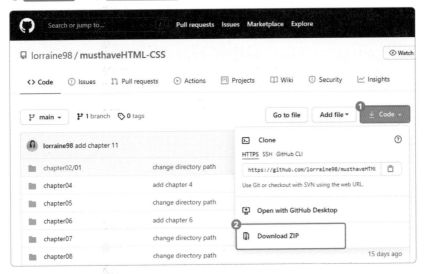

03 내려받은 ZIP 파일을 압축 해제해주세요.

04 압축 해제한 파일을 저장하고 싶은 곳에 위치시켜줍니다.

0.3.2 예제 소스 코드 열기

비주얼 스튜디오 코드에서 원하는 파일을 찾는 방법을 알아보겠습니다.

To Do **01** 메뉴에서 'File → Open Folder'를 클릭합니다.

02 압축을 해제한 폴더를 선택합니다.

03 좌측창에서 원하는 예제를 클릭해보세요. 그러면 코드를 확인할 수 있습니다.

이런 방식으로 이 책의 모든 예제를 확인하고 실행하실 수 있습니다.

0.3.3 온라인에서 예제 확인하기

이 책에서 제공하는 예제를 웹에서 확인할 수 있습니다.

- github.com/lorraine98/musthaveHTML-CSS

To Do 01 브라우저로 이 책의 깃허브 URL에 접근하세요.

02 클릭해 원하는 예제의 파일 코드를 확인하세요.

학습 마무리

개발 환경을 구축했습니다. 이제부터는 VSCode로 코딩하고 크롬 브라우저로 확인하시면 됩니다.

핵심 요약

1 텍스트 에디터란 단순한 메모장의 기능을 넘어 코딩에 필요한 기능을 제공합니다.

2 에디터는 무수히 많고 VSCode와 리플잇도 그 일종입니다.

3 VSCode는 현업에서 많이 사용하는 에디터입니다.

4 코드를 작성할 때 꼭 코딩 전용 에디터를 쓸 필요는 없지만, 사용하면 더 쉽고 간편하게 코딩
할 수 있습니다.

첫 코딩 챌린지에 참여해주신 모든 분을 환영합니다. 1단계에서는 나만의 코딩 목표를 세우고, 웹이 무엇인지, 코딩이 무엇인지 알아봅니다. 웹 코딩의 첫 관문인 HTML로 첫 코딩에 입문해봅시다.

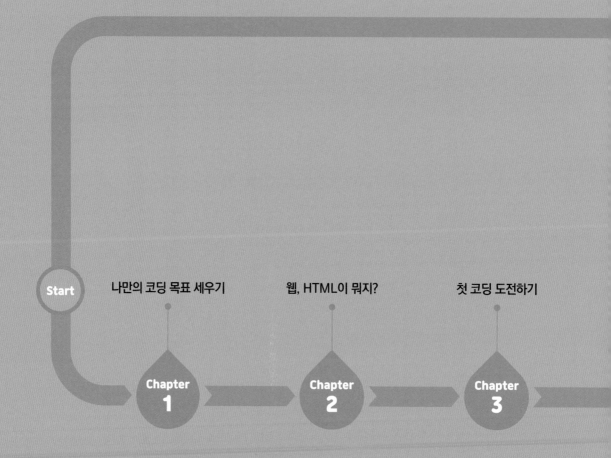

Start

나만의 코딩 목표 세우기

웹, HTML이 뭐지?

첫 코딩 도전하기

Chapter
1

Chapter
2

Chapter
3

단계 **1**

첫 코딩에 입문하기

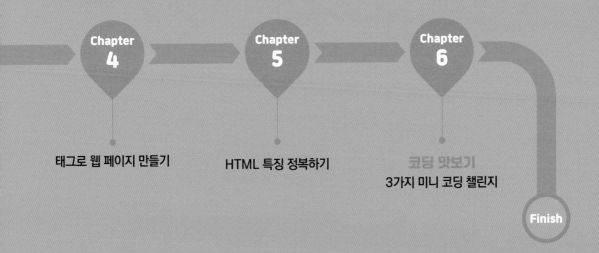

나만의 코딩 목표 세우기

☐ **학습 목표**	계획이 없으면 나태해지기 쉬워요. 앞으로 어떻게 공부할지, 무엇을 만들지 같이 계획해봅시다.
☐ **학습 순서**	**1** 이 책의 범위 안내 **2** 목표와 일정 정하기 **3** 프로젝트 기획하기

1.1 이 책의 범위 안내

웹 대표 기술로 HTML, CSS, 자바스크립트가 있습니다. 이 외에도 유행하듯 떠오르는 언어가 있지만 이 셋이 가장 기본입니다. HTML은 웹 사이트의 기본 구조를 제공합니다. CSS는 서식 및 레이아웃을 제어하는 데 사용합니다. 자바스크립트는 요소의 동작을 제어하는 역할을 합니다. 흔히 HTML을 뼈, CSS를 피부, 자바스크립트를 몸을 움직이게 하는 역할로 비유합니다. 이 책은 그중에서 HTML과 CSS를 학습합니다.

	HTML	CSS	자바스크립트
역할	기본 구조 제공	서식 및 레이아웃 제어	요소의 동작을 제어하는 역할
다루는 곳	1단계	2단계	이 책에서 다루지 않습니다.

이 책은 챌린지 과제로 영상 서비스 앱 UI를 만들어요. UI, 즉 눈에 보이는 화면만 만드는 거예요. 그래서 실제 출시된 앱처럼 동작하지는 않아요. 실제 출시된 앱처럼 동작하려면 자바스크립트 등 프로그래밍 언어가 필요합니다. 우린 이 단계로 나아갈 수 있는 첫 발돋움을 하는 거예요.

화면을 똑같이 만드는 게 뭐가 대수냐 싶겠지만, 문과생에게는 코드 한 줄도 낯설고 어렵습니다. 이 책의 목적은 가시적인 결과물을 만들며 코딩하는 재미를 붙이게 하는 데 있습니다. 웹 배경 지식, 코드 작성 방법, 필요한 개발 관련 정보를 웹에서 찾는 방법을 배우게 될 겁니다.

다시 한 번 말씀드립니다. 이 책은 HTML과 CSS를 학습합니다.

- 문과생 관점에서 차근차근 알려줍니다.
- 전부를 완벽하게 알려주지는 않습니다. 작은 성취감을 30일만에 얻을 수 있게 필요한 부분만 공부해 나아갑니다.
- 거시적인 관점을 보여주고 세부 내용을 설명합니다.
- 어려운 개념은 최대한 쉽게 그림으로 설명합니다.

다음과 같은 두 가지는 다루지 않습니다.

- 컴퓨터 사용법
- 자바스크립트 프로그래밍

1.2 목표와 일정 정하기

이 책은 제가 진행한 코딩 30일 챌린지를 모티브로 합니다. 코딩 챌린지를 진행하기까지 많은 생각이 오갔습니다. 무엇을 어떻게 공부할지, 그리고 내게 정말 코딩이 필요할지. 하지만 오랜 고민이 무색하게 도전을 완수하고 많은 것을 얻었습니다. 수확이 있었던 이유는 모든 걸 다 얻으려고 하지 않았던 데 있었습니다. 한 번에 하나씩, 정해진 만큼만 얻고자 했습니다.

30일 동안 어떻게 공부하지?

사실 HTML과 CSS도 제대로 배우려면 분량이 엄청나요. 한 권으로 모든 걸 다룰 수 없을 뿐더러 처음 배우는 입장에서 부담이 될 겁니다. 이 책은 핵심 문법만 익히고, 프로그래머처럼 생각하고, 프로그래머처럼 모르는 내용을 찾아가며 '나도 코딩할 수 있다'라는 자신감을 심어주는 것을 목표로 합니다. 마지막에는 '영상 서비스 앱 UI 만들기'에 도전해 작은 성취를 얻어보겠습니다.

내가 코딩을 배우는 게 맞을까?

챌린지 당시 저는 미디어커뮤니케이션학과를 전공하고 경영학과를 복수전공한 4학년 골수 문과생이었습니다. IT 자격증 하나 없는데 코딩 공부가 취직에 도움이 될까라는 현실적인 고민도 했습니다. 하지만 '지금 나한테 도움이 될까?'라는 생각보다 코딩이 내 미래에 어떤 긍정적인 파도를 불러일으켜줄지를 생각해봅시다.

앞으로 무엇을 할 것인가에 대한 결정은 참 어렵죠. 아마 다음 그림이 여러분의 생각에 도움을 줄 수 있을지도 모르겠습니다.

디자이너라면?

웹 퍼블리셔, UX/UI 디자이너, 프론트엔드 개발자 등 디자인 전공은 살리면서 다양한 커리어에 도전할 수 있는 기회가 열려요!

마케터라면?

홍보용 페이지를 만들고 있나요? 검색 엔진이 좋아하는 웹 페이지를 기획해 도달율을 높이세요!

학생, 직장인 누구든!

나를 더 잘 표현할 수 있는 멋진 포트폴리오를 만들 수 있어요! 또한 동료들과의 협업, 커리어 전환, 효과적인 소통이 가능해질 거예요!

1.3 프로젝트 기획하기

모든 일에는 동기가 중요합니다. 제가 좋아하는 영상 제작으로 예를 들면, 영상을 자르고 화려한 효과를 넣는 편집 기술과 별개로 '어떤 영상을 만들 것인가'라는 기획이 큰 비중을 차지합니다. 물론 초반에는 화려한 영상을 만들고 싶은 마음에 기술에 집중하지만, 기술에 익숙해지면 어떤 메시지를 담을 것인지에 더 오랜 시간을 투자합니다. 기술은 있지만 어떤 영상을 만들지 모르겠다면 기술은 무의미하겠죠?

기획이 필요한 이유

코딩도 마찬가지예요. 내가 코딩을 배우려는 이유가 분명해야 나중에 힘든 순간이 오더라도 포기하지 않고 마음먹은 곳까지 갈 수 있어요. 코딩은 우리에게 생소한 분야잖아요. 무턱대고 덤비면 포기하기 쉬워요. 왜 내가 코딩을 배우려고 하는지, 나는 최종적으로 무엇을 하기 위해 이 지식을 습득하는지 잠깐이라도 좋으니 생각해보는 시간을 가집시다. 제가 생각하기 쉽게 예제를 들어볼게요.

▼ 나만의 프로젝트 예시

난이도	★★★★
앱 이름	뉴플릭스
앱 설명	영화, 드라마 등 영상을 스트리밍으로 서비스하는 앱
기획한 이유	영화 등 영상 콘텐츠를 너무 좋아해 영상 서비스 앱을 만들어보고 싶다. 소비자의 취향에 맞는 영화를 추천하고 기존에 보던 영상, 찜했던 영상 등 소비자가 보고 싶어하는 영상을 보여주는 서비스를 만들고 싶다.
화면 설명	로그인 페이지, 검색 페이지, 마이 페이지
학습 전 질문	• 검색창을 만들 수 있을까? • 어떤 아이콘을 넣을까? • 각 요소를 내가 원하는 위치에 넣을 수 있을까?

이제 여러분의 계획을 작성할 시간입니다. 이 책을 다 읽고 나서 나만의 프로젝트를 진행하는 거예요. 무엇을 만들고 싶은지 자유롭게 상상해보세요. 당장 떠오르지 않는다면 내가 자주 사용하는 앱은 어떻게 생겼나 확인해보는 방법도 효과적일 겁니다. 만들고 싶은 앱을 선택했다면 다음 표를 작성할 차례입니다. 조급해 하지 마시고, 충분히 시간을 가지고 작성하세요. 이 책으로 공부하면서 결정해도 됩니다.

▼ 나만의 프로젝트 직접 작성해보기

난이도	
앱 이름	
앱 설명	
기획한 이유	
화면 설명	
학습 전 질문	

좋아요! 이제 우리도 코딩쟁이가 되어볼까요?

웹, HTML이 뭐지?

☐ **학습 목표**	웹이 무엇이고 HTML은 무엇인지, 어떻게 동작해 우리 눈에 보여지는지를 배워 볼 거예요. 그리고 "나 코딩 좀 안다"라고 말할 수 있는 코딩에 필요한 기본 지식을 알려드릴게요.
☐ **학습 순서**	**1** 웹이 뭐지? **2** 웹 페이지는 뭘까? **3** 웹은 어떻게 동작하지? **4** HTML은 또 뭐야? **5** 나도 안다 코딩 상식
☐ **웹과 HTML 소개**	웹은 인터넷에 연결된 사용자들이 서로 정보를 공유할 수 있는 서비스입니다. HTML은 웹 서비스에 사용하는 마크업 언어입니다. 마크업은 문서나 데이터 구조를 태그 등을 이용하여 명시하는 언어입니다. 쉽게 말해 웹 페이지에 표시(mark)를 하는 언어라고 생각하시면 됩니다. 웹 브라우저에 보이는 화면은 텍스트, 이미지, 동영상, 오디오 같은 요소를 HTML로 구조화해 담은 문서를 해석해 보여준 결과입니다.
☐ **알려드려요**	이 책은 설명 글에서 HTML과 CSS 태그, 속성, 요소를 표기할 때 head 태그, href 속성처럼 표현합니다. 꼭 필요할 때가 아니면 〈head〉처럼 쓰지 않아요 (물론 소스 코드에서는 〈head〉처럼 씁니다).

2.1 웹이 뭐지?

웹을 알려면 네트워크, 인터넷을 먼저 알아야 해요. 네트워크는 컴퓨터와 컴퓨터를 연결해주는 망입니다. 이런 망들이 모여서 더 큰 네트워크인 인터넷이 되는 거예요.[1] 인터넷의 시초는 1960~1970년대 미국 국방부 산하의 고등 연구국^{Advanced Research Projects Agency}이 만든 ARPANET 이에요.

▼ 인터넷과 네트워크

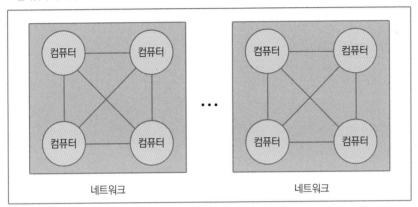

그럼 웹은 뭘까요? 웹은 World Wide Web의 줄임말로 재귀적 용어입니다. WWW 혹은 W3라고도 부르는데, 보통은 '웹'이라고 부릅니다. 웹은 인터넷에 연결된 사용자들이 서로 정보를 공유할 수 있는 서비스입니다. 여기서 말하는 서비스는 텍스트, 그림, 소리, 영상 등의 정보를 제공해주는 것을 말합니다.

그동안 웹이 곧 인터넷이라고 생각하신 분도 적지 않을 겁니다. 그만큼 웹은 우리에게 친숙한 서비스입니다. 우리가 흔히 접하는 인터넷 서비스로는 웹 말고도 이메일과 파일 전송 서비스 등이 있죠. 다음 표에 친숙한 서비스 정보를 요약해두었습니다.

---

1 네트워크와 인터넷은 통신 규약 기반으로 연결되어 있습니다. 통신 규약을 프로토콜이라고 하는데, 대표적인 통신 규약으로는 TCP/IP가 있습니다. 이 책은 네트워크 강의가 목적이 아니므로 약속된 통신 방법이 있구나 정도로 알고 넘어가면 됩니다.

▼ 친숙한 웹 서비스

기능	이름	통신 규약
웹	WWW	HTTP / HTTPS
이메일	Email	SMTP/POP3/IMAP
파일 전송	FTP	FTP/SFTP

2.2 웹 페이지는 뭘까?

웹 페이지는 정보를 하이퍼텍스트라는 특별한 양식으로 제공하는 웹 문서입니다. 브라우저에서 www.naver.com에 접속하면 네이버에서 제공하는 기본 화면을 가져옵니다. 이때 보여준 기본 화면이 네이버 기본 웹 페이지입니다. 네이버 쇼핑이나 카페로 이동하면 해당 주제에 맞는 페이지를 가져와 보여줍니다.

▼ 브라우저와 사이트

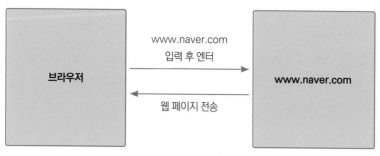

2.3 웹은 어떻게 동작하지?

한 번쯤 마우스 우클릭 후 [검사(N)] 메뉴를 또는 F12를 실수로라도 눌러본 적이 있을 겁니다. 그때 보이는 빽빽하게 적힌 영문은 무얼까요? 바로 우리에게 글과 그림 등을 보여주는 HTML 코드입니다.

▼ 웹 사이트와 HTML 코드

인터넷은 클라이언트client와 서버server 사이를 오가며 동작합니다(우리가 좋아하는 온라인 게임과 게임 서버도 클라이언트 서버 구조입니다).

▼ 클라이언트와 서버

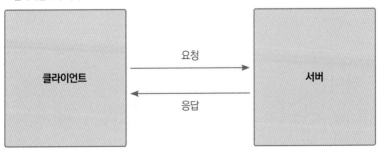

저는 '클라이언트는 의뢰인이라는 뜻을 갖고 있으니 무언가를 의뢰하는 거구나~'라고 이해했습니다. 서버는 서빙하는 사람을 말하잖아요. 그래서 '의뢰한 걸 전달해주는 사람이구나~'라고 생각했어요. 클라이언트가 요청request을, 서버는 응답response을 해준다고 기억하시면 됩니다.

요청과 응답이 일어날 때 웹 페이지 코드가 서버에서 클라이언트로 전달되는데, 이때 HTTP 통신 규약을 이용합니다. HTTP 통신 규약으로 실어 나르는 대상인 문서는 하이퍼텍스트 양식으로 되어 있고, 하이퍼텍스트는 HTML이라는 마크업 언어를 사용해 작성합니다. 따라서 웹 페이지를 만들려면 HTML을 첫 번째로 알아야 합니다.

▼ 웹의 주요 개념의 파생 흐름

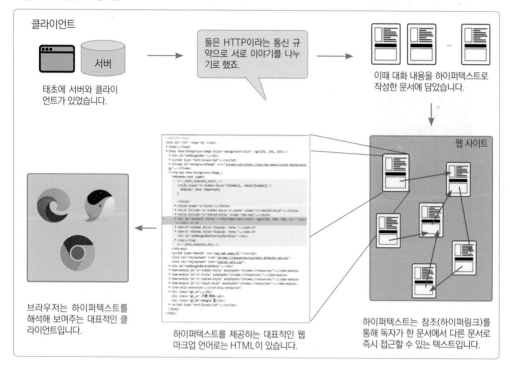

2.4 HTML은 또 뭐야?

HTML이 무엇인지 알아봅시다. HTML은 HyperText Markup Language의 약자인데, 직역하면 '하이퍼텍스트를 마크업하는 언어'입니다. 하이퍼텍스트란 정해진 순서 없이, 참조를 통해 한 문서에서 다른 문서로 접근할 수 있는 텍스트를 말하는데요, 핵심 기능으로 하이퍼링크를 들수 있습니다. 웹 페이지에서 링크를 누르면 다른 페이지로 이동되죠? 바로 하이퍼텍스트에서 제공하는 하이퍼링크 기능 덕분에 가능한 거예요. 그렇다면 마크업하는 언어란 무엇일까요? 마크는 '표시'로 해석할 수 있으니, '표시하는 언어'로 이해하시면 됩니다.

이름에서도 알 수 있듯이 엄밀히 말해서 HTML은 프로그래밍 언어가 아닙니다. 마크업, 즉 표시하는 언어입니다. HTML은 웹 페이지의 구조를 지정하는 아이일 뿐 프로그램 자체를 만들지는 못합니다. 프로그래밍 언어는 논리 흐름을 제어하는 등 갖춰야 하는 기능이 마크업 언어에 비해 더 많습니다. 그리고 그 자체로 프로그램을 만들 수 있어야 합니다. 따라서 HTML은 프로그래밍 언어가 아닙니다.

결국 HTML은 '웹 페이지의 구조를 나타내는 마크업 언어다'라고 이해하시면 됩니다. 비록 엄밀히 따져서 프로그래밍 언어는 아니지만, 작성하는 행위를 코딩, 작성된 텍스트를 코드라고 표현하는 건 같습니다.

▼ HTML과 용어

2.4.1 HTML 기본 구조

아래는 HTML의 기본 구조입니다. 보기만 해도 현기증이 날 거 같은데요, 의미를 파악할 기회가 왔다고 긍정적으로 생각하고 함께 살펴봅시다. 치음부터 세세히 알아보면 머리가 아프니까 일단 큰 구조만 살펴볼게요. 나중에 상세히 다룰 예정이니 지금 이해하지 못한다고 해서 너무 걱정하실 필요는 없습니다.

예제 2-1 HTML의 생김새

```html
<!DOCTYPE html> <!--❶-->
<html>
    <head>        <!--❷-->
```

```
        <meta charset="utf-8">
        <meta http-equiv="X-UA-Compatible" content="IE=edge">    ┌── <!--❹-->
        <title>my first page</title>   <!--❸-->
        <meta name="description" content="">
        <meta name="viewport" content="width=device-width, initial-scale=1">
    </head>
    <body>
        <p>Hello world!</p>
    </body>
</html>
```

▼ 실행 결과

Hello world!

코드를 분석하기 전에 코드를 보는 방법을 먼저 설명해드릴게요. 〈!----〉는 주석, 그 외의 모든 내용은 컴퓨터가 해석하는 코드입니다. 주석은 프로그램 동작에 아무런 영향을 미치지 않습니다 (컴퓨터는 주석을 무시합니다). 사람(개발자)에게 제공하는 설명 글(정보)이라고 보시면 됩니다. HTML 주석을 쓰는 방식은 다음과 같이 〈!--와 --〉 사이에 설명할 내용을 쓰면 됩니다.

```
<!--설명할 내용을 여기에-->
```

이 책에서는 〈!--❶--〉처럼 주석 안에 숫자를 넣었습니다. 코드를 설명할 때 위치를 지정하는 용도로 숫자를 사용했습니다. 이제부터 위치별 의미하는 바를 알아보겠습니다.

Tip VSCode에서 단축키 **Ctrl + /** 로 주석을 처리할 수 있습니다. HTML 주석은 〈!-- --〉 형식이고, CSS 주석은 /* */ 형식입니다.

❶ 〈! DOCTYPE html〉

모든 HTML 문서는 〈! DOCTYPE〉 선언으로 시작합니다. 〈! DOCTYPE html〉은 HTML 태그가 아니라 문서 유형에 대한 브라우저의 정보입니다. 즉, 〈! DOCTYPE html〉은 HTML의 가장 최신 버전인 HTML5를 사용한다고 알려줍니다.

❷ head 태그

페이지를 열 때 브라우저에 요소가 표시되는 body 태그와 다르게, head 태그는 페이지에 표시되지 않습니다. 대신에 페이지 정보(메타 데이터[2])를 제공합니다.

❸ title 태그

HTML 문서 제목을 표현합니다. 예제에서는 my first page로 지정되어 있습니다. 따라서 웹 페이지 상단에 타이틀이 생성됩니다.

❹ meta 태그

meta 태그는 메타 데이터를 알려주는 태그입니다. 메타 데이터는 데이터를 설명하는 데이터입니다. 예를 들어 우리가 글을 썼다고 가정해봅시다. 해당 글을 나중에 검색할 때 작성자 이름으로 검색할 수도 있고, 날짜로 검색할 수도 있습니다. 이때 작성자, 날짜가 메타 데이터입니다. 메타 데이터를 이용하면 특정 데이터를 쉽게 찾을 수 있습니다.

head 태그 안에 다양한 meta 태그가 있습니다.

• `<meta charset="utf-8">`

이 요소는 문서에서 허용되는 문자를 표시합니다. utf-8은 전 세계적인 문자 집합으로 많은 언어를 포함합니다. 그래서 우리가 어떤 언어를 사용해도 웹 페이지는 읽을 수 있습니다.

• `<meta name="description" content="">`

name은 메타 요소가 어떤 형태의 정보를 갖고 있는지 나타냅니다. content는 실제 메타 데이터의 요소입니다. name이 "description"일 때 content에는 해당 사이트의 소개 문구를 적게 됩니다. 검색 엔진에서 검색된 사이트명 바로 밑에 있는 설명 글이라고 생각하면 됩니다.

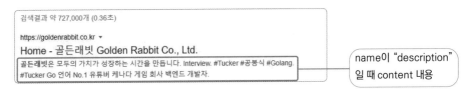

---

2   데이터를 설명하는 데이터

- `<meta name="viewport" content="width=device-width, initial-scale=1">`
  뷰포트는 요소를 볼 수 있는 화면입니다. 일반적으로 웹 페이지는 한 화면보다 크거나 깁니다. 다들 화면 스크롤 내려보셨죠? 브라우저가 사용자에게 스크롤 기능을 제공해 가능한 겁니다. 이때 device-width와 initial-scale=1은 개인마다 갖고 있는 기기 화면에 맞춘다는 뜻입니다.

메타 태그를 활용한 예제는 5장에서 다룹니다. 일단은 이 정도로 알고 넘어가면 됩니다.

2.4.2 태그가 뭐지?

그럼 태그Tag는 뭘까요? 태그는 꼬리표라는 뜻으로 HTML에서는 웹 문서에 정보를 정의해주는 형식입니다. 태그로 데이터를 감싸서 데이터 형식과 의미를 브라우저에게 알려줍니다. 태그는 〈 〉로 감싸 표현합니다. 그 안에 원하는 형식을 지정하면 됩니다. 〈 〉는 시작을, 〈/ 〉는 끝을 알려줍니다. 예를 들어 〈html〉은 html 태그의 시작을, 〈/html〉은 html 태그의 끝을 알려줍니다.

▼ HTML 태그

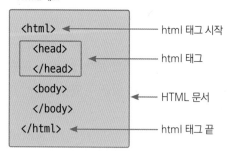

다음 장에서 에디터를 깔고 직접 코드를 작성할 겁니다. 우선 이 정도로만 맛보고 넘어갑시다.

Tip HTML 정보를 MDN(https://developer.mozilla.org/ko)이나 W3School(www.w3schools.com)에서 찾아보세요. 특히 MDN은 공식 문서라 깔끔하고 정확합니다. 또한 문제를 풀다 어려움이 생기면 코딩계 지식인이라 할 수 있는 스택오버플로(stackoverflow.com)를 방문해보세요. 내 고민과 같은 질문이 이미 있을 가능성이 높습니다. 해결 방안도 달려 있을 겁니다. 물론 직접 질문할 수도 있습니다.

2.5 나도 안다! 코딩 상식!

개념을 아는 것은 중요해요. 실무에서 협업할 때 전문 용어를 사용하기 때문입니다. 정확한 용어를 알면 비전공자인 우리도 능수능란하게 협업에서 필요한 이야기를 하고 알아들을 수 있습니다. 반면 용어를 모르면 외계어를 듣는 기분일 거예요. 그중에 코딩, 프로그래밍, 코드, 소스, 컴퓨터 언어, 웹 페이지, 웹 사이트 등 어디서 많이 들어본 용어의 개념과 차이점을 알아봅시다.

코딩 vs 프로그래밍

코딩과 프로그래밍을 같은 단어로 생각하는 경우가 많은데 엄밀하게 따지면 완전히 같지는 않아요. 코딩을 좁게 해석하면 컴퓨터에게 명령(코드)을 작성하는 일 자체를 말해요. 즉 코드를 작성하는 일이 코딩이죠.

프로그래밍은 단순히 코드를 작성하는 일 이상을 포괄합니다. 코드 작성, 분석 및 구현, 디버깅, 컴파일, 테스트, 구현 등 원하는 프로그래밍을 만드는 모든 영역을 포함합니다(열거한 각 용어는 아직 몰라도 됩니다). 따라서 코더보다 프로그래머가 되기까지 훨씬 더 많은 노력과 시간이 필요합니다(하지만 이러한 구분도 명확하게 합의된 건 아니에요).

웹 페이지 vs 웹 사이트

웹 페이지는 하이퍼텍스트로 작성된 문서입니다. 대표적인 하이퍼텍스트 언어로 HTML이 있습니다. 대부분의 웹 페이지 구조는 HTML로 작성한다고 보면 됩니다. 웹 사이트는 URL 기반으로 인터넷에서 서비스되는 웹 페이지의 집합입니다. 아래 그림을 보시면 더 쉽게 이해하실 수 있습니다.

▼ 웹 페이지와 웹 사이트

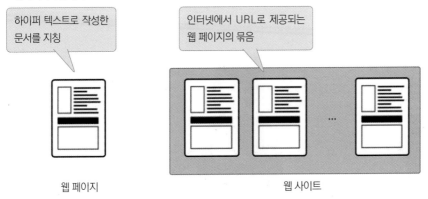

하이퍼 텍스트로 작성한 문서를 지칭

인터넷에서 URL로 제공되는 웹 페이지의 묶음

웹 페이지　　　　　　　웹 사이트

URL과 www

URL^{uniform resource locator}은 네트워크에서 자원의 위치를 알려주는 규약입니다. "웹 페이지 주소가 뭐야?"라고 흔히 말하죠? URL을 실제로 웹 주소^{web address}라고도 부릅니다.

URL은 www로 시작하잖아요? 이게 World Wide Web의 약자예요(W3라고도 불러요). 일반적으로 웹으로 알려진 World Wide Web은 인터넷에서 하이퍼텍스트 문서를 제공하는 시스템입니다. 하이퍼텍스트 문서는 HTML로 쓰여 있고, 통상 웹 브라우저로 읽습니다. 웹 브라우저를 브라우저로 줄여 부르죠.

브라우저는 웹 페이지를 분석해 텍스트, 이미지, 비디오 또는 음악 같은 요소를 보여주는 프로그램이죠.

컴퓨터 언어(프로그래밍 언어)

컴퓨터 언어^{computer language}는 컴퓨터에 명령을 내리는 언어로, 흔히 프로그래밍 언어라고 합니다. 너무 깊게 들어갈 필요는 없지만 우리가 알아야 하는 건 HTML과 CSS는 프로그래밍 언어가 아니라는 점이에요. 왜냐고요? HTML은 단독으로 프로그램을 만들 수 없기 때문이에요. HTML은 하이퍼텍스트 문서를 코딩하는 언어에요. 하이퍼텍스트 문서 자체가 프로그램은 아닙니다. 브라우저가 해석해서 그 결과를 보여주는 데 사용하는 문서죠. 따라서 코드를 작성한 결과물이 프로그램이 되는 건 아니니까 프로그래밍 언어는 아닌 거죠. 결론을 말씀드리자면 HTML은 하이퍼텍스트를 표시하는 언어, 즉 마크업^{Markup} 언어입니다. (아직 다루지 않았지만) HTML을 보기 좋게 꾸며주는 CSS 또한 마찬가지예요.

여담으로 개발자에게 HTML이 프로그래밍 언어라고 말한다면, "아니"라는 답변을 빠르게 받게 될 수도 있습니다.

학습 마무리

웹 코딩을 배우기에 앞서 웹과 HTML이 무엇인지 배웠습니다. 웹 배경지식을 갖추는 시간이 되었길 빕니다.

핵심 요약

1 클라이언트/서버 구조에서 클라이언트는 요청하고 서버는 응답합니다.

2 브라우저는 하이퍼텍스트를 해석해 보여주는 대표적인 클라이언트입니다.

3 HTML은 하이퍼텍스트를 표현하는 마크업 언어로, 웹 페이지에 데이터를 구조적으로 기술하는 데 사용합니다.

4 하이퍼텍스트는 정해진 순서 없이 참조를 통해 다른 문서에 접근할 수 있는 텍스트입니다.

5 웹 페이지는 웹에 있는 HTML로 작성된 문서입니다.

6 웹 사이트는 URL 기반으로 인터넷에서 서비스되는 웹 페이지 집합입니다.

7 WWW는 World Wide Web의 약자입니다. 웹이라고 부릅니다.

첫 코딩 도전하기

3.1 비주얼 스튜디오 코드 뜯어보기

2016년 4월 14일 마이크로소프트는 윈도우, 맥OS에서 사용할 수 있는 멀티플랫폼^{multi-platform} 개발 프로그램인 비주얼 스튜디오 코드^{Visual Studio Code}를 배포했습니다. 보통 VSCode로 부릅니다. 저도 VSCode[1]로 부르겠습니다.

참고로 유료 프로그램인 비주얼 스튜디오^{Visual Studio}와 비교하면 VSCode는 에디터 핵심 기능을 담고 있습니다(코딩, 컴파일, 디버깅 기능 제공). 반면 비주얼 스튜디오는 코드 자동 완성, 디버거, 데이터베이스 통합, 서버 설정 등 다양한 기능을 제공해 개발자에게 최고의 통합 개발 환경을 제공합니다.

3.1.1 장단점

VSCode는 개인과 기업 모두 무료로 사용할 수 있습니다. 마이크로소프트가 만든 완성도 높은 프로그램을 무료로 사용할 수 있다는 것 자체가 큰 행운입니다. 퀄리티가 우수해 현업에서 많이 사용합니다(현업이라니 너무 매력적인 단어예요).

---

1 VSCode는 HTML과 자바스크립트로 만들어졌습니다.

또한 다양한 확장 프로그램을 지원합니다. 여기서 말하는 확장 프로그램이란 사용자가 원하는 기능을 추가로 설치하여 더욱 편리하고 스마트하게 코딩할 수 있게 해주는 설치형 프로그램이에요. 손가락을 몇 번 까닥하면 코드 스타일을 꾸며주거나 코드를 자동으로 완성해주는 확장 프로그램도 있습니다. 확장 프로그램 기능은 정말 사랑하지 않을 수 없습니다!

3.1.2 VSCode 뜯어보기

VSCode 첫 화면을 만나니 나도 개발자처럼 코드를 작성할 수 있을 것 같단 기분이 들면서도 막막하죠? 사실 굉장히 쉬워요. 우선 표시해드린 3가지 구역만 알면 됩니다.

▼ VSCode 화면

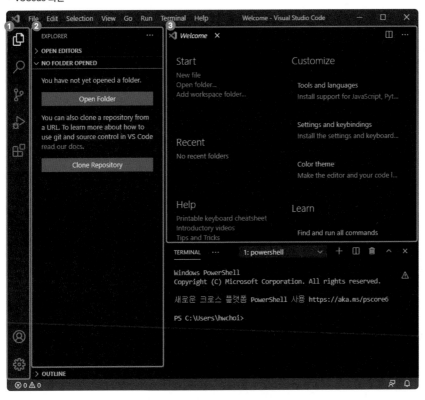

여러분의 VSCode 화면이 위 화면과 다르다면 좌측 맨 상단에 있는 아이콘 📄을 클릭해보세요.

❶ 작업바 : 기능을 전환할 수 있는 곳이에요. 위에서 아래 순서로 탐색기Explorer, 검색Search, 소스
제어Source Code Control, 실행Run, 확장Extensions, 계정Accounts, 관리Manage 기능을 제공합니다. 기능별
자세한 내용은 잠시 후 살펴보겠습니다.

❷ 슬라이드바 : 작업하는 동안 도움이 되는 다양한 정보를 제공합니다. 선택한 작업바에 따라 다
른 내용이 보여요.

❸ 편집기 : 코드를 작성하는 영역입니다. 크기를 조절할 수 있고, 동시에 여러 문서를 띄울 수 있
어요.

그렇다면 ❶ 작업바에 있는 기능을 살펴보겠습니다.

- 탐색기 : 프로젝트 파일과 폴더를 찾아보고 열고 관리하는 데 사용됩니다. 또한 파일, 폴
  더를 만들고 삭제하고 이름을 바꿀 수 있어요. 드래그 앤 드롭으로 파일과 폴더를 이동하며
  상황에 맞는 메뉴를 사용할 수 있습니다.
- 검색 : 편집기 창에 열려 있는 모든 파일에서 특정 키워드를 검색할 수 있는 곳입니다.
- 소스 제어 : 온라인 저장소와 연동하는 데 사용합니다. 온라인에 있는 소스를 가져오거나
  내 PC에 있는 소스를 온라인에 올려둘 수 있습니다. 13장 '깃/깃허브 배우기'에서 자세히 살
  펴보겠습니다.
- 실행 : 코드를 점검합니다. 코드를 중간중간 점검해야 어디서 문제가 생겼는지 알 수 있
  어요. 한 번에 완벽한 코드를 적는 사람은 많지 않거든요(이 과정을 디버깅debugging이라고 합
  니다).
- 확장 : VSCode는 다양한 확장 프로그램을 제공한다고 말씀드렸던 걸 기억하나요? 다양
  한 확장 프로그램을 설치하는 곳입니다.
- 계정 : VSCode도 계정이 있습니다. 깃허브 등으로 연동 가능하고 내 계정이 있으면 다
  른 사람과 라이브 코딩(실시간 코딩)을 할 수 있고, 나만의 VSCode 환경 설정을 저장할 수
  도 있어요.
- 관리 : VSCode를 관리할 수 있습니다.

이 중에서 탐색기, 실행, 확장 프로그램 기능은 정말 자주 사용하게 됩니다.

3.1.3 핵꿀 VSCode 단축키

▼ VSCode 단축키

기능	맥OS	윈도우
수정사항 뒤로(Undo)	⌘ + Z	Ctrl + Z
수정사항 앞으로(Redo)	⇧ + ⌘ + Z	Ctrl + Shift + Z
복사하기	⌘ + C	Ctrl + C
붙여넣기	⌘ + V	Ctrl + V
오려두기	⌘ + X	Ctrl + X
주석	⌘ + /	Ctrl + /
현재 프로젝트 전체 파일에서 검색	⌘ + F	Ctrl + F

3.2 VSCode 확장 프로그램 설치하기

확장 프로그램을 설치하는 것만으로도 코딩 실력이 올라간 것 같은 느낌(착각?)을 받을 수 있습니다. 확장 프로그램은 정말 마법 같은 아이에요. 저는 이것저것 설치하는 걸 안 좋아합니다. 그런 제가 추천하는 확장 프로그램이라면 믿고 설치하셔도 됩니다. 업무와 코딩을 효율적으로 만들어 줄 확장 프로그램만 엄선했으니까요!

3.2.1 강추 확장 프로그램 Top 6

제가 엄선한 강추 확장 프로그램을 소개합니다. 설치 방법은 바로 앞에서 배웠습니다. 작업바에서 아이콘을 클릭하고, 확장 프로그램 이름으로 검색하고, [install]을 누르면 됩니다.

▼ Auto Close Tag

태그(〈〉 〈/〉)를 자동으로 입력하는 기능을 제공합니다. 이 기능은 태그 부호를 일일히 작성할 필요가 없기 때문에 굉장히 유용합니다.

▼ HTML Snippets

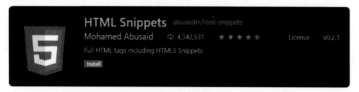

태그를 작성할 때 〈〉 표시를 사용하는데 이 표시를 사용하지 않아도 자동으로 태그가 완성되는 확장 프로그램입니다. 예를 들어 〈div〉 이런 식으로 두 개의 꺽쇠를 전부 쓰지 않아도 div를 치시고 enter 를 누르면 자동으로 닫는 태그까지 완성해줍니다.

▼ Live Server

작성한 코드를 즉시 웹 페이지에서 볼 수 있게 하는 프로그램입니다. 쉽게 말해 자동 저장 기능이라고 보시면 되는데 코드를 짜고 컴퓨터가 갑자기 꺼지거나 실수로 종료했을 때도 도움이 됩니다. 코드를 날릴 걱정이 줄죠.

▼ Material Icon Theme

HTML, CSS 이후 자바스크립트나 파이썬 같은 언어를 추가로 배우게 될 겁니다(개발자의 길은 끝없는 공부의 길입니다). 여러 언어를 배우게 되면 VSCode에서 생성하는 파일명이 많아져요. 이 프로그램은 언어별 아이콘을 해당 파일 앞에 붙여줍니다. 구별에 도움을 줄 뿐만 아니라 귀엽고 예쁘기까지 해요.

▼ Prettier – code formatter

이름 예쁘죠? 이름 그대로 코드 배치를 예쁘게prettier 해주는 확장 프로그램이에요. 포맷에 맞지 않는 코드를 자동으로 포맷에 맞게 바꿔줍니다. 예를 들어 자동으로 줄 간격을 맞춥니다. 개인적으로 제일 좋아하는 확장 프로그램이에요. 포맷 맞추기가 어렵고 번거로운데 정확도도 높아서 실용성 최고입니다.

▼ Korean Language Pack for Visual Studio Code

VSCode 기본 언어는 영문입니다. 영문이 불편하면 한글 확장팩을 설치하기 바랍니다. 아무래도 한국 사람은 한글이죠! 한글로 읽고 싶다! 하는 분들에게 추천드립니다. 저도 한글 버전 VSCode로 설명드리겠습니다.

Google 알고 싶은 확장 프로그램이 있다면 구글에 'VSCode extension + 프로그램 이름'으로 검색하세요. 확장 프로그램을 추천해주는 글도 많으니 둘러보시는 걸 추천드려요.

3.2.2 한국어 패치하기

좋은 확장 프로그램을 소개해드렸으니 그중에서 한국어 팩을 함께 설치해보겠습니다.

To Do 01 확장팩을 설치합시다.

❶ 작업바에서 아이콘을 클릭합니다. ❷ 확장 프로그램 검색란에 'Korean Language Pack'을 입력합니다. 그럼 자동으로 입력을 인식해서 관련 확장 프로그램 목록을 보여줍니다. ❸ 검색된 Korean Language Pack for Visual Studio Code 확장 프로그램 우하단에 있는 [Install] 버튼을 눌러주세요.

02 확장팩을 반영합시다. 확장 프로그램이 설치되고 나면 VSCode 좌측 하단에 다음과 같은 팝
업창이 뜰 겁니다. [Restart Now] 버튼을 눌러주세요.

그러면 VSCode가 재실행됩니다. 한글 메뉴라니, 더 친숙해지는 느낌이 드네요.

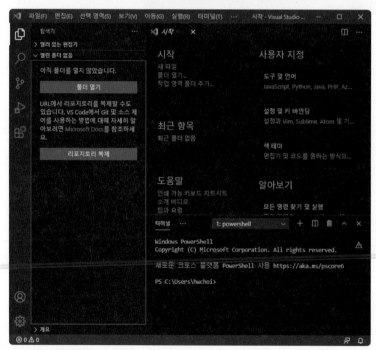

3.3 Hello world : 새 파일을 생성해 코드 작성하기

VSCode에서 HTML 파일을 생성하고 코딩하고 실행하는 방법을 알아보겠습니다.

To Do **01** 원하는 위치에 실습용 폴더를 생성합니다. 저는 FIRSTCODING으로 폴더명을 생성했습니다.

02 ❶ [파일] → ❷ [폴더 열기...]를 클릭합니다. 실습용 폴더를 선택해 엽니다. 저는 FIRSTCODING 폴더를 선택해 열었습니다.

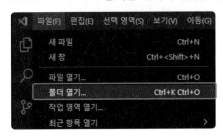

03 파일을 생성해봅시다. ❶ 폴더명 텍스트 쪽으로 마우스를 갖다 대면 보이는 ❷ 🗋 아이콘을 눌러줍니다(또는 탐색기 빈 공간에 '우클릭 → 새 파일'을 클릭하여 생성할 수 있습니다). ❸ 파일명을 입력하는 창이 뜹니다.

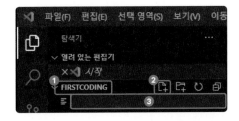

04 입력창에 index.html이라고 적고 enter 를 치세요.

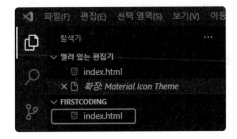

참고로 Material Icon Theme 확장 프로그램을 설치하신 분은 자동으로 저처럼 html 파일임을 알려주는 🗒 아이콘이 보입니다.

Tip index는 웹 사이트 홈페이지의 기본 파일의 이름이에요. 그래서 html의 첫 파일을 만들 때는 index.html로 이름을 붙여주는 것이 관례입니다.

05 편집 공간에 Hello world를 입력합니다.

06 ❶ 탐색기 빈공간에 마우스 우클릭 → 팝업 창에서 ❷ Open with Live Server를 클릭하세요.

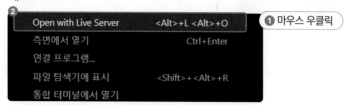

그러면 아래와 같이 브라우저가 뜰 겁니다.

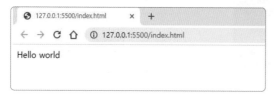

VSCode로 첫 코딩에 성공하신 것을 축하드립니다.

처음이니까 VSCode가 낯설고 어려울 겁니다. 여기서 제가 드릴 수 있는 최고의 팁은 '모르면 검색하는 습관을 기르세요'입니다. 인터넷에 풍부한 정보가 있습니다. 특히 기초 내용은 더더욱이요. 제가 여러분이 할 만한 실수를 모두 예측하면 좋겠지만 그럴 수 없으니, 안 되면 한 번이라도 검색해보는 걸로 약속하자구요.

참고로 저도 코딩을 처음 배울 때, 다 커서 새로운 걸 배우려고 하니 겁이 났어요. 오류 날까봐 걱정하고, 이해를 못하면 내가 바보라서 그런가 하는 생각에 도전한 지 일주일도 안 돼서 포기할 뻔했거든요. 하지만 이대로 그만두기엔 처음 의지가 너무 아쉽잖아요. 코딩은 끈기가 중요하다고 생각합니다.

Tip 첫 프로그래밍 실습은 항상 hello world 출력으로 시작합니다. 오래된 관행으로 보시면 됩니다.

3.4 나도 안다! 코딩 상식!

에디터와 통합 개발 환경

통합 개발 환경Integrated Development Environment은 코딩, 디버그, 컴파일, 배포 등 프로그램을 개발하는 다양한 기능을 제공하는 소프트웨어입니다(보통 IDE라고 부릅니다).

IDE를 사용하는 장점으로는 뭐가 있을까요? 코드가 실행되는 프로그램이 되기까지 일반적으로 전처리 → 컴파일 → 어셈블러 → 링커 단계를 거칩니다(언어마다 상이합니다). 이 단계마다 별도의 프로그램을 사용하면 굉장히 번거롭습니다. IDE를 사용하면 각 프로그램을 손쉽게 쓸 수 있습니다. 모든 IDE는 에디터를 포함합니다.

물론 HTML과 CSS는 코딩 후에 브라우저에서 해석만 하면 되기 때문에 이런 복잡한 과정을 거치지 않습니다. 그래서 에디터만 사용해도 코딩하는 데 지장이 없습니다.

코드가 프로그램이 되기까지

컴파일 프로그래밍 언어는 전처리 → 컴파일 → 어셈블러 → 링커 단계를 거쳐 프로그램이 됩니다. 그런데 컴파일하지 않고 사용하는 언어도 있습니다. 바로 인터프리터 프로그래밍 언어입니다. 인터프리터 프로그래밍 언어는 소스 코드를 기계어로 변환하지 않고 인터프리터가 직접 실행하거나, 중간 코드로 변경 후 실행합니다.

그렇다면 HTML은 어떤 언어일까요? HTML은 마크업 언어입니다. 마크업 언어는 프로그래밍 언어가 아니므로 앞서 언급한 두 프로그래밍 언어 종류에 들지 못합니다.

학습 마무리

시작이 절반입니다. 첫 코딩을 해내 절반을 이뤘습니다. 축하드립니다.

핵심 요약

1 통합 개발 환경은 에디터, 컴파일러, 링커, 디버거 등을 제공하는 프로그램입니다.

2 에디터는 무수히 많고 VSCode도 그 일종입니다.

3 VSCode는 현업에서 많이 사용하는 에디터입니다.

4 VSCode 확장 프로그램은 편리한 기능을 제공해 효율적으로 코딩할 수 있게 도와줍니다.

태그로 웹 페이지 만들기

☐ **학습 목표**	HTML 구조를 뜯어보고, 다양한 태그를 알아봅시다. 이 장의 마지막에는 태그를 이용한 간단한 HTML 웹 페이지를 만듭니다.
☐ **학습 순서**	1 태그 이해하기 2 대표적인 태그 알아보기
☐ **태그 소개**	HTML 등 마크업 언어에서 태그는 요소와 문서 구조를 표현합니다.

4.1 태그 이해하기

태그를 표시하는 방법은 총 두 가지입니다.

첫 번째는 다음 그림과 같이 시작 태그와 종료 태그가 모두 있는 형태입니다. 태그와 태그 사이에 요소가 놓이게 됩니다.

간단하죠? 사용법도 간단합니다. 내가 표시하고 싶은 대상의 양끝에 사용할 태그 이름을 적습니다. 그리고 사용한 태그 끝에는 종료를 알려주는 슬래시 /를 적어주면 됩니다.

두 번째는 닫는 태그가 없는 형태입니다. 이를 자체 닫기 태그self closing tag라고 부릅니다. 자체 닫기 태그에는 img, input, link 등이 있습니다.

Tip 3장에서 알려드린 확장 프로그램이 깔려있다면 〈 〉 기호는 자동으로 완성됩니다.

4.2 대표적인 태그 알아보기

자주 사용하는 태그를 알아봅시다. VSCode를 실행시키고 하나씩 따라해보세요. 그러면 더 효과적으로 배울 수 있습니다.

1 h : 제목 태그

2 br, p, div, span : 순서대로 줄바꿈(br), 문단 지정(p), 영역 지정(div), 범위 지정(span)

3 link : 현재 문서와 외부 소스를 연결해주는 태그

4 img : 이미지를 나타내는 태그

5 form : 폼(입력 양식)을 만드는 태그

6 button : 버튼을 만드는 태그

7 ol, ul, li : 리스트를 나타내는 태그

4.2.1 h 태그

h 태그는 heading의 첫 자를 따서 만들었습니다. 'heading'은 '제목'을 의미합니다. 따라서 h 태그는 HTML의 제목을 나타냅니다. h 태그가 중요한 이유는 검색 엔진이 h 태그에 기반하여 결과물을 보여주기 때문입니다. 따라서 검색되고 싶은 키워드가 있다면 h 태그에 넣으면 좋습니다. 검색 엔진은 6장에서 학습할 예정입니다. 우선 사용법을 간단히 알아보겠습니다.

예제 4-1 h 태그

```
                                                          chapter04/01/index.html
<h1>This is heading 1</h1>
<h2>This is heading 2</h2>
<h3>This is heading 3</h3>
<h4>This is heading 4</h4>
<h5>This is heading 5</h5>
<h6>This is heading 6</h6>
```

This is heading 1

This is heading 2

This is heading 3

This is heading 4

This is heading 5

This is heading 6

h 태그는 h1부터 h6까지 있습니다. h 태그의 특징은 다음과 같습니다.

- 별도의 줄바꿈 없이 자동으로 줄이 바뀜
- 숫자가 커질수록 글자 크기가 작아짐(소제목으로 갈수록 덜 강조함)

h 태그를 사용할 때 주의해야 할 점도 있습니다.

- HTML 한 페이지에서 h1 태그는 한 번만 사용하기
- h 태그는 제목을 나타내는 코드이므로 문단 처음에 배치하기
- 검색 엔진에 사용되는 태그이므로 검색어를 고려하기
- h1~h6 순서대로 사용하기(권장 사항)

정리하자면 h 태그는 제목을 담당하며 검색 엔진이 키워드를 찾는 데 도움을 줍니다.

> **HTML 기본 구조를 써주지 않아도 실행되네요?**
>
> 크롬이나 엣지 등의 브라우저는 HTML 기본 구조를 써주지 않아도 내가 작성한 코드를 출력해줍니다(2.4.1절 'HTML 기본 구조' 참조). 다만, 모든 브라우저가 이러한 기능을 제공하는 것은 아닙니다. 따라서 모든 브라우저를 대상으로 한다면 당연히 HTML 표준 문법에 맞게 써주어야 합니다. 여기에서는 태그를 배우는 데 집중하고자 HTML 기본 구조를 생략했습니다.

4.2.2 br, p, div, span 태그

두 번째 태그부터 갑자기 4개나 등장하죠? 4개 모두 텍스트를 나눠주는 데 사용되는 태그라서 한 번에 소개하는 겁니다. 각 태그마다 존재의 이유가 있습니다.

▼ br, p, div, span 태그 특징 요약

	약자	의미	목적	작성 위치	결과
⟨br /⟩	break(line break)	줄바꿈	한 문단에서 줄을 바꿈	줄바꿈을 원하는 곳	줄바꿈이 1번 일어남
⟨p⟩ ⟨/p⟩	paragraph	문단	문단을 나눔	⟨p⟩문단⟨/p⟩	줄바꿈이 2번 일어남
⟨div⟩ ⟨/div⟩	division	영역 나눔	페이지 안에서 영역을 나눔	⟨div⟩영역⟨/div⟩	줄바꿈이 1번 일어남
⟨span⟩ ⟨/span⟩	-	범위	줄바꿈을 하지 않은 채 글꼴, 색상, 여백 등을 조절	⟨span⟩범위⟨/span⟩	줄바꿈이 일어나지 않음

표를 보니 어지럽죠? 아직은 헷갈리실 수 있어요. 예제를 보시면 금방 이해가 될 테니 따라오세요.

br과 p 태그

br과 p 태그부터 살펴보겠습니다.

예제 4-2 br, p 태그

```
                                              chapter04/02/index.html
<p>
  O'er all the hilltops<br />
  Is quiet now,<br />
  In all the treetops<br />
  Hearest thou<br />
</p>
<p>
  Hardly a breath;<br />
  The birds are asleep in the trees:<br />
  Wait, soon like these<br />
  Thou too shalt rest.
</p>
```

O'er all the hilltops
Is quiet now,
In all the treetops
Hearest thou

Hardly a breath;
The birds are asleep in the trees:
Wait, soon like these
Thou too shalt rest.

실행 결과를 보면 p 태그를 기준으로 문단이 나뉘었습니다. 마치 enter 를 두 번 친 것(br 태그를 두 번 사용한 것)과 같은 결과를 보여줍니다. 실제로 br 태그를 두 번 치면 p 태그 한 번 친 것과 같은 효과가 나타납니다. br 태그가 있는 곳마다 enter 를 친 것처럼 줄바꿈이 되었습니다.

div와 span 태그

div와 span 태그도 살펴보겠습니다.

예제 4-3 div 태그

chapter04/03/index.html

```
This is a line of text <div>with some text in a div</div>
and some text after.
```

▼ 실행 결과

This is a line of text
with some text in a div
and some text after.

예제 4-4 span 태그

chapter04/04/index.html

```
This is a line of text <span>with some text in a
span</span>and some text after.
```

▼ 실행 결과

This is a line of text with some text in a spanand some text after.

div와 span 태그는 앞서 본 br, p 태그와 별 차이가 없어 보이지만 그렇지 않습니다. div 태그는 줄을 바꿉니다. span 태그는 줄바꿈이 없습니다. 주로 p 태그는 문단 형태를 쓸 때 사용하고,

span 태그는 단어 등 문장의 형태로 보기 어려운 텍스트에 사용합니다. 이 태그의 줄바꿈 요소 등은 스타일링을 도와주는 CSS를 사용해 바꿀 수 있습니다. 하지만 각 태그마다 가지고 있는 속성을 올바르게 사용하면 내 코드가 제목인지, 단어인지, 문장인지 등을 분명하게 표현할 수 있습니다.

지금 알려드리는 태그를 모두 암기하실 필요는 없습니다. 아직은 제가 설명드리는 동안 잠깐 스쳐 가기만 해도 충분합니다. 지금은 'br, p, div, span이라는 텍스트를 나누는 태그가 있다'라는 정도만 아셔도 괜찮아요. 실습에서 사용하면서 다시 배울 겁니다.

4.2.3 link 태그

link 태그는 현재 파일이 다른 파일과 연결되어 있는 관계 정보를 표현하는 데 사용합니다. 예를 들어 HTML로 구조를 만들고 그 구조를 시각적으로 보기 좋게 디자인할 때 CSS라는 언어를 사용하는데, CSS는 외부 파일로 만들어 HTML에 연결해줄 수 있습니다. 이때 link 태그를 사용합니다. 즉, link 태그는 CSS나 PNG 파일 등과 현재 HTML 문서와의 관계를 정의하는 데 사용합니다.

다음은 link 태그의 기본 구조입니다.

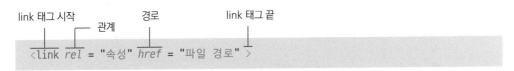

- 〈link : link 태그를 시작합니다.
- rel : rel은 relations를 나타냅니다. 대상 파일의 속성을 알려줍니다.
- href : href는 hyper-references를 나타냅니다. 연결 시 참조할 파일 위치를 알려줍니다.
- 〉: 링크 태그를 종료합니다.

예를 들어 CSS 파일을 연결하는 코드는 다음과 같습니다.

```
<link rel="stylesheet" href="style.css">
```

Tip 4장에서 알려드린 확장 프로그램을 설치하셨다면 VSCode에서 link:css를 치면 해당 코드가 자동 완성됩니다.

```
1    link:css|
             🔧 link:css                                    Emmet Abbreviation
```

rel="stylesheet"는 stylesheet, 즉 CSS 속성을 가진 파일과 연결(관계)한다는 의미입니다.
href="style.css"는 style.css 파일을 링크합니다. 즉, 현재 파일에서 외부에 있는 자원인 style.
css 파일을 스타일시트 관계로 연결시켜 사용한다는 뜻입니다. 추후 CSS 파일을 만드는 방법도
알아보겠습니다. 그 전까지는 link 태그가 어떤 것인지 아는 데 집중하도록 합시다.

> **a 태그**
>
> 이와 비슷한 태그로 a 태그가 있어요. a 태그는 href 속성을 사용해 링크로 이동할 수 있습
> 니다.
>
> ```
> <a href="https://www.google.com">visit google</a>
> ```
>
> ▼ 실행 결과
>
> <u>visit google</u>
>
> 클릭하면 구글 페이지로 이동합니다.

4.2.4 img 태그

img는 image의 약자로 HTML 문서에 이미지를 삽입하는 태그입니다. 주요 속성으로 src, alt,
width, height를 제공합니다. 기본 형식은 다음과 같습니다.

```
<img  src="경로"  alt="설명"  width="폭"  height="높이">
```

- src : 이미지 경로
- alt : alternative(대체하다)의 약자로, 이미지를 설명하는 문구
- width : 이미지 가로 크기

- height : 이미지 세로 크기

이미지 크기 고려하기

img 태그를 사용할 때 alt, width, height를 지정해주지 않아도 이미지가 보입니다. 개인적으로 width와 height는 7장에서 배울 CSS로 작업하는 걸 선호합니다. 이유는 단순해요. HTML은 HTML 구조를 잡는 용도로, CSS는 스타일을 잡는 용도로 쓰고 싶기 때문이죠.

또 한 가지 고려할 점이 있습니다. 용량이 너무 크거나 고화질 이미지를 사용하면 해당 페이지를 로딩하는 데 데이터를 많이 쓰고 시간도 오래 걸릴 수 있습니다. 이런 문제를 해결하는 방법으로 작은 용량으로 변환한 썸네일 이미지를 기본으로 보여주고, 사용자가 원할 때 고해상도 대용량 이미지 파일을 보여주거나 내려받는 방법을 사용합니다. 단순히 이미지 width, height만 수정해서 모든 경우에 대응하려고 하면 안 됩니다.

이미지 한 장을 띄워보겠습니다. 다음 코드는 예제 HTML 파일과 같은 폴더에 mountain.jpg 파일이 있어야 제대로 실행됩니다. 깃허브에 내려받은 예제 파일 안에 mountain.jpg 파일을 함께 넣어뒀습니다.

예제 4-5 img 태그

```
                                                    chapter04/05/index.html
<img  src="mountain.jpg"
  alt="mountain"
  width="500"
  height="200"
/>
```

▼ 실행 결과

src 속성에 이미지 주소를 넣습니다. alt 속성은 적지 않아도 실행은 되지만 적어주는 게 좋습니다. src에 지정한 이미지를 제대로 읽어오지 못할 때 alt 속성에 적은 문구가 보이게 됩니다.

▼ 이미지 주소가 잘못되었을 때

또한 alt는 시각장애인을 위한 스크린리더를 지원합니다. 스크린리더란 화면을 읽어주는 프로그램으로 스크린리더가 화면의 글을 읽을 때 alt값을 참조합니다. 따라서 img 태그뿐만 아니라 다른 태그에서도 alt 속성이 있다면 써주는 것이 좋습니다.

내 PC에 저장된 이미지 불러오기

01 ❶ VSCode에서 [파일] → ❷ [파일 열기]를 클릭합니다. ❸ 불러오고 싶은 이미지를 불러옵니다. 또는 이미지를 VSCode에 드래그 앤 드롭해도 불러올 수 있습니다.

02 다음을 그림을 보면 test_image.png가 추가되었습니다. ❶ 이미지 파일명 위에서 마우스 우클릭 → ❷ [경로 복사]를 선택합니다.

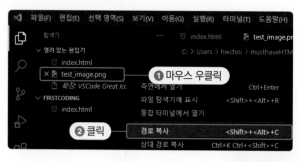

03 img 태그의 src 속성값으로 ❶ 마우스 우클릭 → ❷ [붙여넣기]를 선택하면 경로가 입력됩니다.

그럼 웹에 있는 이미지는 어떻게 쓸 수 있을까요? 웹에서 원하는 이미지 위에서 ❶ 마우스 우클릭해 '이미지 주소 복사'합니다. ❷ img 태그의 src 속성값으로 붙여넣기하면 웹 경로가 입력됩니다.

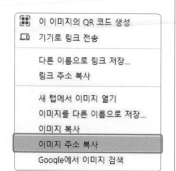

4.2.5 form 태그

form 태그는 사용자 입력 양식을 만들 때 사용합니다. 많은 요소가 있지만 우선 많이 쓰이는 input, label을 알아보겠습니다.[1] 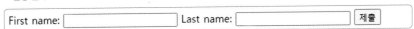 `Google` 'HTML form tag' 구글링

form 태그는 기본적으로 〈form〉〈/form〉 형식입니다.

```
<form>form 요소 태그</form>
```

form 태그 사용 코드를 살펴봅시다.

예제 4-6 input, label 태그

chapter04/06/index.html

```
<form action="myform.html">
  <label for="fname">First name:</label>
  <input type="text" id="fname">
  <label for="lname">Last name:</label>
  <input type="text" id="lname">
  <input type="submit">
</form>
```

▼ 실행 결과

First name:	Last name:	제출

생소한 코드가 7줄이나 되니까, 코드와 출력 결과의 관계를 그림으로 살펴보며 설명하겠습니다.

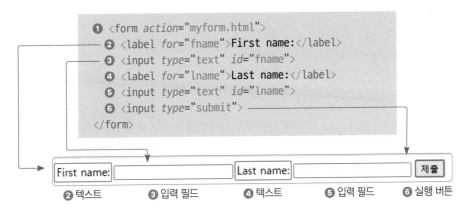

---

1 form 태그 요소에는 input, textarea, button, select, option, optgroup, fieldset, label, output이 있습니다.

❸❺ input 태그는 사용자 입력을 받는 폼을 만듭니다. ❷ First name과 ❹ Last name은 레이블입니다. 상품에 스티커 라벨을 붙이듯 폼에 이름을 붙여주는 거예요. ❻ input 태그에 type 속성을 "submit"으로 주어 실행 버튼을 만들었습니다.

그렇다면 ❶ form 태그는 어떤 역할을 한 걸까요? 제출 버튼을 눌렀을 때 입력값을 처리할 대상을 지정해줍니다. 이 코드에서는 form 태그의 action 속성을 이용해 myform.html로 이동하라고 지정했습니다. myform.html 코드는 다음과 같이 간단히 작성하면 됩니다.

이 예제에서 form 태그는 input, label 태그로 구성되어 있습니다. 이 태그는 어떤 의미를 갖고 있고, 어떤 역할을 하는지 알아봅니다.

input 태그

input 태그는 사용자가 데이터를 입력하는 영역을 결정합니다. 다음은 input 태그의 대표 속성입니다.

- type : input 태그의 속성을 결정합니다. 값으로는 text(텍스트 입력), checkbox(체크박스), password(패스워드), date(날짜) 등이 올 수 있습니다.

- id : input의 이름을 지정해주는 역할을 합니다.

label 태그

라벨지라는 말 들어보셨나요? input 태그에 라벨지를 붙여준다고 생각하면 돼요('레이블', '라벨'이라고 발음해요). label을 사용하면 시각장애인이 폼을 음성으로 들을 수 있어요.

- for : label이 설명하는 input 등의 id를 지정합니다.

4.2.6 button 태그

button 태그는 클릭할 버튼을 만들 때 사용합니다. button 태그 안에는 텍스트나 이미지 같은 요소를 삽입할 수 있습니다. 〈button〉〈/button〉을 기본 형태로 가집니다.

```
<button type="속성값">설명</button>
```

- type : 버튼 종류를 지정합니다. button, submit, reset을 지정할 수 있습니다.
- 설명 : 버튼에 노출되는 문구입니다.

type으로 올 수 있는 3가지 속성값은 다음과 같습니다. 생김새는 같지만 다른 성격을 가지고 있습니다.

- button : 누를 수 있는 버튼
- submit : form을 제출하는 버튼
- reset : form의 입력값을 초기화하는 버튼

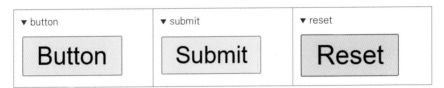

예제 4-7 button 태그

```
                                                              chapter04/07/index.html
<button type="button">Click Me!</button>
```

▼ 실행 결과

Click Me!

button 태그는 바로 앞에 설명한 form 태그와 같이 사용할 때 더 시너지를 낼 수 있어요. form 태그와 함께 사용된 예제도 볼까요?

예제 4-8 form과 button 태그

```
                                                              chapter04/08/index.html
<form action="myform.html">
  <label for="fname">First name:</label>
  <input type="text" id="fname" name="fname">
```

```
<label for="lname">Last name:</label>
<input type="text" id="lname" name="lname">
<button type="submit" value="Submit">Submit</button>
</form>
```

```
<p>제출되었습니다.</p>
```

chapter04/08/myform.html

▼ Submit 클릭 전

First name: [   ] Last name: [   ] [Submit]

▼ Submit 클릭 후

제출되었습니다.

각 input에는 글자를 입력할 수 있고 Submit(제출) 클릭 시 action에 지정한 페이지로 넘어갑니다. input 태그와 button 태그 모두 submit을 type으로 갖고 있습니다. submit의 기능 자체로 봤을 땐 차이가 없지만 button 태그가 input 태그보다 배경으로 이미지를 넣는 등 스타일링에 더 자유롭습니다.

4.2.7 리스트 태그 : ol, ul

목록을 표시하는 리스트 태그로는 ol, ul 태그가 있습니다. ol 태그는 ordered list의 약자입니다. 즉 순서가 있는 리스트를 뜻합니다. ul 태그는 unordered list의 약자입니다. 즉 순서가 없는 리스트를 뜻합니다. li는 list item의 약자로, 목록을 구성하는 개별 항목(아이템)을 뜻합니다.

순서가 있는 리스트의 기본 형식과 표현 결과는 다음과 같습니다.

▼ 기본 형식

▼ 표현 결과 예

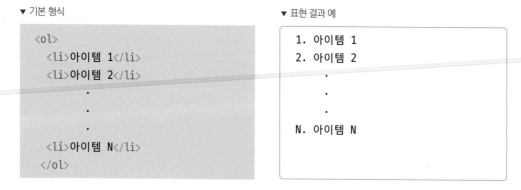

```
<ol>
    <li>아이템 1</li>
    <li>아이템 2</li>
        .
        .
        .
    <li>아이템 N</li>
</ol>
```

```
1. 아이템 1
2. 아이템 2
      .
      .
      .
N. 아이템 N
```

순서가 없는 리스트의 기본 형식과 표현 결과는 다음과 같습니다.

```
<ul>
  <li>아이템 1</li>
  <li>아이템 2</li>
        .
        .
        .
  <li>아이템 N</li>
</ul>
```

● 아이템 1
● 아이템 2
    ·
    ·
    ·
● 아이템 N

ul과 ol 태그를 사용한 예제를 보면 좀 더 이해하기 쉬울 거예요.

예제 4-9 리스트 태그

chapter04/09/index.html

```html
<h2>An Unordered HTML List</h2>

<ul>
  <li>Coffee</li>
  <li>Tea</li>
  <li>Milk</li>
</ul>

<h2>An Ordered HTML List</h2>

<ol>
  <li>Coffee</li>
  <li>Tea</li>
  <li>Milk</li>
</ol>
```

▼ 실행 결과

An Unordered HTML List

- Coffee
- Tea
- Milk

An Ordered HTML List

1. Coffee
2. Tea
3. Milk

학습 마무리

4.2절에서만 벌써 7가지 태그를 배웠습니다. 앞으로 얼마나 많은 태그를 알아야 할까요? 다음 그래프가 여러분께 도움이 될 거예요.

▼ 웹 페이지에서 자주 쓰는 HTML 태그

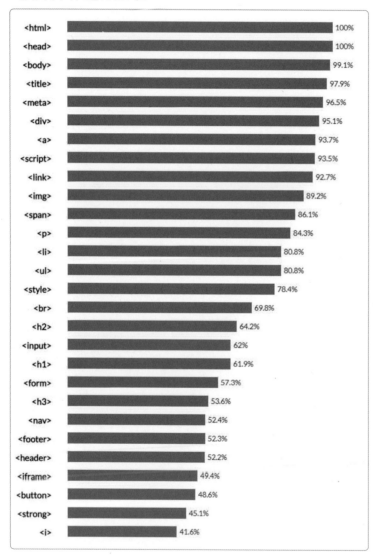

이 그래프는 태그별 인기도를 나타낸 겁니다. 다행히 우리가 배운 태그들이 많이 보입니다. 태그는 약 150개 정도라고 해요. 이 책에서 모든 태그를 다루면 여러분이 기절하실지도 모릅니다. 우리는 코딩하는 즐거움을 알고 나만의 웹 사이트 만드는 것이 목표입니다. 목표를 달성하는 데 필요한 태그는 그때마다 검색해서 알아보면 됩니다. 모든 걸 암기하실 필요는 없어요.

핵심 요약

1 HTML은 크게 head와 body로 구성됩니다.

2 태그는 h 태그, p 태그, link 태그 등 150여 개가 존재합니다.

3 h 태그는 제목을 나타낼 때 사용합니다.

4 br, p, div, span 태그는 텍스트를 나눌 때 사용합니다.

5 link 태그는 현재 파일이 다른 파일과 연결되어 있는 관계 정보를 표현하는 데 사용합니다.

6 img 태그는 이미지를 불러올 때 사용합니다.

7 form 태그는 사용자의 입력을 받는 양식을 만들 때 사용합니다.

8 button 태그는 버튼을 만들 때 사용합니다.

9 리스트 태그(ol, ul)는 항목을 나열할 때 사용합니다.

HTML 특징 정복하기

5.1 태그의 부모 자식 관계

태그 간의 관계를 표현하는 방식이 있습니다. HTML에서 관계를 표현하는 방식으로 '부모'와 '자식'이라는 단어를 사용합니다. 조금 어색하게 들릴 수도 있지만 진짜입니다. 이 부모, 자식 관계를 활용해 코드에서 관계를 효율적으로 나타낼 수 있습니다.

앞서 공부했던 리스트 태그 예제를 다시 살펴볼게요.

예제 5-1 리스트 태그

```
                                                        chapter05/01/index.html
<ol>
   <li>Coffee</li>
   <li>Tea</li>
   <li>Milk</li>
</ol>
```

▼ 실행 결과

```
1. Coffee
2. Tea
3. Milk
```

ol 태그는 ordered list 태그입니다. 여러분은 여태까지 '쓰는 대로 보인다'고 생각하며 코드를 작성했을 거예요. 하지만 컴퓨터가 웹 페이지에 보여주는 구성은 생각보다 단순하지 않습니다. 우리가 보는 웹 페이지는 '트리 구조'로 구성되어 보입니다. 트리 구조란, 나뭇가지처럼 각 요소가 하나 이상의 요소에 연결되는 데이터 구조 유형입니다. 예를 들어 아래 그림처럼 말이죠.

▼ 트리 구조

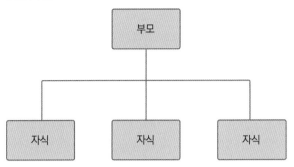

갑자기 트리 구조라니 마치 컴퓨터 공학을 배우는 느낌이죠?

예제 코드에서 ol 태그는 부모이고, li 태그는 자식을 나타냅니다. 이 구조를 알아야 하는 이유는 부모는 자식에게 영향을 주기 때문이에요. 실제로 부모님이 우리에게 주는 영향이 큰 것처럼 컴퓨터에서도 부모가 자식에게 주는 영향이 있습니다.

예를 들어 앞 코드에서 Coffee 항목을 지우면 어떻게 될까요? Tea가 1번, Milk가 2번이 됩니다. 코드를 작성하고 실행해 확인해보겠습니다.

예제 5-2 ol 태그

```
                                                chapter05/02/index.html
<ol>
    <li>Tea</li>
    <li>Milk</li>
</ol>
```

▼ 실행 결과

이게 뭐가 대단한 거냐고요? 매우 극단적으로 생각해봅시다. 만약 이 태그가 1,000개가 넘는다고 가정해볼게요. 항목을 지우고, 모든 항목에서 순번 숫자를 일일이 바꿔야 한다면 정말 끔찍하겠죠? 그렇지만 ol 태그는 자동으로 자식 태그에 순서대로 번호를 붙여주니 참 다행인 일입니다. 부모 태그의 영향력이 엄청나죠? 부모, 자식 관계로 연결되어 있기 때문에 가능한 일입니다. 사실 부모, 자식 관계의 진정한 묘미를 HTML에서 보기는 어려워요. 이후 CSS를 설명할 때 다시 등장하니 부모, 자식 관계가 있다는 걸 기억해주시면 좋겠습니다.

5.2 HTML과 검색되는 텍스트

저는 어떤 스타트업에 인턴으로 들어가 제품 상세페이지를 네이버스토어에 올려본 경험이 있습니다. 상세페이지는 이미지와 글로 제품을 상세히 설명해주는 거잖아요. 상세페이지를 읽을 때, 마우스 커서가 글을 인식할 때 바뀌는 모양이랑 이미지를 인식할 때 바뀌는 모양이 서로 다르다는 걸 아시나요?

이미지 위 마우스 커서　　　텍스트 위 마우스 커서

왼쪽은 이미지 위, 오른쪽은 글 위에서 보이는 커서 모양입니다. 어떤 상세페이지는 제품 설명 글을 몽땅 이미지에 넣어버립니다. 깔끔하게 보일 수 있지만, 이렇게 하면 이미지에 넣은 글씨가 검색되지 않습니다. 예를 들어 핸드폰 케이스를 구매하고 싶어서 네이버에 '핸드폰 케이스'라고 쳤을 때, (극단적으로 가정해) 모든 제품 정보가 이미지로 되어 있으면 검색 엔진은 해당 제품을 검색하지 못합니다. 검색되지 않으면 제품이 판매되지 않을 겁니다.

다음 두 글씨를 봐주세요.

dobby

dobby

똑같아 보이죠? 보기에 똑같아 보여도 코드는 다를 수 있습니다.

```
                                                    chapter05/03/index.html
<h2>dobby</h2>

<strong><span style="font-size:23px;">dobby</span></strong>
```

첫 줄은 제목(h2) 태그를 이용하여 dobby를 제목으로 지정했습니다. 반면, 두 번째 줄은 텍스트 크기와 굵기만 지정한 제목이 아닌 글자입니다(아직 각 태그의 정확한 의미는 몰라도 됩니다. 추후 CSS를 배우면서 자세히 다뤄볼 거예요). 이 둘의 모습은 눈으로 봤을 땐 차이가 없지만 검색 엔진에게는 의미가 다릅니다. 검색 엔진이 노출시켜주는 것은 〈h2〉라는 제목 태그를 사용한 첫 번째 코드가 들어간 페이지입니다.

여러분은 네이버에서 검색된 결과를 100페이지 이상 넘겨보신 적이 있나요? 아마 없을 겁니다. 검색되지 않는 웹 페이지는 존재하지 않는 것과 마찬가지예요. 페이지가 잘 검색되도록 신경을 기울여야 합니다. 따라서 검색을 고려해 HTML 코드를 작성해야 합니다. 이를 위해선 검색 엔진과 검색 엔진 최적화를 알아야 합니다.

5.3 검색 엔진이 뭐야?

검색 엔진search engine이란 여러 웹 사이트나 웹 페이지 등을 검색해주는 시스템이나 프로그램 등을 통칭합니다. 검색 엔진은 웹에서 원하는 정보를 찾는 데 걸리는 시간을 최소화해줍니다. 검색 엔진이 어떻게 동작하는지 알아봅시다.

5.3.1 검색 엔진 동작 원리

검색 엔진은 사용자가 검색을 했을 때 원하는 결과를 빠르게 보여주려고 수많은 정보를 미리 정리해놓습니다. 이 과정을 자동으로 데이터베이스화시키는 프로그램을 봇bot 또는 크롤러crawler라고 부릅니다. 검색 엔진은 봇이 주기적으로 웹 사이트들을 방문하여 쌓은 정보를 정리한 후, 데이터베이스에 저장합니다. 이 정보는 이후 사용자가 검색할 때 결과를 빠르고 정확하게 보여주는 데 사용됩니다.

▼ 검색 엔진 동작 원리

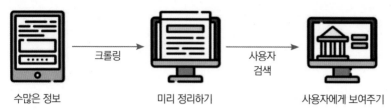

수많은 정보   크롤링 →   미리 정리하기   사용자 검색 →   사용자에게 보여주기

5.4 검색 엔진 최적화가 뭐야?

검색 엔진 최적화란 Search Engine Optimization의 약자로 SEO라고도 부릅니다. SEO는 검색이 잘되도록 설계하는 일을 말합니다. HTML로 웹 페이지를 만들면서 검색 엔진 최적화를 하는 두 가지 방법이 있습니다. 바로 메타 태그와 시맨틱 태그를 사용하는 방법입니다. 메타 태그와 시맨틱 태그는 웹 페이지 정보를 검색 엔진에 제공하는 태그입니다. 메타 태그와 시맨틱 태그를 제대로 작성해주지 않으면 페이지가 제대로 검색되지 않아요. 무시무시하죠. 그렇다면 두 태그를 좀 더 자세히 알아봅시다.

- 메타 태그 : 검색 엔진에 정보를 제공할 목적의 태그
- 시맨틱 태그 : 웹 페이지 구조를 구성하는 태그

5.4.1 메타 태그

우리는 2장에서 HTML의 기본 구조를 학습할 때 메타 태그의 개념을 배웠습니다. 다만 실제로 코드를 작성하지는 않았습니다. 그래서 이번엔 앞서 배운 메타 태그를 어떻게 작성하는지 알아보겠습니다.

예제 5-4 메타 태그 예

```html
<!DOCTYPE html>
<html>
  <head>
    <meta charset="utf-8" /> <!--①-->
    <meta
      name="Description"
      content="Author: 임효성, Category: 책, Price: 10,000원, Length: 784페이지"
    />
```

chapter05/04/index.html

<!--②-->

```
    <title>코딩의 ㅋ자도 모르는 코린이를 위한 코딩 입문서</title> <!--❸-->
  </head>
</html>
```

▼ 실행 결과

2장에서 배웠던 내용을 토대로 작성한 예제입니다. 브라우저 화면 내에는 아무것도 보이지 않습니다. 메타 태그만 사용했기 때문입니다.

❶ charset을 utf-8로 설정하면 모든 언어를 지원합니다. ❷ meta 태그에 이름과 요소를 작성해 웹 페이지를 설명합니다. ❸ title 태그로 웹 페이지의 제목을 알려줍니다.

이렇게 head 태그에는 메타 데이터가 들어가고 이 메타 데이터는 추후 검색 엔진이 웹 페이지를 읽을 때 사용됩니다.

> **에멧 단축키**|Emmet Abbreviation
>
> VSCode를 실행하고 느낌표 !를 치고 잠시 기다리면 다음 사진과 같은 선택지가 생깁니다. 이 중에 첫 번째를 선택하고 enter 를 누르면 HTML 기본 구조가 자동 완성됩니다.
>
> ```
>   1   !|
>         🔧 !                              Emmet Abbreviation
>         🔧 !!!
> ```
>
> ```
>  1   <!DOCTYPE html>
>  2   <html lang="en">
>  3   <head>
>  4       <meta charset="UTF-8">
>  5       <meta http-equiv="X-UA-Compatible" content="IE=edge">
>  6       <meta name="viewport" content="width=device-width, initial-scale=1.0">
>  7       <title>Document</title>
>  8   </head>
>  9   <body>
> 10
> 11   </body>
> 12   </html>
> ```

5.4.2 시맨틱 태그

시맨틱 태그에서 Semantic에는 '의미론적인'이란 뜻이 있습니다. 시맨틱 태그는 의미 있는 태그라고 해석하면 됩니다. 검색 엔진은 HTML 코드만으로 의미를 인식해야 합니다. 이때 시맨틱 태그 안의 요소^{semantic element}를 해석하게 됩니다. 시맨틱 요소로 구성된 웹 페이지는 검색 엔진에 문서 정보를 더 의미 있게 전달할 수 있고 검색 엔진 또한 시맨틱 요소를 이용하여 정보를 더 효과적으로 불러오고 읽을 수 있습니다.

즉, 시맨틱 태그는 브라우저, 검색 엔진, 개발자 모두에게 요소 의미를 명확히 설명하는 역할을 합니다. 검색 엔진뿐만 아니라 개발자도 쉽고 빠르게 읽을 수 있게 합니다. 인터넷에는 하루에도 엄청난 양의 정보가 업데이트됩니다. 이를 처리하는 아주 효율적인 방법으로 고안된 것이니 잘 이해하고 잘 써먹어야겠죠?

HTML 태그는 시맨틱^{semantic}과 비시맨틱^{non-semantic} 태그로 구분할 수 있습니다.

- 시맨틱 태그 : 검색 엔진 봇이 읽을 수 있는 문서 구조를 작성하는 데 사용합니다. h1, p, form, label 등 지금까지 배운 대부분 태그가 여기 해당합니다. HTML5에서는 header, nav, aside, section, article, footer 등 레이아웃과 관련한 태그들이 새로 추가되었습니다.
- 비시맨틱 태그 : 요소에 대하여 어떤 설명도 하지 않는 태그입니다. div, span 등이 있습니다.

아래 그림은 시맨틱 태그로 구분지어본 HTML 문서의 레이아웃입니다.

▼ HTML 시멘틱 태그 레이아웃

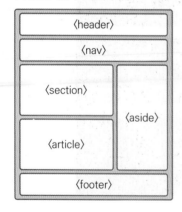

각 태그의 의미는 다음과 같습니다.

▼ 레이아웃용 시멘틱 태그별 의미

태그	설명
⟨header⟩	소개 요소 또는 탐색 링크를 나타냅니다.
⟨nav⟩	탐색 링크를 정의합니다. 주로 메뉴를 구현합니다.
⟨section⟩	본문 내용을 포함하는 공간입니다.
⟨article⟩	독립적인 요소입니다. 그 자체로 의미가 있어 독립적으로 배포할 수 있어야 합니다.
⟨aside⟩	사이드바처럼 좌우에 위치하는 공간입니다.
⟨footer⟩	문서의 하단을 정의합니다. 보통 카테고리를 요약하거나 저작권을 명시하는 용도로 쓰입니다.

section, article, aside는 중앙에 위치한 만큼 요소를 보기 좋게 표현하는 데 사용됩니다. 이 영역들에서 많이 사용하는 시맨틱 태그는 다음과 같습니다. 대부분은 우리가 앞서 배웠기 때문에 다들 익숙하실 거라고 생각합니다.

- h1, h2, h3, h4, h5, h6
- ol, ul
- li
- p
- img
- table
- head
- body
- foot
- r, d
- form
- fieldset
- label
- input
- textarea
- a

학습 마무리

반드시 메타 태그와 시맨틱 태그를 써야 할까요? 검색에서 우위를 차지하고 싶다면 사용하는 걸 추천드립니다. 하지만 그렇다고 해서 비시맨틱 태그를 무시해선 안 됩니다. 그렇기 때문에 시맨틱 태그를 써야 할지, 비시멘틱 태그를 써야 할지, 결정하는 것은 쉽지 않습니다. 시맨틱 태그가 많으면 페이지 구조가 복잡해져서 페이지를 읽기 어려울 수 있거든요.

결론은 '시맨틱 태그와 비시맨틱 태그가 무엇인지 알고 적절히 사용하자'입니다. 딱 정해진 정답이 있으면 좋으련만, 세상만사가 그렇지 못한 것 같네요.

핵심 요약

1 HTML은 웹 페이지에 보여지는 내용을 트리 구조로 표현합니다. 트리 구조는 부모, 자식 간의 관계를 따릅니다.

2 웹 사이트를 만들 때 반드시 검색 엔진 최적화를 고려합시다.

3 head 태그에는 메타 데이터가 들어가고 이 메타 데이터는 추후 검색 엔진이 웹 페이지를 읽을 때 사용됩니다.

4 시맨틱 태그는 브라우저, 검색 엔진, 개발자 모두에게 요소의 의미를 명확히 설명하는 역할을 합니다.

코딩 맛보기
3가지 미니 코딩 챌린지

☐ **학습 목표**

HTML만으로 초간단 맛보기 예제를 만듭니다. 그림을 보고 코드를 직접 작성해 봅시다. 스스로 구현하고 나서 정답을 보며 여러분 코드와 제가 제시하는 코드를 비교해보세요. 그 후 코드를 하나하나 뜯어가며 어떻게 코드를 작성하면 좋을지 얘기해봅시다.

☐ **학습 순서**

1 사전 지식

2 코딩 맛보기 : Hello World 출력하기 ☆☆☆☆

3 코딩 맛보기 : 나만의 폼 만들기 ★☆☆☆

4 코딩 맛보기 : 메뉴판 만들기 ★☆☆☆

☐ **코딩 맛보기 도전 안내**

코딩 맛보기에 도전하는 방법은 아주 간단합니다! 제가 제시한 그림을 보고 직접 구현해보는 거예요! 그림에 있는 모든 요소를 똑같이 따라 할 필요는 없어요. 예를 들어 색깔이나 도형 모양 등을 자신이 원하는 스타일로 마음껏 변형해보세요. 혼자 하다 보면 막막할 수도 있어요. '지금 당장 코드 한 줄 치기도 어려운데'하시는 분들은 힌트를 보면서 차근차근 만들어보아요. 조금씩 성장하고 코딩과 친해지기로 해요.

또한 제가 제시한 그림을 코드로 구현하고 나서 여러분 코드와 제가 작성한 코드를 비교해보면 좋을 것 같아요. 비록 화면에 나타난 모습은 같아도 코드는 천차만별일 수 있습니다. 제 코드가 절대 정답이 아니라는 점을 강조합니다. 제 코드를 보여드리면서 그렇게 작성한 이유도 함께 알려드릴 테니 더 적합하다 생각되는 방법을 사용해주세요!

1 문제 보기 → **2** 힌트 보기 → **3** 스스로 구현하기 → **4** 풀이 보기 → **5** 같이 풀기

↓

코딩과 친해지기

Note 3장에 말씀드린 확장 프로그램이 깔려 있는지 확인해보세요. 확장 프로그램이 있어야 빠르고 효율적으로 코드를 입력할 수 있습니다.

6.1 사전 지식

4장에 VSCode로 이미지를 불러오는 방법 2가지를 배웠습니다. 하나는 내 PC에 저장된 이미지의 경로를 사용하는 방법이고, 다른 하나는 인터넷에 있는 이미지 주소를 사용하는 방법입니다. 이 방법을 활용하여 미니 코딩 챌린지에 도전해주세요.

> ### 외부 이미지 주소를 바로 로컬에 저장해주는 확장 프로그램도 있어요!
>
> **01** 확장 프로그램 'Paste Image'를 설치하세요. 외부 이미지 주소를 바로 로컬에 저장해줍니다. 설치 방법은 다 아시죠? 해당 확장 프로그램을 설치했으니 사용해봅시다.
>
>
>
> **02** 이미지를 복사합시다. 내 PC나 웹 브라우저 이미지를 복사(단축키 `Ctrl+C`)합니다(그러면 클립보드에 이미지가 복사됩니다).
>
> **03** VSCode에 이미지를 붙여넣습니다. 이미지는 이미지를 삽입한 HTML 문서와 같은 폴더에 png 파일로 저장됩니다. ❶ HTML 문서에서 `Ctrl + Alt + V`를 실행하면 순수한 경로가 복붙됩니다. ❷ 그 후 〈img src=''〉와 같은 img 태그를 작성하고 src 요소 안에서 이미지 파일 주소를 삽입하면 됩니다.

6.2 코딩 맛보기 : Hello World 출력하기 ☆☆☆☆

01 문제 보기

문제	hello world
설명	화면에 hello world를 출력합니다.

02 힌트 보기

힌트를 보기 전에 충분히 고민해보시는 걸 추천드려요! 그래도 어렵다면 힌트는 1단계부터 2단계까지 있으니 단계별로 살펴보세요!

1 HTML의 기본 구조는 이러합니다. 어디에 hello world를 쓰면 좋을지 생각해봅시다.

```
<!DOCTYPE html>
<html>
  <head>
    <!-- head 태그의 내용이 담기는 곳이에요 -->
  </head>
  <body>
    <!-- body의 내용이 담기는 곳이에요 -->
  </body>
</html>
```

2 이용할 속성 : p 또는 span 태그 등 글씨를 쓸 수 있는 태그

03 스스로 구현하기

먼저 시도해보세요.

04 풀이 보기

예제 6-1 Hello World 출력하기

```
                                              chapter06/01/index.html
<!DOCTYPE html>
<html lang="en">
<head>
    <meta charset="UTF-8">
    <meta http-equiv="X-UA-Compatible" content="IE=edge">
    <meta name="viewport" content="width=device-width, initial-scale=1.0">
    <title>HTML practice 1</title>
</head>
<body>
    <span>hello world</span>
</body>
</html>
```

05 같이 풀기

최대한 따라해보셨나요? HTML을 이제 막 배우셨기 때문에 코드 하나도 치기 어려웠을 겁니다. 하지만 하나하나 뜯어보면 지금까지 배운 내용이 대부분입니다.

body 태그에 span 태그를 입력하고 hello world를 입력하세요.

```
<body>
    <span>hello world</span>
</body>
```

저는 문장이라 보기 어렵기 때문에 p 태그 대신 span 태그를 사용했습니다. 그리고 그 안에 글을 입력하면 해당 글을 출력하는 거지요.

> span 태그가 정답은 아닙니다! 저라면 span 태그를 썼을 거란 거죠. 여러분은 어떤 태그를 사용하셨고 그 이유를 설명하실 수 있다면 그걸로 충분합니다.

자 너무 쉽나요? 다음은 각종 태그를 이용한 문제이니 바로 보러 갑시다.

6.3 코딩 맛보기 : 나만의 폼 만들기 ★☆☆☆

01 문제 보기

문제	**My Form** Username : _____ Password : _____ ☐ I'm not a robot. sign in
설명	유저 이름과 비밀번호를 가진 텍스트박스와 체크박스로 구성된 폼입니다.

02 힌트 보기

힌트를 보기 전에 충분히 고민해보시는 걸 추천드려요! 그래도 어렵다면 힌트는 1단계부터 4단계까지 있으니 단계별로 살펴보세요!

1 HTML 구조를 타이틀, 그림, 입력 폼(텍스트 입력, 체크박스, 버튼)으로 나눠 작성해보세요.

2 타이틀은 h 태그, 그림은 img 태그, 입력 폼은 form 태그를 이용해서 만들어보세요.

3 비밀번호를 만들려면 input 태그를 사용하고 type에 password를 써주세요.

4 이용할 속성 : h, form, img, input 태그

그림으로도 힌트를 볼까요?

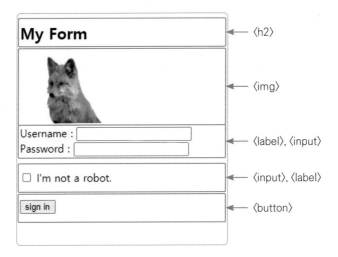

My Form	← 〈h2〉
(fox image)	← 〈img〉
Username : [____] Password : [____]	← 〈label〉, 〈input〉
☐ I'm not a robot.	← 〈input〉, 〈label〉
sign in	← 〈button〉

03 스스로 구현하기

먼저 시도해보세요.

04 풀이 보기

예제 6-2 나만의 폼 만들기

```
                                              chapter06/02/index.html
<!DOCTYPE html>
<html lang="en">
  <head>
    <meta charset="UTF-8" />
    <meta http-equiv="X-UA-Compatible" content="IE=edge" />
    <meta name="viewport" content="width=device-width, initial-scale=1.0" />
    <title>HTML practice 2</title>
  </head>
  <body>
    <h2>My Form</h2>
    <img src="fox.jpg" alt="fox" width="150" height="100" />
    <form action="#">
      <div>
```

```
      <label for="username">Username :</label>
      <input type="text" id="username" name="username" />
    </div>
    <div>
      <label for="pass">Password :</label>
      <input type="password" id="pass" name="password" />
    </div>
    <input
      type="checkbox"
      id="agreement"
      name="agreement"
      value="agreement"
    />
    <label for="agreement"> I'm not a robot.</label>
    <input type="submit" value="sign in" />
  </form>
 </body>
</html>
```

05 같이 풀기

❶ 어떤 폼인지 제목을 만들어 설명합니다.

```
<h2>My Form</h2>
```

❷ 넣고 싶은 이미지 주소를 삽입합니다.

```
<img src="fox.jpg" alt="fox" width="150" height="100" />
```

❸ Username, Password 폼을 만듭니다.

```
<div>
  <label for="username">Username :</label>
  <input type="text" id="username" name="username" />
</div>
<div>
  <label for="pass">Password :</label>
  <input type="password" id="pass" name="password" />
</div>
```

❹ 체크박스를 만듭니다.

```
<input type="checkbox" id="agreement" name="agreement"
  value="agreement" />
<label for="agreement"> I'm not a robot.</label>
```

❺ 입력 내용을 감싸는 form 태그와 제출 버튼을 만듭니다.

```
<form action="#">
  <div>
    <label for="username">Username :</label>
    <input type="text" id="username" name="username" />
  </div>
  <div>
    <label for="pass">Password :</label>
    <input type="password" id="pass" name="password" />
  </div>
  <input
    type="checkbox"
    id="agreement"
    name="agreement"
    value="agreement"
  />
  <label for="agreement"> I'm not a robot.</label>
  <input type="submit" value="sign in" />
</form>
```

Tip #은 공백으로 지정해놓는다는 뜻입니다. 아직 넘겨줄 페이지가 없어서 이리 썼습니다. 이동할 페이지를 넣으면 해당 페이지로 이동하게 됩니다.

6.4 코딩 맛보기 : 메뉴판 만들기 ★☆☆☆

01 문제 보기

문제	**코린이 카페**
	
	• 아이스 아메리카노
	• 카페라떼
	• 디저트
	    ○ 치즈 케이크
	    ○ 와플

설명	간단하게 만든 메뉴판입니다.
	head 태그 안에 아래 코드를 복사하여 넣으면 배경이 입혀집니다. 해당 내용은 CSS 파트에서 다룰 내용이니 일단 복붙으로 배경을 입혀봅시다.
	
	<pre><style>
	    body {
	        background-image: url('넣고 싶은 이미지 주소');
	    }
	</style></pre>

02 힌트 보기

힌트를 보기 전에 충분히 고민해보시는 걸 추천드려요! 그래도 어렵다면 힌트는 1단계부터 3단계까지 있으니 단계별로 살펴보세요!

  1 메뉴판 제목과 목록으로 레이아웃을 나눠보세요.

  2 제목에는 h1 태그를, 목록은 리스트를 나열하는 태그를 사용하세요.

  3 숫자 없이 목록만 나열하는 ul 태그를 사용하세요.

그림으로도 힌트를 볼까요?

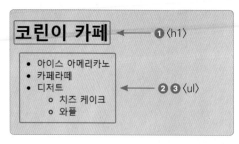

03 스스로 구현하기

먼저 시도해보세요.

04 풀이 보기

예제 6-3 메뉴판 만들기

```
                                                    chapter06/03/index.html
<!DOCTYPE html>
<html lang="ko">
  <head>
    <meta charset="UTF-8" />
    <meta http-equiv="X-UA-Compatible" content="IE=edge" />
    <meta name="viewport" content="width=device-width, initial-scale=1.0" />
    <title>HTML practice 3</title>
    <style>
      body {
        background-image: url("paper.jpg");
      }
    </style>
  </head>
  <body>
    <h1>코린이 카페</h1>
    <ul>
      <li>아이스 아메리카노</li>
      <li>카페라떼</li>
      <li>
        디저트
        <ul>
          <li>치즈 케이크</li>
          <li>와플</li>
        </ul>
      </li>
    </ul>
  </body>
</html>
```

05 같이 풀기

❶ 메뉴판 제목을 입력합니다.

```
<h1>코린이 카페</h1>
```

❷ 메뉴 카테고리를 지정합니다.

```
<ul>
    <li>아이스 아메리카노</li>
    <li>카페라떼</li>
    <li>디저트</li>
</ul>
```

❸ 디저트 세부 카테고리를 지정합니다.

```
<li>
    디저트
    <ul>
        <li>치즈 케이크</li>
        <li>와플</li>
    </ul>
</li>
```

---

style 태그는 뭐지?

앞서 CSS, 스타일링이란 말이 종종 언급됐어요. 간단히 말하면 HTML은 구조를 잡고 CSS
는 꾸미는 역할을 해요. 보통은 별도로 CSS 파일을 만들지만 head 태그 안에 style 태그로
스타일링해줄 수 있어요. CSS는 곧이어 2단계에서 만나게 됩니다.

학습 마무리

HTML 퀴즈를 푸시느라 정말 고생이 많으셨습니다. 문제를 구현하면서 왜 그 코드를 쓰는지 이해하는 과정이 도움이 되었으리라 생각합니다. 풀이 코드를 보고 작성하신 분들은 지금이라도 다시 한번 도전하세요. 안 보고 작성해야 내 것이 됩니다. 당장은 이해해도 나중에 빈 편집창에 다시 써보려 하면 잘 안 써지거든요. 몇 번 반복해서 연습하다 보면 감이 올 거예요.

☆ 코딩하기 순서 정리 ☆

1 코드를 작성하기 전에 구조를 어떻게 짜면 좋을지 생각해보세요.

2 HTML 기본 구조를 먼저 만드세요.

3 원하는 효과를 구현 단위별로 나누세요.

4 각 단위마다 해법을 고심해보세요.

5 해법은 다양합니다. 자신만의 스타일로 구현하고 다른 사람 코드와 비교하세요.

6 코딩과 친해지기! 미션 완료!

CSS는 HTML로 만든 웹 페이지를 꾸미는 스타일링 코드입니다. 크기나 색을 지정하거나 변경할 수 있습니다. 회전이나 이동하는 애니메이션도 구현할 수 있습니다. 밋밋했던 웹 페이지에 생동감과 감성을 불어넣어주는 CSS 세계로 함께 여행을 떠나 보시죠.

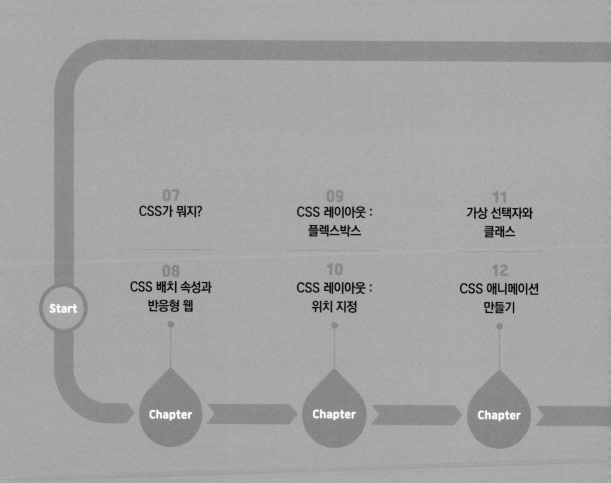

07
CSS가 뭐지?

09
CSS 레이아웃 :
플렉스박스

11
가상 선택자와
클래스

08
CSS 배치 속성과
반응형 웹

10
CSS 레이아웃 :
위치 지정

12
CSS 애니메이션
만들기

Start

Chapter

Chapter

Chapter

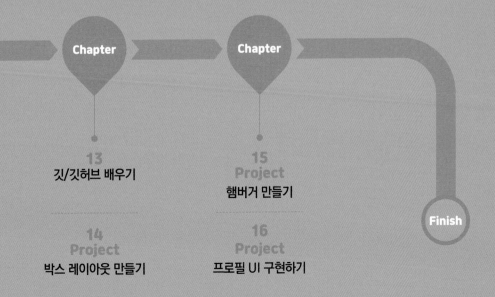

CSS가 뭐지?

☐ **학습 목표**	CSS가 무엇인지 개념을 알고 코드에 적용하는 방법을 알아봅시다.
☐ **학습 순서**	**1** CSS가 왜 필요해? **2** CSS 적용하기 **3** 외부 CSS 파일 적용하기 **4** 글씨 크기, 정렬 **5** CSS 선택자
☐ **CSS 소개**	CSS는 Cascading Style Sheets의 약자입니다. HTML이 정보를 표현한다면 CSS는 HTML 문서를 시각적으로 꾸미는 역할을 합니다.
☐ **장점**	• 시간 절약 : CSS를 한 번 작성해 여러 HTML 페이지에서 재사용할 수 있습니다. • 손쉬운 유지 관리 : 적용한 스타일을 일부 또는 전체를 변경하기 쉽습니다. CSS 파일만 변경해도 해당 CSS를 적용한 모든 웹 페이지의 요소가 자동으로 업데이트됩니다. • 글로벌 웹 표준 : 모든 HTML 페이지는 CSS를 표준으로 지원합니다. 따라서 HTML은 구조를, CSS는 스타일을 담당합니다.

7.1 CSS가 왜 필요해?

HTML로 웹 페이지에 원하는 글이나 그림을 넣는 방법을 이미 배웠습니다. 만든 HTML 페이지를 더 예쁘게 꾸미고 싶다면 CSS를 배울 차례가 된 겁니다.

CSS는 HTML 문서를 시각적으로 꾸미는 언어입니다. 왜 HTML에 꾸미기 기능을 넣지 않고 CSS를 별도로 만들었을까요? HTML 코드와 꾸미기 코드를 분리하면 가독성과 효율성 모두 높아지기 때문입니다. 예를 들어 HTML 페이지에 구조 코드와 꾸미기 코드를 모두 작성하면 둘이 뒤섞이게 됩니다. 꾸미기 효과를 변경하려면 HTML 이곳저곳을 뒤져 일일이 수정해야겠죠. 하지만 꾸미기 코드를 분리하면 꾸미기 코드 관리가 쉬워지고 HTML은 구조 자체에 집중할 수 있죠.

그래서 꾸미기 코드인 CSS를 만듭니다. 결과적으로 CSS는 꾸미기를 담당합니다. 읽기 좋고 사후 관리가 편한 코드를 작성하고 싶다면 HTML 파일과 CSS 파일을 따로 만들기 바랍니다.

7.2 CSS 적용하기

'내가 지금부터 작성하려는 건 CSS고 너는 이걸로 HTML을 예쁘게 꾸며줘'를 컴퓨터 문법으로 작성해봅시다. 어떻게 해야 할까요? 가장 쉬운 방법부터 알려드릴게요. 이 방법은 긴 CSS 코드를 작성할 땐 추천드리지 않습니다만 간단하게 스타일을 적용해볼 수 있는 방법입니다. 바로 HTML 에 style 태그를 사용하는 거예요.

```
<style>
            ◀─── CSS 코드
</style>
```

style 태그를 사용하면 HTML이 웹 브라우저에게 다음과 같은 말을 전합니다.

"이 style 태그 안쪽에 있는 코드는 CSS야. CSS 문법에 맞춰 해석하고 처리해줘."

예를 들어 설명해보겠습니다. 다음과 같이 h 태그와 p 태그를 이용한 페이지가 있습니다.

예제 7-1 HTML만 사용한 페이지

```
                                                    chapter07/01/index.html
<h1>What is CSS?</h1>
<p>
  Cascading Style Sheets is a style sheet language used for describing the
  presentation of a document written in a markup language such as HTML.
</p>
```

▼ 실행 결과

What is CSS?

Cascading Style Sheets is a style sheet language used for describing the presentation of a document written in a markup language such as HTML.

p 태그에 있는 설명을 빨간색으로 바꿔보려 합니다. style 태그를 만들고 'p 태그에 빨간색을 적용한다'는 의미를 가진 CSS 코드를 작성해보겠습니다.

예제 7-2 style 태그 예제 코드

```
chapter07/02/index.html
<style>
  p {
    color: red;
  }
</style>

<h1>What is CSS?</h1>
<p>
  Cascading Style Sheets is a style sheet language used for describing the
  presentation of a document written in a markup language such as HTML.
</p>
```

▼ 실행 결과

What is CSS?

Cascading Style Sheets is a style sheet language used for describing the presentation of a document written in a markup language such as HTML.

style 태그 안에 p 태그 색깔을 빨간색으로 지정했더니 의도대로 잘 적용되었습니다. 어떻게 적용했는지 알아보겠습니다. 목표는 p 태그에 색깔 CSS를 적용하는 겁니다. style 태그 안 코드를 함께 살펴봅시다.

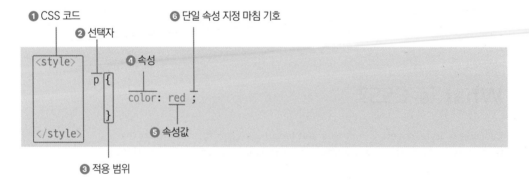

① CSS 코드
② 선택자
③ 적용 범위
④ 속성
⑤ 속성값
⑥ 단일 속성 지정 마침 기호

❶ style 태그 안에 ❷ 적용하려는 태그 p를 적습니다. 이때 p 태그를 CSS에서는 '선택자^{selector}' 라고 부릅니다(7.5절). 이어서 ❸ 중괄호 {}로 둘러쌉니다. 이 중괄호 {} 안에 있는 모든 코드는 선택자인 p 태그에 적용됩니다. ❹ 글자색을 바꾸는 데 color 속성을 사용합니다. ❺ color: 뒤에 원하는 색깔을 적어주세요. 색깔 이름뿐만 아니라 컬러 코드를 써도 됩니다. 코드 작성이 끝나면 ❻ 꼭 세미콜론 ;을 찍어줘야 합니다. 세미콜론은 '명령이 끝났다'라는 의미입니다.

Google Selector, Property, Property Value라는 이름을 기억해두면 나중에 모르는 것이 생겼을 때 검색하기 좋습니다. 예를 들어 color에 어떤 색깔이 있는지 알고 싶을 때 구글에 어떻게 검색해야 할까요? 가장 확실한 방법은 'color property value'라고 검색하는 거예요. 내가 모르는 것을 묻고 검색할 수 있다는 것만으로도 코딩을 잘할 준비가 되었다는 겁니다.

이 코드에서 앞서 말한 CSS 장점을 발견할 수 있어요. p 태그를 100번 사용하는 HTML 코드를 생각해봅시다. style 태그를 사용하지 않으면 다음과 같이 100곳에 일일이 색깔 속성을 지정해줘야 합니다.

```
<p style="color: red">난 빨간색이야</p>
```

하지만 style 태그를 사용하면 단 한 번이면 충분합니다. 반복 작업이 확 줄어드는 장점이 잘 보이나요?

코딩 잘하는 원칙 한 가지를 알려드릴게요. '반복 작업'을 하지 않는 거예요. 코드를 중복되지 않게 효율적으로 작성하면 코드를 적는 나도, 내가 적은 코드를 보는 누군가도, 그 코드를 읽어 웹 페이지에 보여주는 컴퓨터조차도 읽는 비용을 절약할 수 있습니다.

7.3 외부 CSS 파일 적용하기

자 이렇게 style 태그 안에서 CSS를 적용하는 방법을 알아보았습니다. 하지만 이 방법은 효율적이지 않습니다. 코드가 길어질수록 HTML 파일 길이도 길어지기 때문이죠. 본격적으로 코딩하려면 HTML에서 외부 CSS 파일을 불러오도록 만드는 것이 좋습니다. 어떻게 별도로 만든 CSS 파일을 HTML 파일에 적용하는지 알아보겠습니다. 이번 실습에서는 바로 앞에서 다룬 HTML 파일(chapter07/02/index.html)을 활용하겠습니다.

To Do **01** VSCode에서 ❶ 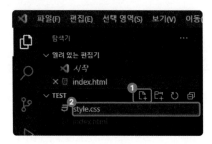 선택 → ❷ 입력창에 style.css를 입력 → ❸ **enter** 를 쳐서 CSS 파일을 생성합니다.

02 index.html을 선택하고 head 태그 안에 다음과 같이 입력합니다. 그러면 외부 스타일시트와 연결됩니다.

예제 7-3 CSS 파일을 링크한 HTML 파일

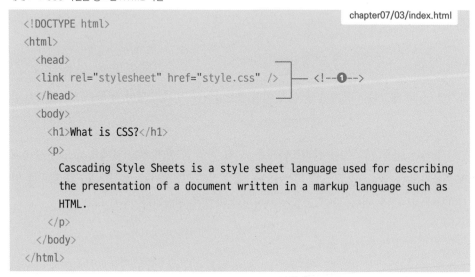

```
<!DOCTYPE html>
<html>
  <head>
  <link rel="stylesheet" href="style.css" />      <!--❶-->
  </head>
  <body>
    <h1>What is CSS?</h1>
    <p>
      Cascading Style Sheets is a style sheet language used for describing
      the presentation of a document written in a markup language such as
      HTML.
    </p>
  </body>
</html>
```

chapter07/03/index.html

❶ link 태그는 외부 자원을 링크할 때 사용합니다. 여기서 stylesheet는 링크할 문서 형식, style.css는 파일명입니다.

패턴	설명
link	현재 문서와 외부 리소스의 관계를 명시합니다.
rel	현재 문서와 연결한 리소스의 관계를 설명합니다.
href	연결할 리소스의 URL입니다.

VSCode 코드 자동 완성 기능

head 태그 안에 link 또는 link:css라고 치면 VSCode가 코드 자동 완성을 추천해줘요. 이 기능이 뜨지 않는 분들은 3장에서 추천한 확장 프로그램을 설치해주세요.

1 link:css
link:css
Emmet Abbreviation

03 style.css에 p 태그를 스타일링합니다.

예제 7-4 폰트 색 지정

chapter07/04/style.css

```
p {
    color: red;
}
```

04 모든 파일을 저장하고 코드를 실행합니다.

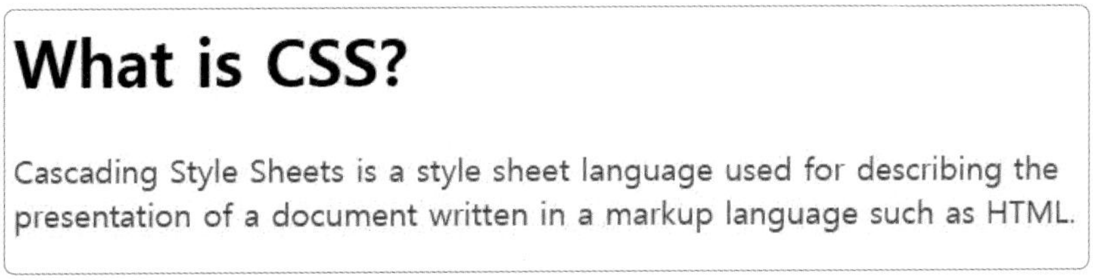

What is CSS?
Cascading Style Sheets is a style sheet language used for describing the presentation of a document written in a markup language such as HTML.

결과는 앞서 HTML에 style 태그를 만들어 CSS 코드를 작성한 방법과 같습니다(예제 7-2). 하지만 앞선 코드와 지금 작성한 코드는 차원이 다른 코드가 되었습니다. HTML 파일에서 꾸미기 코드를 분리했기 때문에 효율성이 훨씬 상승했습니다.

7.4 글씨 크기, 정렬

글씨 색깔을 바꾸고 나니 왠지 제목 크기가 좀 더 컸으면 좋겠고, 또 가운데로 정렬됐으면 좋겠다는 생각이 드시죠?

7.4.1 도전! 글씨 크기 조절

먼저 글씨 크기를 조절해보겠습니다. 하지만 우리는 컴퓨터에게 어떻게 명령해야 하는지 아직 모릅니다. 그럼 검색을 해야겠군요! 뭐라고 검색하면 될까요?

생각해보셨나요? 저도 처음엔 떠오르지 않았어요. 괜찮아요. 우리 함께 어떻게 생각의 흐름을 가지면 좋을지 알아봅시다. 먼저 검색하는 방법을 알려드리는 이유는 여기서 모든 속성을 알려드릴 수 없기 때문이에요. 물고기를 잡아드리는 게 아닌 잡는 방법을 알려드리는 겁니다. 스타일을 바꾸려면 CSS를 써야 한다는 건 알아요. 그럼 'CSS 글씨 크기 속성' 또는 'CSS font size property'라고 검색하면 되겠군요! 실제로 원하는 결과가 나오는지 확인해볼까요?

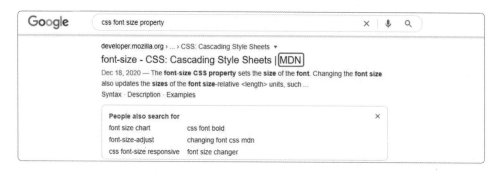

화면을 내려보면 MDN에서 작성한 글이 보일 겁니다. MDN은 모질라 재단이 제공하는 웹 기술 문서를 모아놓은 곳입니다. 객관적이고 좋은 정보가 많으니 검색 시 MDN이라는 글자가 보이면 믿고 활용하시길 바랍니다. 제 검색 결과에 MDN에서 작성한 글이 보이니 해당 페이지에 들어가 보겠습니다.

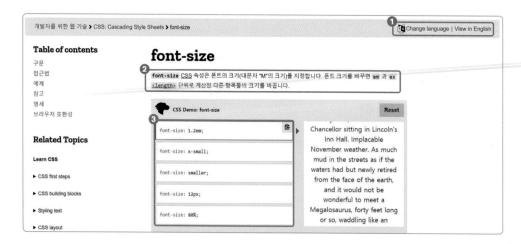

뭔가 영어로 잔뜩 써져 있지만 걱정하지 마세요. MDN은 한글도 지원하는 글이 많습니다. ❶에서 언어를 선택해주세요. 본론으로 돌아와서 ❷ font-size는 글씨 크기를 조절하는 CSS 속성이라고 써져 있네요. ❸ 글씨 크기를 조절하는 예제 코드를 보여주고 있어요. 글씨 크기를 px, % 등으로 나타낼 수 있군요.

아주 완벽한 문서를 찾았습니다. 앞서 생성한 style.css 파일에 기존 코드를 모두 지우고 제목 폰트를 키우는 코드를 넣어봅시다. index.html은 그대로 두고 stlye.css만 수정해볼 거예요.

예제 7-5 폰트 크기 지정

chapter07/05/style.css

```
h1 {
    font-size: 100px;
}
```

▼ 실행 결과

What is CSS?

Cascading Style Sheets is a style sheet language used for describing the presentation of a document written in a markup language such as HTML.

확실하게 비교해 보여드리려고 폰트 크기를 확 키워봤어요. 잘 적용됐죠?

7.4.2 도전! 글씨 정렬

이번에는 정렬 방법을 검색으로 알아봅시다. 아직 어떻게 검색하면 좋을지 모르겠는 분들을 위해 한 번 더 검색 과정을 말씀드리겠습니다.

정렬도 CSS 스타일입니다. 그럼 우선 CSS로 검색 문장을 시작하고, 그 뒤에 정렬을 뜻하는 align을 붙여줍니다. 원하는 기능을 더 구체적으로 적어주면 더욱 적중률이 높겠죠? 바로 'text center'처럼요. 마지막으로 우리가 알고 싶은 건 속성이므로 속성을 뜻하는 property를 붙여주면 됩니다. 그럼 완성된 검색 키워드는 'CSS text align property' 또는 'CSS text center property' 정도 되겠네요. 검색해봅시다!

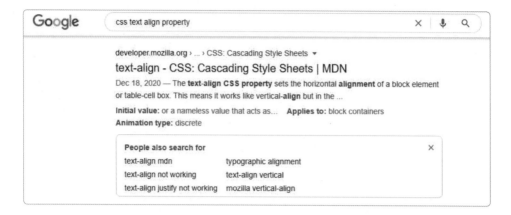

다행히 MDN 문서가 보이네요. 들어가볼까요?

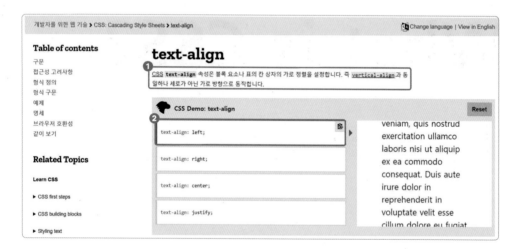

❶ text-align이 정렬 속성이라고 알려줍니다. ❷ 예제 코드를 보니 left, right, center, justify 값을 쓸 수 있군요. 직접 작성해봅시다! index.html은 그대로 두고 style.css만 수정해볼 거예요.

예제 7-6 텍스트 정렬

chapter07/06/style.css

```css
h1 {
    font-size: 100px;   /*글자 크기를 100px로 지정*/
    text-align: center;   /*글자 정렬을 가운데로 지정*/
```

```
}
p {
    text-align: center;
}
```

▼ 실행 결과

What is CSS?

Cascading Style Sheets is a style sheet language used for describing the presentation of a document written in a markup language such as HTML.

이제 우리는 글씨 크기를 조절하는 방법과 글자를 정렬하는 방법을 배우면서 동시에 모르는 것을 검색하는 능력까지 갖추었어요. 검색하는 방법을 아는 건 인터넷에 있는 모든 정보를 흡수할 수 있다는 것이니까 앞으로도 알고 싶은 속성이 있다면 검색해보시면 좋겠습니다.

7.5 CSS 선택자

CSS 선택자selector는 HTML에 스타일을 적용할 때 HTML 요소를 지정하는 역할을 합니다. 예를 들어 우리가 h1 태그에 스타일을 적용하고 싶을 때 h1을 선택하죠? 이때 h1이 선택자가 되는 겁니다.

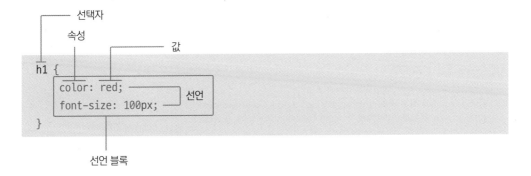

여기서 한 가지 의문점이 또 생깁니다. '내가 작성한 모든 태그에 스타일을 적용하려면 일일이 태그를 적어야 하는 걸까?' 또는 '내가 작성한 p 태그 중 첫 p 태그만 CSS를 적용하고 싶은데 어떻

게 하지?'라고 말이죠. 선택자를 이용하면 두 가지 의문점 모두를 해결할 수 있습니다. 선택자를 사용하는 5가지 방법을 알아봅시다.

- 전체 선택자
- 유형 선택자
- 아이디 선택자
- 클래스 선택자
- 복합 선택자

7.5.1 전체 선택자

전체 선택자universal selector는 모든 HTML 문서를 선택해 스타일을 적용해줍니다. 특정 태그 대신 * 기호를 사용합니다. HTML 파일은 직전에 다룬 index.html 파일을 사용합니다.

```
<style>
    * {
        속성
    }
</style>
```

예제 7-7 전체 선택자 예제 코드

```
* {                                          chapter07/07/style.css
    color: red;
}
```

▼ 실행 결과

What is CSS?

Cascading Style Sheets is a style sheet language used for describing the presentation of a document written in a markup language such as HTML.

패턴	설명
*	head를 포함한 HTML 문서 내의 모든 요소를 선택합니다.

7.5.2 유형 선택자

유형 선택자type selector는 이미 배운 선택자입니다. 특정 태그를 지정해 작성하는 방식이죠. 타입 셀렉터라고도 말합니다. 예를 들어 살펴보겠습니다. HTML 파일은 직전에 다룬 index.html 파일을 사용합니다.

```
<style>
    태그 유형 {
        속성
    }
</style>
```

예제 7-8 태그 선택자 예제 코드

```
                                        chapter07/08/style.css
p {
    color: red;
}
```

▼ 실행 결과

What is CSS?

Cascading Style Sheets is a style sheet language used for describing the presentation of a document written in a markup language such as HTML.

패턴	설명
태그명	지정된 태그를 가지는 요소를 선택합니다.

7.5.3 아이디 선택자

아이디 선택자ID selector는 아이디로 요소를 식별해주는 선택자입니다. 모든 태그 요소 중에 특정 아이디 하나를 선택할 때 사용합니다. 예를 들어 스타일을 적용할 p 태그에 아이디를 선언해 해당 선택자에 스타일을 적용하는 겁니다. 즉, p라는 태그 유형 대신 선언한 아이디로 요소를 선택할 수 있는 거예요. 아이디를 지정하는 방법은 다음과 같습니다.

```
<p id="아이디">텍스트</p>
```

HTML에서 p 태그를 마감하기 전에 id="아이디" 형식으로 지정합니다. 여기서 "아이디"는 중복되지 않는 고유한 값이어야 합니다. 주민번호라고 생각하시면 됩니다. 이때 아이디에 작은따옴표와 큰따옴표 묶음 둘 다 사용 가능합니다. 즉 '아이디', "아이디" 둘 다 사용할 수 있습니다.

그리고 아이디 선택자의 중요한 특징이 또 한 가지 있습니다. CSS에서 아이디 선택자를 사용하여 스타일링할 때는 #을 아이디 앞에 붙여야 한다는 점입니다.

```
<style>
   #아이디 {
       속성
    }
</style>
```

여러 p 태그 중 하나의 아이디를 지정해 스타일링하는 예제를 살펴봅시다.

예제 7-9 아이디 선택자

```
                                                          chapter07/09/index.html
<!DOCTYPE html>
<html>
  <head>
    <link rel="stylesheet" href="style.css">
  </head>
  <body>
    <body>
       <h1>Heading</h1>
       <p id="p1">paragraph 1</p>   <!--❷-->        <!--❶-->
       <p>paragraph 2</p>
       <p>paragraph 3</p>
    </body>
</html>
```

```
                                                          chapter07/09/style.css
/* id값이 p1인 요소를 선택 */
#p1 {   /* ❸ */
    color: red;
}
```

Heading

paragraph 1

paragraph 2

paragraph 3

❶ 3개의 p 태그를 작성합니다. ❷ 첫 번째 p 태그의 id를 p1으로 지정합니다. ❸ style.css에서 #p1으로 아이디 선택자를 선택하여 스타일을 지정합니다.

패턴	설명
#아이디	아이디를 지정하여 일치하는 요소(태그)를 선택합니다. 아이디는 중복될 수 없습니다.

7.5.4 클래스 선택자

클래스 선택자class selector는 특정 클래스에 속하는 요소를 선택합니다. 여기서 클래스란 요소의 목록을 말합니다. 아이디와 비슷한 기능을 하지만, 클래스는 여러 태그를 하나의 클래스로 묶을 수도 있고 태그 하나에 여러 클래스 이름을 붙여줄 수도 있습니다. 예를 들어 p 태그에 클래스 이름으로 c1, c2, c3를 지정해 각각에 스타일을 지정해놓을 수 있는 거죠.

보통은 아이디 선택자보다 클래스 선택자를 많이 사용합니다. CSS에서 선택자로 사용할 때는 클래스명 앞에 점 .을 붙여주면 됩니다.

```
<style>
    .클래스명 {
        속성
    }
</style>
```

예제 7-10 클래스 선택자

chapter07/10/index.html

```
<!DOCTYPE html>
    <html>
```

```
  <head>
    <link rel="stylesheet" href="style.css">
  </head>
  <body>
    <body>
      <h1>Heading</h1>
      <p class="container">paragraph 1</p>  <!--❶-->
      <p>paragraph 2</p>
      <p>paragraph 3</p>
    </body>
  </html>
```

```
                                                          chapter07/10/style.css
/* class값이 container인 모든 요소 선택 */
.container {    /* ❷ */
    color: red;
}
```

▼ 실행 결과

Heading

paragraph 1

paragraph 2

paragraph 3

❶ paragraph 1의 클래스로 container를 지정합니다. ❷ style.css에서 .을 붙여 .container
로 클래스 선택자를 이용해 스타일링합니다.

아직은 아이디 방식과 뭐가 다른지 잘 모르겠죠? 이번에는 클래스 선택자의 이름을 두 개 만들어
보겠습니다. 클래스 이름 간의 구별은 띄어쓰기로 합니다.

예제 7-11 클래스 선택자가 2개 있을 때

```
                                                          chapter07/11/index.html
<!DOCTYPE html>
<html>
  <head>
    <link rel="stylesheet" href="style.css">
  </head>
```

```
  <body>
    <body>
      <h1>Heading</h1>
      <p class="my-class1 my-class2">paragraph 1</p>
      <p class="my-class1">paragraph 2</p>
      <p>paragraph 3</p>
    </body>
  </html>
```

chapter07/11/style.css

```
.my-class1 {
    color: red;
}
.my-class2 {
    background-color: cadetblue;
}
```

▼ 실행 결과

Heading

paragraph 1

paragraph 2

paragraph 3

첫 번째 p 태그에는 my-class1과 my-class2의 스타일을 모두 적용하고, 두 번째 p 태그에는 my-class1만을 적용합니다. 이처럼 클래스 선택자는 하나 이상의 클래스값을 가질 수 있기 때문에 스타일을 주고 싶은 선택자를 자유롭게 지정할 수 있습니다.

패턴	설명
.클래스명	클래스명과 일치하는 요소를 선택합니다. 하나 이상 지정할 수 있습니다.

참고로 아이디와 클래스 선택자의 이름은 해당 태그를 가장 잘 설명하는 단어로 짓기 바랍니다. 이름만 보고도 태그 역할을 알 수 있다면, 제대로 네이밍한 겁니다. 좋은 네이밍 습관을 가지면 현업에서도 사랑받으실 수 있습니다.

7.5.4 복합 선택자

마지막으로 살펴볼 선택자는 복합 선택자^{combinator selector}입니다. 저는 부모와 자식 태그가 복합적으로 쓰인다 해서 붙여진 이름이라고 외웠습니다. 복합 선택자는 서로의 관계와 위치를 유용하게 결합하는 방식을 제공합니다. 여기서 '서로'에는 자손 선택자^{descendant selector}, 자식 선택자^{child selector}, 인접 형제 선택자^{adjacent sibling selector}, 일반 형제 선택자^{general sibling selector}가 속합니다. 엄청 많죠? 우리는 이걸 모두 다루면 머리가 아플 겁니다.

두뇌 보호 차원에서 가장 많이 쓰이는 자손 선택자를 배워볼 거예요. 자손 선택자는 조상의 모든 자손을 선택하는 방식입니다. 다시 한 번 말씀드릴게요. '조상'의 '모든 자손'을 선택하는 방식입니다. 이렇게 강조하는 이유는 헷갈리기 때문이에요.

```
<style>
    조상 자손 {
        속성
    }
</style>
```

예제 코드를 보면 이해가 갈 거예요.

예제 7-12 자손 선택자

```
                                                    chapter07/12/index.html
<!DOCTYPE html>
<html>
  <head>
    <link rel="stylesheet" href="style.css">
  </head>
  <body>
  <h1>Heading</h1>
    <div>
        <p>child 1</p>
        <p>child 2</p>          <!--❶-->
        <div>
            <p>grandchild</p>   <!--❷-->
        </div>
    </div>
    <p>neighborhood child</p>
  </body>
</html>
```

```
/* div 자손 요소 중 p 요소 */
div p {      /* ❸ */
    color: red;
}
```

▼ 실행 결과

Heading

child 1

child 2

grandchild

neighborhood child

❶ div 태그의 자식으로 child 1과 child 2를 만듭니다. ❷ 만든 div 태그 안에 또 하나의 div 태그와 자식 grandchild를 만듭니다. ❸ CSS 선택자로 지정할 때 div 다음 띄어쓰기 후 p를 적었습니다. 이때 띄어쓰기는 자손을 가리킵니다. 따라서 div 안에 있는 자식 p에 스타일을 적용한다는 의미입니다.

패턴	설명
복합 선택자	조상 하위에 있는 자손을 선택합니다. 조상과 자손은 띄어쓰기를 통해 구분합니다.

선택자는 자주 사용됩니다. 특히 태그에 클래스 이름을 주고 해당 클래스를 style.css에서 꾸며주는 방식은 지겹도록 쓸 예정이니 반복 연습해 익숙해지도록 합시다.

학습 마무리

텍스트 꾸미기, 다양한 속성과 선택자를 알아보았습니다. 지금 이 과정을 충분히 연습하지 않으면 CSS가 미워질 수도 있어요. 꼭 연습해주세요! 특히 선택자는 이번에 다룬 것보다 더 다양하게 사용할 수 있습니다. 선택자 관련 더 깊은 내용은 11장 '가상 선택자와 클래스'에서 다룹니다.

핵심 요약

1 CSS는 Cascading Style Sheets의 약자로 사용자에게 보여지는 페이지를 꾸밉니다. HTML이 정보를 표현한다면 CSS는 HTML 문서를 시각적으로 꾸미는 역할을 합니다.

2 font-size는 글씨 크기를 조절하는 CSS 속성입니다.

3 text-align은 정렬 속성으로 left, right, center, justify값을 쓸 수 있습니다.

4 CSS 선택자는 5가지 유형이 있습니다.

- 전체 선택자는 모든 HTML 문서를 선택해 스타일을 적용합니다.
- 유형 태그 선택자는 특정 유형(태그)를 지정해 작성하는 방식으로 타입 셀렉터라고도 합니다.
- 아이디 선택자는 해당 태그의 고유한 이름에 따라 스타일을 적용합니다.
- 클래스 선택자는 class의 요소를 지정하는 선택자입니다.
- 복합 선택자는 서로의 관계와 위치를 유용하게 결합하는 방식을 제공합니다. 여기서 '서로의 관계'에 따라 자손 선택자, 자식 선택자, 인접 형제 선택자, 일반 형제 선택자가 있습니다.

CSS 배치 속성과 반응형 웹

☐ **학습 목표**	CSS 배치 속성을 학습할 거예요. 또한 반응형 디자인이란 무엇인지, CSS 배치 속성을 활용해 알아봅시다.
☐ **학습 순서**	1 배치 속성이 뭐야? 2 박스 모델 : 마진, 테두리, 패딩 3 실습 : 반응형 웹 페이지 만들기
☐ **CSS 배치 속성 소개**	CSS 배치 속성을 이용해 원하는 위치에 요소를 배치할 수 있습니다. CSS 레이아웃 속성과 마진, 테두리, 패딩 등이 있습니다.
☐ **반응형 웹 소개**	많은 사이트가 다양한 화면 크기에 맞춰 자동으로 요소를 배치하는 반응형 웹을 사용합니다. '화면 크기에 반응하니까 반응형이구나'라고 알면 되겠죠? 이젠 스마트폰으로 웹 페이지를 보는 사람도 많기 때문에 반응형 웹에 대한 중요성이 더욱 커지고 있습니다.
☐ **반응형 웹 장점**	• 기기 화면에 맞춰 요소가 자동으로 배치된 웹 페이지를 제공합니다. • 기기 화면마다 따로 코드를 개발·관리하지 않아도 되니 개발 비용을 절약할 수 있습니다. • 따라서 유지 관리도 용이해집니다.

8.1 배치 속성이 뭐야?

첫 번째로 알려드릴 배치 속성은 CSS 레이아웃과 관련된 겁니다. 바로 예제를 통해 그 실체를 확인해보겠습니다.

예제 8-1 자동 줄바꿈이 되는 헤더

```
chapter08/01/index.html
<!DOCTYPE html>
<html>
  <head>
    <link rel="stylesheet" href="style.css" />
  </head>
  <body>
    <h1>Emotion</h1>
    <span>SAD</span>
    <span>HAPPY</span>
    <span>LOVE</span>
  </body>
</html>
```

▼ 실행 결과

Emotion

SAD HAPPY LOVE

h1 태그와 span 태그 기억하시죠? h1은 제목을 지정하는 태그죠. span 태그는 줄바꿈을 하지 않고 구문 요소를 의미하는 태그입니다. 이 예제에서는 span 태그를 눈여겨 볼 필요가 있습니다. h1 태그를 적은 다음 span 태그를 적었는데 줄바꿈이 되었네요? 코드에서 enter 를 쳤기 때문이라고요? 그렇게 따지면 </span> 태그도 모두 enter 를 사용했기 때문에 줄바꿈이 되어야 하는데 그렇지 않은 거 보니 enter 가 줄바꿈의 요인은 아닌 것 같습니다.

그럼 왜 h1 태그는 자동으로 줄바꿈이 되는 걸까요? 바로 h 태그가 블록 레벨 요소이기 때문인데요, h1 태그와 span 태그 모두 테두리를 주어서 차이를 확인해보겠습니다.

border라는 속성이 있어요. border를 사용하면 요소에 테두리 굵기, 스타일, 색상 등을 지정할 수 있습니다. 기본 사용법은 다음과 같습니다.

```
                      ┌── 적용 대상 태그
<style>
  h1 {                       ┌── 선 스타일
       border: 3px solid red ;
  }
</style>          테두리 굵기    색상
```

지정하는 값의 순서는 상관이 없습니다.

Google 'CSS border' 구글링

h1과 span 태그 요소 모두에 빨간색 테두리를 씌워봅시다. 여러 선택자를 한꺼번에 지정할 때는
콤마 ,로 나열합니다.

예제 8-2 모든 요소마다 테두리 적용하기

```
                                        chapter08/02/style.css
h1,
span {
  /*border는 테두리를 주고 싶을 때 사용*/
  /*테두리 굵기, 스타일, 색깔을 순서 상관없이 적어주면 적용됨*/
  border: 3px solid red;
}
```

▼ 실행 결과

```
┌─────────────────────────────────────────────┐
│ Emotion                                      │
├─────────────────────────────────────────────┤
│ SAD HAPPY LOVE                               │
└─────────────────────────────────────────────┘
```

h1 태그 테두리는 요소 가로 화면 전체를 둘러싸고 있습니다. 반면 span 태그 테두리는 요소 크
기에 맞춰졌습니다. h1 태그처럼 요소의 가로 줄 전체를 차지하는 요소를 블록 레벨 요소block-level
element라 부르고, span 태그와 같이 요소 크기만큼의 너비를 차지하는 요소를 인라인 레벨 요소
inline-level element라 부릅니다.

8.1.1 블록 레벨 요소와 인라인 레벨 요소

모든 HTML 요소에는 display라는 속성이 있고, 그 기본값이 블록 또는 인라인으로 설정되어 있습니다. 블록 레벨 요소는 요소가 있는 가로 줄 전체를 차지하고, 인라인 레벨 요소는 요소가 있는 공간만을 차지합니다. 예를 들어 h 태그는 블록 레벨 요소이고, span은 인라인 레벨 요소입니다.

그렇다면 태그마다 이 두 특성은 고정인 걸까요? 아닙니다. display라는 CSS 속성으로 바꿔줄 수 있습니다. display에 줄 수 있는 값으로 block과 inline을 살펴보겠습니다.

display에서 block, inline 속성값을 적용한 결과는 다음과 같습니다. display값이 block이면 요소 가로 줄 전체를 차지하기 때문에 요소마다 줄바꿈이 발생합니다. 반면 display값이 inline이면 요소 크기만큼만 공간을 차지하기 때문에 요소 자체의 크기에 따라 줄바꿈이 발생합니다.

▼ 블록 레벨 요소와 인라인 레벨 요소

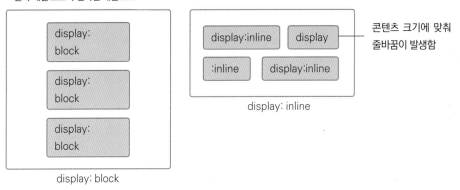

display: block

display: inline

콘텐츠 크기에 맞춰 줄바꿈이 발생함

Google 'CSS display' 구글링

8.1.2 CSS에서 속성 변경하기

인라인 레벨 요소를 블록 레벨 요소로, 혹은 그 반대로 바꿀 수 있습니다.

인라인 레벨 요소로 바꾸기

우리는 h 태그가 블록 요소이기 때문에 줄바꿈이 이루어진다는 걸 알았습니다. 그렇다면 이걸 바꿀 수 없는 걸까요? 이미 답을 알려드렸지만 한 번 더 말씀드리면 CSS 속성을 변경하면 바꿀 수 있습니다! 앞에서 다룬 예제에 사용한 CSS 속성을 모두 인라인으로 만들어보겠습니다. 그러면 h 태그의 줄바꿈이 없어질 겁니다. CSS에서 인라인 레벨 요소로 변경하는 방법은 다음과 같습니다.

```
                ─── 적용 대상 태그
<style>
   h1 {              속성
                ───
      display: inline;
   }
</style>              값
```

예제 8-3 인라인 레벨 요소로 바꾸기

```
                                        chapter08/03/style.css
h1,
span {
  border: 3px solid red;
  display: inline; /* ❶ */
}
```

▼ 실행 결과

❶ display 속성으로 inline을 적용합니다.

어때요? h 태그도 딱 콘텐츠 너비만큼만 가로 공간을 차지하게 바꼈죠?

블록 레벨 요소로 바꾸기

그렇다면 반대로 모든 display 속성을 block으로 변경하면 어떻게 될까요? 줄바꿈이 일어나지 않았던 span 태그까지 모두 줄바꿈이 일어날 겁니다.

예제 8-4 블록 레벨 요소 적용하기

```
                                        chapter08/04/style.css
h1,
span {
  border: 3px solid red;
  display: block;  /* ❶ */
}
```

Emotion

SAD
HAPPY
LOVE

❶ display값을 inline에서 block으로 변경합니다.

8.2 박스 모델 : 마진, 테두리, 패딩

블록과 인라인이라는 개념은 왜 존재할까요? 바로 보기 좋게 배치하기 위해서예요! 요소를 원하는 곳에 배치하려면 태그마다 가지고 있는 특성을 알아야 합니다. 이때 블록과 인라인 요소 외에도 레이아웃을 정하는 HTML 요소가 있습니다. 바로 박스 모델입니다. CSS 박스 모델은 기본적으로 모든 HTML 요소를 감싸는 상자입니다. 요소, 패딩padding, 테두리border, 마진margin으로 구성되어 있습니다.

▼ 마진, 테두리, 패딩, 요소 관계

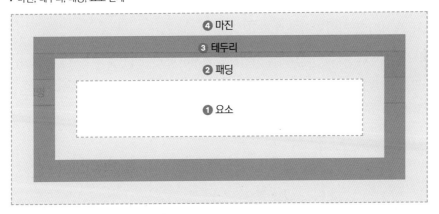

❶ 요소 : 텍스트, 사진 등 보여줄 대상입니다.
❷ 패딩 : 요소 주변 영역을 감쌉니다. 해당 부분은 투명색입니다.

❸테두리 : 요소와 패딩을 감싸는 테두리입니다.

❹마진 : 테두리 밖의 영역을 감쌉니다. 해당 부분은 투명색입니다.

텍스트나 이미지처럼 눈에 보이는 요소와 달리 마진과 패딩은 명확한 구분이 쉽지 않을 거예요. 우선 이 두 개념부터 다시 정리해봅시다. 마진이란 물건을 팔았을 때 남는 이익이에요. 따라서 요소, 패딩, 테두리를 표시하고 남은 영역이 마진이라고 생각하시면 됩니다. 우리는 추울 때 패딩을 입습니다. 따라서 요소 위에 입는 것이 패딩이라고 생각해주세요. 그럼 예제를 통해 이들을 확인해보겠습니다.

8.2.1 border로 밑줄 치기

이 장 제일 처음에 다룬 예제에 CSS 속성을 적용하지 않은 상태에서 시작할게요.

❶ Emotion 텍스트와 그 아래 감정을 나열한 텍스트 사이에 구분선이 있었으면 좋겠네요. 그리고 ❷ SAD, HAPPY, LOVE 사이 간격이 더 넓었으면 좋겠습니다.

어떻게 하면 될까요? 생각해봅시다. 테두리를 지정하는 속성이 무엇인가부터 생각해보면 되겠네요? border라고요? 그렇습니다. 선을 긋는 데 border 속성을 사용합시다. Emotion 아래에만 있으면 되니까 border-bottom이라고 하면 되겠네요.

예제 8-5 border 태그를 이용한 밑줄 치기

```
                                            chapter08/05/style.css
h1 {
   border-bottom: 1px solid black; /* ❶ */
}
```

▼ 실행 결과

Emotion

SAD HAPPY LOVE

❶ 선택자로 h1을 지정한 뒤 border-bottom 속성에 1px 굵기의 검정색 실선을 지정합니다. 결과를 살펴보니 헤더 아래 두께 1픽셀(1px), 검정색(black) 실선(solid)이 잘 추가되었죠?

어때요? 뭔가 부족한 느낌이 듭니다. Emotion 아래 실선을 긋긴 했는데 텍스트와 선 사이가 너무 가깝네요. 아직 SAD, HAPPY, LOVE 사이의 간격도 지정해주지 않았습니다.

8.2.2 검사 기능으로 속성 확인하기

여기서 제가 중요한 정보를 하나 드리겠습니다.

To Do 01 ❶ 마우스 오른쪽을 클릭한 후 ❷ 팝업 메뉴에서 '[검사(N)]'를 눌러보세요(F12). 뭔가 특이한 정보가 보일 겁니다(또는 브라우저 메뉴에서 '도구 더보기 → 개발자 도구' 선택).

우측 하단에 네모 박스가 보일 거예요. 이 박스 위에 마우스 커서를 올려서 요소, 패딩, 테두리, 마진의 위치와 크기까지 확인할 수 있습니다. 투명해서 보이지 않았던 마진과 패딩을 파악하는 데 특히나 큰 도움이 된답니다.

02 ❶ Emotion 글자 위에서 우클릭 → [검사(N)] 선택. 우측 하단 박스의 ❷ 마진 영역에 마우스 커서를 올려놓으세요. 그러면 왼쪽에서 마진 영역이 나타납니다.

03 우측 하단 박스의 ❶ 패딩 영역에 마우스 커서를 올려놓으세요.

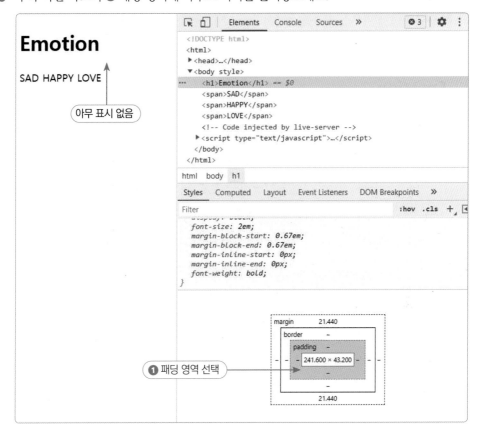

왼쪽에서 패딩 영역이 나타나야 하는데, 이번에는 아무것도 보이지 않습니다. h1에 패딩값이 없기 때문입니다. 따라서 h1 태그에 패딩을 추가해야 우리가 원하는 간격을 줄 수 있겠네요.

04 이번에는 ❶ 좌측 화면에서 SAD 텍스트 위에서 우클릭 → 검사 선택. 우하단 네모에서 ❷ `auto × auto` 에 마우스 커서를 올려서 span 태그들의 요소 영역과 스타일 영역을 확인해보 겠습니다.

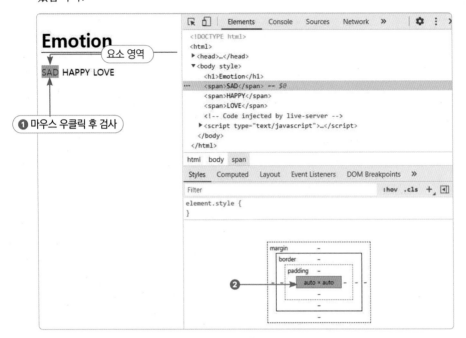

span 태그에는 요소 영역 외에 패딩 또는 마진이 전혀 없네요.

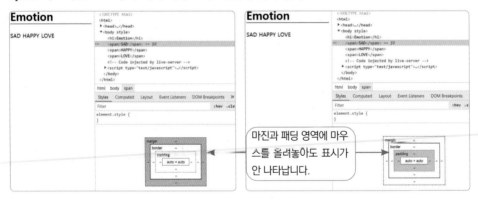

마진과 패딩 영역에 마우스를 올려놓아도 표시가 안 나타납니다.

이렇게 원하는 요소에 마우스를 갖다 대고 우클릭 → [검사(N)]를 선택한 후 우하단 박스에서 스타일 영역을 확인할 수 있습니다.

05 h1과 span에 패딩을 설정해주겠습니다.

예제 8-6 여백을 준 모습

```
h1 {                                                    chapter08/06/style.css
  border-bottom: 1px solid black;
  padding: 10px;  /* ❶ */
}
span {
  padding: 5px;  /* ❷ */
}
```

❶ h1 태그에 패딩값 10px을 적용합니다. ❷ span 태그에 패딩값 5px을 적용합니다.

06 파일을 저장하고 실행하세요. 코드 변경 전과 비교해볼까요? 화살표가 가리키는 영역의 간격이 더 시원시원하게 넓어졌네요.

▼ 실행 결과

▼ 코드 변경 전

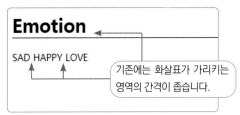

기존에는 화살표가 가리키는 영역의 간격이 좁습니다.

패딩, 마진, 테두리는 각각 위, 아래, 좌, 우 속성을 따로따로 지정해줄 수 있어요.

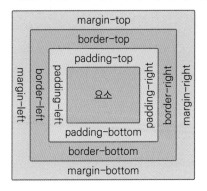

8.3 실습 : 반응형 웹 페이지 만들기

오늘날 다양한 태블릿과 스마트폰이 출시되고 있죠. 이에 따라 화면 크기도 제각각입니다. 웹 페이지를 디자인할 때 어떻게 다양한 화면 크기에 대응할 수 있을까요?

해결책은 바로 반응형 디자인입니다. 반응형 디자인이란 화면 해상도에 따라 HTML과 CSS를 자동으로 맞춰서 보여주는 기능을 말해요. 예를 들어 골든래빗 홈페이지(goldenrabbit.co.kr)는 PC에서 봤을 때랑 스마트폰에서 봤을 때 다르게 보입니다. 반응형이 적용된 홈페이지라서 그래요.

그럼 어떻게 반응형 디자인을 만들 수 있을까요? 바로 '미디어 쿼리'를 사용하면 됩니다. 미디어 쿼리media query는 사이트에 접속하는 미디어 타입과 특징에 따라 다른 CSS 스타일을 적용하도록 도와주는 규격입니다. 예를 들어 작은 해상도에 맞게 텍스트 크기를 조정하거나, 페이지를 세로 모드로 볼 때 단락 사이의 패딩을 늘리거나, 버튼 크기를 늘릴 수 있습니다. 이렇게 웹 사이트에 접속하는 기기 해상도에 따라서 HTML과 CSS가 바뀌는 웹을 반응형 웹이라고 부릅니다.

미디어 쿼리는 다음과 같은 상황에 사용할 수 있습니다.

- CSS에서 @media와 @import(17장)를 사용해 특정 조건에 따라 스타일을 적용할 때
- HTML 요소에 media 특성을 사용해 특정 매체만 가리킬 때

미디어 쿼리는 @media로 씁니다. 예를 들어 어떤 값에 따라 색깔을 다르게 적용할 때 다음과 같이 쓸 수 있습니다.

```
@media (color) { ... }
```
미디어 쿼리   적용 값

적용할 속성

@import는 다른 스타일시트에서 스타일 규칙을 가져올 때 사용합니다. 예를 들어 hello.css를 불러온다고 가정해봅시다. 다음과 같이 2가지 방법으로 작성할 수 있습니다.

```
@import url("hello.css");
@import 'hello.css';
```

이때 알아두어야 할 점이 있습니다. 바로 @import는 문서 최상단에 있어야 한다는 점입니다.

코드는 위에서 아래로 해석되고 실행됩니다. 그러므로 사용할 파일을 최상단에서 먼저 불러와야 불러온 파일 내용을 이용하는 코드가 동작할 수 있습니다. 예제를 살펴보며 어떻게 적용하는지 알아봅시다.

8.3.1 배경색 지정하기 : background-color 태그

화면 너비에 따라 배경색이 바뀌는 반응형 웹 페이지를 만들어보겠습니다. 이를 만들려면 배경색을 바꾸는 방법을 알아야 합니다. 이 장의 처음(8.1절)에 작성한 예제에 배경색을 추가해봅시다. 배경색을 추가하는 속성은 background-color입니다.

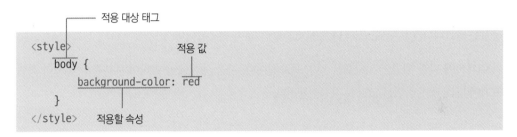

이제 CSS를 사용하는 데 익숙해져서 금방 감이 오실 겁니다. 선택자를 적어주고 원하는 속성인 background-color를 적어줍니다. 그리고 원하는 색깔을 적용해주며 마무리하시면 됩니다.

예제 8-7 배경색 추가

```
                                              chapter08/07/style.css
body {
  background-color: pink;
}
```

▼ 실행 결과

8.3.2 배경색이 바뀌는 웹 페이지 만들기

본격적으로 첫 반응형 웹 페이지를 만들어봅시다.

CSS에서 미디어 쿼리를 적용하는 방법은 다음과 같습니다.

```
<style>
    @media 미디어타입 (적용 조건) {
        규칙
    }
</style>
```

미디어타입으로는 all, print, screen, speech를 지정할 수 있습니다. 순서대로 전부, 프린트, 화면, 음성을 뜻합니다. 아무것도 쓰지 않으면 기본값인 all이 적용됩니다.

가로 너비에 따라 배경색이 바뀌는 것이 목표입니다. 다음 예제에서 미디어 쿼리를 이용하여 화면 크기에 따라 색이 바뀌는 코드를 작성해봅시다.

예제 8-8 미디어 쿼리 적용

```
                                                    chapter08/08/style.css
/* ❶ 너비가 1280px 이하인 화면에서는 배경색이 핑크색입니다.*/
@media (max-width: 1280px) {
  body {
    background-color: pink;
  }
}
/* ❷ 너비가 600px 이하인 화면에서는 배경색이 올리브색입니다. */
@media (max-width: 600px) {
  body {
    background-color: olive;
  }
}
```

❶과 ❷로 미디어 쿼리를 이용해 색이 변하는 지점의 화면 너비 픽셀값을 지정합니다.

▼ 너비가 1280px보다 클 때

Emotion

SAD HAPPY LOVE

▼ 너비가 1280px 이하일 때

▼ 너비가 600px 이하일 때

마우스 우클릭 → [검사(N)]를 클릭한 후, 마우스로 창 크기를 변경할 때마다 소스 코드와 화면 경계선 상단에 가로, 세로 너비가 보여요!

@media를 작성한 후 max-width 속성을 사용했어요. 각 단어마다 분리해보면 의미를 파악하기 쉬워요. max는 최대라는 뜻을 갖고 있고, width는 너비라는 뜻을 가졌잖아요. 조합하면 최대 너비라는 의미겠군요. 1280px을 최대 너비로 지정했어요. 즉 최대 1280px까지는 핑크색 배경으로 보이는 거예요. 만일 1280px보다 크면 아무것도 지정하지 않았으니 하얀 배경이 나오겠죠. 그리고 화면이 작아질 땐 600px 이하에서 올리브색으로 변경하도록 지정했어요.

▼ 너비별 색상

너비가 600픽셀 이하일 때	너비가 600픽셀보다 크면서 1280 이하일 때	너비가 1280보다 클 때

이렇게 미디어 쿼리를 사용하면 다양한 기기 해상도에 맞게 HTML과 CSS를 바꿀 수 있습니다. 다시 말씀드리지만 미디어 쿼리는 다양한 기기 환경이 존재하는 세상에서 굉장히 중요한 존재입니다. 잘 기억해두셨다가 추후 나만의 앱을 만들 때 활용해봅시다.

학습 마무리

이번 장에서는 CSS의 배치 속성과 박스 모델, 미디어 쿼리를 배웠습니다. 이 속성들을 잘 사용하면 원하는 위치에 요소를 배치할 뿐만 아니라 다양한 화면 크기에 반응하는 앱도 만들 수 있습니다.

핵심 요약

1 HTML 요소는 블록 레벨 요소 또는 인라인 레벨 요소로 나눌 수 있습니다. 이 두 요소는 배치와 관련된 내용이기 때문에 CSS에 의해 지정됩니다. 블록 레벨 요소는 가로 줄 화면 전체를 차지하고, 인라인 레벨 요소는 해당 태그에 담긴 요소 크기만큼만 차지합니다.

2 요소 : 텍스트, 사진 등의 보여줄 대상

3 패딩 : 요소 주변 영역을 감쌉니다.

4 테두리 : 요소를 둘러싼 패딩을 감싸는 선

5 마진 : 테두리 밖의 영역을 감쌉니다.

6 반응형 웹 페이지란 PC, 스마트폰, 태블릿 PC 등 접속하는 화면의 해상도에 따라 웹 UI가 바뀌는 웹 페이지를 말합니다.

7 미디어 쿼리를 사용하면 다양한 기기 해상도에 따라 HTML과 CSS를 조정할 수 있습니다.

CSS 레이아웃 :
플렉스박스

☐ 학습 목표	CSS의 꽃이라 할 수 있는 레이아웃을 배워볼 거예요. 여기서 말하는 레이아웃은 이미지, 텍스트 등을 원하는 위치로 배치하는 거랍니다. CSS 레이아웃은 총 2개 장에 걸쳐서 설명을 할 테니 잘 따라오셔야 해요! 오늘은 플렉스박스를 알아보겠습니다.
☐ 학습 순서	1 플렉스박스의 등장 2 플렉스가 필요한 순간 확인하기 3 플렉스박스로 정렬하기 4 플렉스 축 방향 바꾸기 : flex-direction
☐ 플렉스박스 소개	사용자 인터페이스 디자인에 최적화된 레이아웃을 정의하는 CSS입니다. 이미지, 텍스트 같은 요소를 원하는 곳에 배치할 수 있습니다.
☐ 플렉스박스 장점	• 복잡한 계산 없이 요소 크기와 순서를 유연하게 배치할 수 있어요. • CSS만으로 다양한 레이아웃을 구현할 수 있어요.

9.1 플렉스박스의 등장

8장에서 블록/인라인 레벨 요소로 이미지, 텍스트 등의 요소 위치를 변경해주었는데요, 과연 블록/인라인 레벨 요소만 알면 모든 요소를 원하는 곳에 위치시킬 수 있을까요? 화면 크기가 다양하지 않았던 예전에는 가능했습니다. 고급 기법을 사용한 디자인으로 감싸진 웹 페이지가 많지 않았거든요. 하지만 지금은 다릅니다. 반응형 디자인이 필요할 만큼 화면 해상도가 다양해졌고, 편하고 화려한 디자인으로 제작된 웹 페이지가 많아졌습니다.

더 다양한 레이아웃을 만들고자 고안된 기법이 플렉스박스^{flexbox}입니다. 플렉스는 '유연한'이란 뜻을 가지고 있어요. 이름만큼이나 화면 레이아웃을 유연하게, 자유자재로 배치할 수 있게 해줍니다. 기존에 사용했던 블록 레벨 요소, 인라인 레벨 요소 방식보다 훨씬 강력하고 편리한 기능이 많죠. 지금부터 신세대 레이아웃, 플렉스박스를 알아보겠습니다.

9.2 플렉스가 필요한 순간 확인하기

플렉스는 언제 필요할까요? 다음과 같이 body 안에 div로 정사각형 세 개를 만드는 코드가 있습니다.

예제 9-1 div box 3개 만들기

```
chapter09/01/index.html
<!DOCTYPE html>
<html>
  <head>
    <link rel="stylesheet" href="style.css">
  </head>
  <body>   <!--❶-->
    <div></div>
    <div id="second"></div>   <!--❷-->
    <div></div>
  </body>
</html>
```

```
chapter09/01/style.css
div {
  width: 200px;    ┐
  height: 200px;   ┘  /* ❸ */
  background-color: tomato; /* ❹ */
}
#second {
  background-color: seagreen; /* ❺ */
}
```

▼ 실행 결과

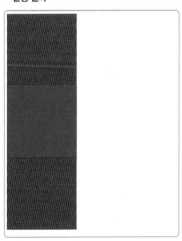

HTML 코드에서 ❶ body를 부모로, ❷ 3가지 div를 그 자식으로 설정합니다. CSS 파일에는 div 태그에 ❸ 가로(width), 세로(height) 길이를 정해주고 ❹ 배경색(background-color)을 넣어 줬습니다. 또한 div 박스 사이의 구별이 쉽도록 가운데 박스에 id값을 주어 ❺ 배경색을 초록색으로 설정합니다.

div 박스가 나란히 있지 않고 줄바꿈이 되는 이유는 div가 블록 레벨 요소여서 그래요. 8장에서 배운 검사 기능으로 다시 체크해봅시다.

❶ 제일 위에 있는 빨간색 div 박스에 마우스를 갖다대고 우클릭 → ❷ [검사(N)] 클릭 → ❸ 우하 단에서 margin 영역에 마우스 갖다대주세요.

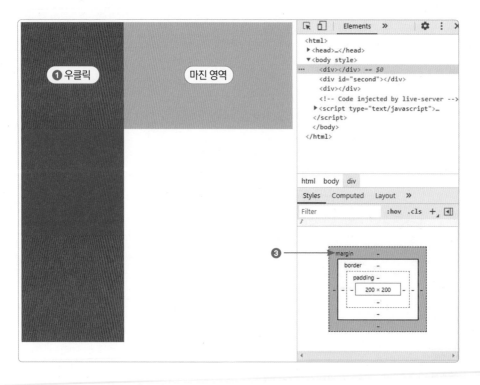

margin값이 자리를 차지하고 있습니다. 이 마진을 어떻게 없앨 수 있을까요? 그렇습니다. 바로 플렉스박스를 사용하면 됩니다! 물론 display값을 인라인으로 바꿔도 가능하지만 이번에는 플렉스박스만를 활용해봅시다.

9.3 플렉스박스로 정렬하기

플렉스박스는 사용자 인터페이스 디자인에 최적화된 레이아웃을 정의하는 CSS입니다. 이미지, 텍스트 같은 요소를 원하는 곳에 배치하는 데 사용합니다. 인라인이 단순히 여백을 없애는 데 사용한다면, 플렉스박스는 여백을 없앨 뿐만 아니라 축을 변경한다든지, 자식 간의 정렬을 가운데로 맞출 때도 사용합니다. 즉 유연하게 박스 레이아웃을 변경할 수 있다는 장점이 있습니다.

플렉스박스 제1 원칙은 **'부모만이 플렉스할 수 있다'**입니다. 플렉스박스를 사용하려면 부모자식 관계에서 부모에 적용해야 자식이 영향을 받습니다. 플렉스박스의 사용 방법은 다음과 같습니다.

```
         ┌─── 적용 대상 태그
<style>  ┌──── 속성
  body {
      display: flex;
  }
</style>                값
```

꼭! 부모 태그를 선택자로 지정해주세요. 그럼 이제부터 플렉스박스 특징(장점) 3가지를 다뤄보겠습니다.

1 공간에 맞추기 : display flex
2 주축 정렬하기
3 교차축 정렬하기

9.3.1 공간에 맞추기 : display flex

display 속성은 block, inline, flow, grid, flex가 있습니다. 우리는 그 중 flex를 배워보겠습니다. flex는 자식 요소를 원하는 방향으로 유연하게 배치할 수 있어 자주 사용하는 속성입니다.

예제 9-2 body에 플렉스박스 적용

```
                                          chapter09/02/style.css
body {
    display: flex; ──┐── /* ❶ */
}
div {
    width: 200px;
```

```
    height: 200px;
    background-color: tomato;
}
#second {
    background-color: seagreen;
}
```

▼ 실행 결과

어때요? ❶ body 태그에 display값을 flex로 선언했더니 감쪽같이 마진이 사라져 모든 div가 한 줄에 놓이게 되었죠? 다시 한 번 말씀드리면 플렉스박스의 첫 번째 규칙은 자식에 명시하지 않고 부모에 명시한다는 겁니다. 즉 부모의 display값을 기본 설정인 block에서 flex로 바꾸는 겁니다. 이렇게 플렉스박스를 사용하면 추가적인 속성을 지정할 수 있습니다. 그중에 하나가 justify-content 속성입니다.

9.3.2 주축 정렬하기 : justify-content

justify-content 속성은 웹 페이지의 축을 따라 요소 사이에 공간을 만드는 방법을 정의합니다. 여기서 말하는 축이란 주축과 교차축을 말합니다. 별도의 설정이 없다면 주축은 가로를, 교차축은 세로를 기본값으로 가집니다. 하지만 이 둘은 flex-direction이라는 속성을 사용하여 축을 변경해줄 수 있기 때문에 가로, 세로 대신 주축, 교차축이라고 지칭합니다. 따라서 기본값에서 주축이 었던 가로 방향을 flex-direction을 사용해서 세로로 바꾸면 주축은 세로 방향이 되는 겁니다.

다시 말해 flexbox는 두 축(주축, 교차축)을 기준으로 움직이기 때문에 축 방향을 기준으로 요소를 움직일 줄 알아야 합니다. 우선 주축 정렬을 담당하는 justify-content를 알아보겠습니다. justify-content 속성에는 다음과 같은 값이 올 수 있습니다.

❶ flex-start : 시작 부분에 정렬

❷ flex-end : 끝에 정렬

❸ center : 중앙에 정렬

❹ space-between : 요소가 축을 따라 펼쳐집니다(각 요소 사이에 공간이 있음).

❺ space-around : 요소가 축을 따라 펼쳐지지만 가장자리 주변에도 공간이 있습니다.

이해를 돕는 그림으로 속성별 배치를 확인해봅시다.

▼ justify-content 속성별 배치 스타일

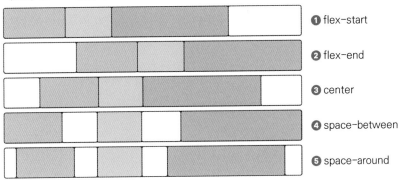

❶ flex-start

❷ flex-end

❸ center

❹ space-between

❺ space-around

이번에는 주축을 가운데로 정렬하는 예제를 살펴보겠습니다. flex를 적용한 코드에서 body 태그의 주축을 가운데로 정렬해보겠습니다.

예제 9-3 justify-content 중앙 정렬

```
                                                    chapter09/03/style.css
body {
  display: flex;
  justify-content: center;   /* ❶ */
}
div {
  width: 200px;
  height: 200px;
  background-color: tomato;
}
#second {
  background-color: seagreen;
}
```

▼ 실행 결과

❶ CSS에 body 태그의 주축을 가운데로 지정합니다. 그러면 자식인 div 박스가 가운데로 정렬됩니다. 특히 justify-content를 이용한 가운데 정렬이 좋은 이유는 반응형이기 때문이에요. 화면 크기를 바꿔도 div 박스는 가운데를 유지합니다.

이번에는 justify-content값을 center에서 space-between으로 변경해보겠습니다.

예제 9-4 justify-content 일정한 간격으로 정렬

```
                                               chapter09/04/style.css
body {
  display: flex;
  justify-content: space-between;   /* ❶ */
}
div {
  width: 200px;
  height: 200px;
  background-color: tomato;
}
#second {
  background-color: seagreen;
}
```

▼ 실행 결과

❶ body 태그의 justify-content값을 space-between으로 지정합니다. 자식인 div 박스가 균등한 간격으로 떨어집니다. 역시 반응형이기 때문에 화면 길이를 변경하면 박스도 함께 움직여 간격이 계속 균등하게 유지됩니다. space-between은 유용하게 쓰이니 기억해둡시다. 이렇게 하나씩 시도해보면 각 값이 어떤 역할을 하는지 알 수 있습니다.

이제 flex-start, flex-end를 사용하는 방법도 아시겠죠? 간단하게 결과만 보여드릴 테니 한번 시도해보세요!

```
justify-content: flex-start;
```

▼ flex-start

```
justify-content: flex-end;
```

▼ flex-end

그럼 여기서 div 박스를 세로축으로 가운데 정렬하고 싶으면 어떻게 해야 할까요? 그땐 align-items라는 교차축 정렬 속성을 사용하면 됩니다.

9.3.3 교차축 정렬하기 : align-items

align-items 속성은 교차축을 정렬합니다(flex-direction으로 축 방향을 변경해주지 않는 한 기본값인 세로축을 정렬합니다). align-items에는 다음과 같은 속성값이 올 수 있습니다.

❶ stretch : 요소의 길이와 교차축의 길이를 같게 함

❷ flex-start : 시작 위치에 정렬

❸ flex-end : 끝 정렬

❹ center : 중앙 정렬

그림으로 속성별 배치를 확인해봅시다.

▼ align-items 속성별 배치 스타일

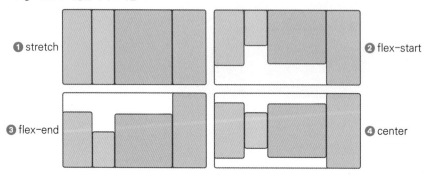

align-items를 이용한 교차축 가운데 정렬 예제를 살펴봅시다.

예제 9-5 align-items를 이용한 세로축 가운데 정렬

```
                                                    chapter09/05/style.css
html,
body {
  height: 100%; /* ❶ */
}
body {
  display: flex;
  align-items: center; /* ❷ */
}
div {
  width: 200px;
  height: 200px;
  background-color: tomato;
```

```
}
#second {
  background-color: seagreen;
}
```

▼ 실행 결과

❷ 부모인 body에 align-itmes: center를 입력합니다. ❶ html과 body의 height 값을 100%
로 지정합니다.

html과 body에 height값을 100%로 주어야 합니다!

높이를 지정하지 않으면 화면의 높이는 요소 중 가장 긴 길이를 가진 요소를 기준으로 높이를 정합니다. 예제를 통해 알아봅시다. 화면의 높이를 알아보기 위해 div 태그를 직사각형으로 만들고 테두리를 주겠습니다.

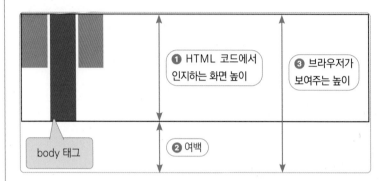

이렇듯 ❶ 화면의 높이는 가장 큰 요소를 기준으로 지정됩니다. 중요한 것은 우리가 보는 화면의 ❷ 흰 여백은 ❶ HTML이 제공하는 영역(높이)에 속하지 않는다는 점입니다. 이 상태에서 가로, 세로 중앙 정렬을 하면 어떻게 될까요?

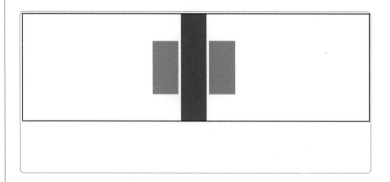

가로축은 화면 길이만큼 지정됐기 때문에 우리가 바라는 모습의 중앙 정렬이 되었지만, 세로축은 가장 큰 요소의 높이를 기준으로 중앙 정렬되어 우리가 의도한 ❸ 브라우저 전체 화면에서의 정렬이 되지 않았습니다.

이를 해결하기 위해 직접 높이를 지정하는 방법이 있습니다. 비율(%)을 이용하여 높잇값을

100%로 지정해주는 방법입니다. 이때 주의할 점은 html 태그와 body 태그 모두 높잇값을 100%로 지정해주어야 한다는 점입니다(50%면 가장 긴 요소보다 border 영역이 줄어들고 200%면 훨씬 길어집니다). 우선 적용해볼까요?

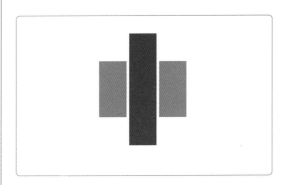

우리가 의도한 대로 가로, 세로 중앙 정렬이 되었습니다. 그럼 높이를 100%로 지정해줘야 한다는 건 알겠는데 왜 html과 body 태그 모두 지정해주어야 할까요? 왜냐하면 %는 부모 요소에 대해 상대적으로 길이가 정해지기 때문입니다. 즉, div 태그는 부모인 body 태그와 최상위 부모인 html 태그의 높이에 대해 상대적으로 100%라는 값을 가지는 거예요.

이번에는 stretch를 실습해보겠습니다. 스트레칭할 때 몸을 쭉 늘리잖아요. 그러니까 stretch도 교차축 기준으로 화면 길이에 맞게 요소를 늘리지 않을까 예상해봅니다. 함께 예제를 실행해보겠습니다.

예제 9-6 align-items stretch

```
                                                            chapter09/06/style.css
html,
body {
  height: 100%;
}
body {
  display: flex;
  align-items: stretch;  /* ❶ */
}
div {
  width: 200px;
```

```
    background-color: tomato;  /* ❷ */
  }
  #second {
    background-color: seagreen;
  }
```

▼ 실행 결과

❶ 부모인 body에 align-items 속성값으로 stretch를 입력하고 ❷ div 태그에 height값을 삭제합니다.

div의 높잇값을 삭제하지 않은 align-items에서 stretch만 바꾸면 아무런 반응이 일어나지 않을 수 있습니다. 여기 해당되는 분들은 div의 높이를 지정하는 코드가 display: stretch 코드보다 아래에 적혀 있을 가능성이 높습니다. 코드는 위에서 아래로 읽으며 실행되기 때문에 아래 코드가 최종 반영됩니다. stretch로 늘렸지만 이후에 높이를 고정했기 때문에 변하지 않는 겁니다. 하지만 높잇값을 지정하지 않으면 자동으로 높잇값에 맞춰 div 박스 길이가 늘어납니다.

지금까지 교차축으로 정렬하는 두 가지 속성값을 다뤘습니다. flex-start와 flex-end는 어디에 위치할지 감이 오시죠? 맞습니다. flex-start는 교차축(여기선 세로축)을 기준으로 하여 상단에, flex-end는 하단에 위치합니다. 각자 코드를 수정해서 확인해주세요. 결과는 다음과 같습니다.

▼ flex-start일 때

▼ flex-end일 때

flex-end에서는 마찬가지로 html과 body 높이에 100%를 주어야 적용됩니다. 왜냐하면 html
과 body의 높잇값이 가장 큰 요소의 길이를 기준으로 정의되기 때문입니다.

```
html,
body {
  height: 100%;
}
```

9.4 플렉스 축 방향 바꾸기 : flex-direction

justify-content가 주축을 정렬하고, align-items가 교차축을 정렬합니다. 별도의 속성 지정이 없다면 주축은 가로를, 교차축은 세로를 의미하지만 앞서 말씀드렸듯이 이 축은 flex-direction에 의해 바뀔 수 있습니다. direction이 방향이라는 의미를 가지고 있는데 flex-direction이니까 플렉스의 축 방향을 바꿔주는 속성이라고 생각하시면 됩니다. flex-direction은 축 방향을 지정합니다. 지정하는 방식은 다음과 같습니다.

```
                 적용 대상의 부모 태그
<style>
    body {
        flex-direction: column;
    }
</style>      속성        값
```

flex-direction 속성에는 다음과 같은 값이 올 수 있습니다.

❶ row(기본값) : 가로 방향(행) 배치

❷ row-reverse : 역순으로 가로 방향(행) 배치

❸ column : 세로 방향(열) 배치

❹ column-reverse : 역순으로 세로 방향(열) 배치

그림으로 속성별 배치 방향을 확인해봅시다.

▼ flex-direction 속성별 배치 스타일

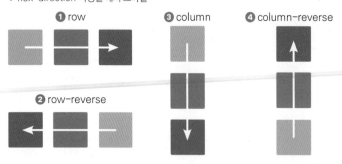

flex-direction을 사용하여 축 방향을 지정하는 예제를 살펴봅시다.

```
                                                      chapter09/07/style.css
html,
body {
  height: 100%;
}
body {
  display: flex;
  flex-direction: column;   /* ❶ */
  justify-content: center;  /* ❷ */
}
div {
  width: 100px;
  height: 100px;
  background-color: tomato;
}
#second {
  background-color: seagreen;
}
```

▼ 실행 결과

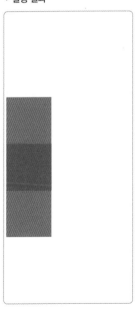

❶ flex-direction: column을 입력해서 주축을 세로 방향으로 변경합니다.

❷ justify-content: center를 입력해서 주축 기준 가운데로 옮깁니다.

flex-direction을 지정해주지 않고 justify-content를 사용하면 요소가 주축이 기본값인 가로 방향을 기준으로 가운데에 위치합니다. 하지만 flex-direction으로 주축을 세로 방향으로 지정해주었기 때문에 세로 방향을 기준으로 가운데에 위치했습니다. 이렇듯 주축과 교차축은 무조건적으로 가로, 세로를 담당하는 것이 아닌 flex-direction에 의해 자유롭게 바뀔 수 있습니다.

이번엔 align-items에 flex-end를 줘보겠습니다.

예제 9-8 align-items 위치 변경

```
                                                    chapter09/08/style.css
html,
body {
  height: 100%;
}
body {
  display: flex;
  flex-direction: column;
  justify-content: flex-end; /* ❶ */
}
div {
  width: 100px;
  height: 100px;
  background-color: tomato;
}
#second {
  background-color: seagreen;
}
```

▼ 실행 결과

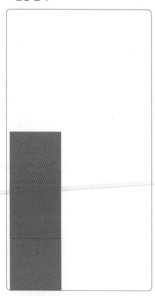

❶ justify-content에 flex-end를 입력합니다. 주축이 세로 방향이기 때문에 세로 축 기준 맨 밑으로 이동합니다. 헷갈릴 겁니다. 처음이니 괜찮습니다. 그런 의미에서 정리를 해 볼까요?

9.4.1 축 방향 바꾸기 정리

justify-content와 align-items는 각각 주축과 교차축을 의미하며 가로축, 세로축을 기본값으로 가지고 있습니다. 하지만 flex-direction으로 주축과 교차축을 바꿀 수 있습니다. 즉, flex-direction에 row, column 중 어떤 값을 주는지에 따라 주축과 교차축이 변하게 됩니다. 그리고 이 방법을 사용하면 div 태그를 비롯한 모든 요소의 축을 자유롭게 움직일 수 있게 되는 거예요.

예를 들어 가로로 정렬되어 있는 텍스트를 세로로 정렬하고 싶을 때 사용할 수 있습니다.

▼ 축 방향을 바꾸기 전   ▼ 축 방향을 바꾼 후

플렉스박스는 이 외에도 많은 속성과 기능을 제공합니다. 하지만 다 알려드리면 너무 어렵다고 느끼실 거예요. 플렉스박스라는 것이 무엇인지 알고 기본 속성을 사용할 수 있으면 충분합니다. 지금은요!

▼ 주축과 교차축

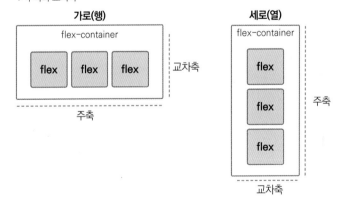

학습 마무리

지금까지 플렉스박스를 알아봤습니다. 원하는 대로 display 속성을 바꾸고 축 방향을 정렬해 디자인을 할 수 있게 된 겁니다. 오늘 내용은 굉장히 중요하니까 핵심 요약으로 다시 복습해봅시다.

핵심 요약

1 플렉스박스는 사용자 인터페이스 디자인에 최적화된 CSS입니다. CSS 박스 모델과 유사한 방식으로 레이아웃을 정의할 수 있습니다.

2 플렉스박스에서 사용할 수 있는 속성은 다음과 같습니다. 부모 태그를 선택자로 지정해야 한다는 점에 유의해주세요.
   - 공간 맞추기 : display: flex
   - 주축 정렬하기 : justify-content
   - 교차축 정렬하기 : align-items

3 flex-direction은 플렉스의 축 방향을 지정합니다. 대표적인 값으로 row, column이 있습니다.

CSS 레이아웃 : 위치 지정

☐ **학습 목표**	CSS의 꽃이라 할 수 있는 레이아웃 2탄입니다. 다시 한 번 말씀드리자면 여기서 말하는 레이아웃은 이미지, 텍스트 등의 요소를 원하는 위치로 배치하는 거랍니다. 9장에서는 요소를 나열하는 방향을 정했습니다. 이번엔 요소를 이동 또는 고정시키는 방법을 알아보겠습니다.
☐ **학습 순서**	**1** static
	2 fixed
	3 relative
	4 absolute

10.1 자식이 부모가 될 수 있다?

제목부터 충격적일 수 있지만 자식이 자라서 부모가 되는 것처럼 CSS에서도 자식이 부모가 될 수 있어요. 예를 들어 div 태그에 텍스트를 넣으면 div 태그가 부모가 됩니다. 예제를 살펴보겠습니다.

예제 10-1 div에 숫자 넣기

```
                                                    chapter10/01/index.html
<!DOCTYPE html>
<html>
  <head>
    <link rel="stylesheet" href="style.css">
  </head>
  <body>
    <div>1</div>
    <div id="second">2</div>        <!--❶-->
    <div>3</div>
  </body>
</html>
```

```
                                                      chapter10/01/style.css
body {
  display: flex;
}
div {
  width: 200px;
  height: 200px;
  background-color: tomato;
}
#second {
  background-color: seagreen;
}
```

▼ 실행 결과

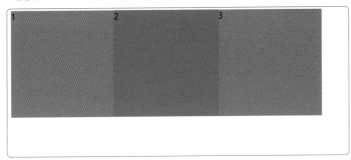

❶ div 태그에 값 1, 2, 3을 입력합니다. div 태그 안에 숫자를 넣어주었으니 div는 숫자의 부모가
된 겁니다.

그렇다면 숫자를 div 박스 가운데로 위치시키려면 어떻게 해야 할까요? 바로 div 박스에 display
값을 flex로 주고 justify-content와 align-items에 center(중앙)를 선언하면 되겠습니다. 실
제로 그런지 확인해봅시다.

예제 10-2 div에 display: flex 적용

```
                                                      chapter10/02/style.css
body {
  display: flex;
}
div {
  width: 200px;
  height: 200px;
  background-color: tomato;
```

```
    display: flex;       /* ❶ */
    justify-content: center;
    align-items: center; /* ❷ */
}
#second {
    background-color: seagreen;
}
```

▼ 실행 결과

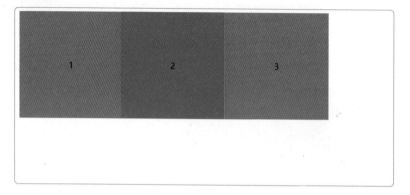

❶ div 태그에 display: flex를 입력하고 ❷ justify-content와 align-items에 center 속성값을 입력합니다. 정말 예상대로 숫자가 가운데 정렬되었군요!

10.2 위치 지정하기

이번엔 position 속성을 알아볼 거예요. position은 '위치'라는 뜻이죠? position 속성은 웹 페이지의 요소를 어떻게 배치할지 정합니다. 웹 페이지는 수많은 요소들과의 위치 관계로 이루어져 있습니다. 예를 들어 제 계정에서 보이는 구글 메인 페이지를 살펴볼게요.

구글 로고 아래 검색창이 있습니다. 그리고 그 아래 바로가기 버튼들이 있네요. 이렇게 각 요소를 배치할 때 position이 결정적인 역할을 합니다. position은 다음과 같이 사용합니다.

```
                    — 적용 대상 태그
<style>
    div {
        position: static;
    }
</style>   속성       값
```

다음의 네 가지 위칫값을 하나씩 살펴봅시다.

- static(기본값) : 기본 위치
- fixed : 웹 브라우저 화면 기준 고정 위치
- relative : 기본 위치(static) 기준 상대적인 위치
- absolute : static이 아닌 가장 가까운 조상 기준 상대적 위치

10.2.1 static(기본값) : 기본 위치

static은 '변화나 움직임이 없는'이라는 뜻으로, 여기서는 '기본이 되는'이라는 의미로 쓰였습니다. position값을 따로 지정해주지 않으면 모든 태그는 static 상태입니다. 즉 static이 기본값입니다. div 태그로 정사각형 2개를 만들고 위칫값을 (기본값이지만 확인 차원에서) static으로 지정해줍시다.

예제 10-3 static 만들기

```html
<!DOCTYPE html>
<html>
  <head>
    <link rel="stylesheet" href="style.css" />
  </head>
  <body>
    <div></div>
    <div id="second"></div>  <!--❶-->
  </body>
</html>
```

```css
div {
  width: 200px;
  height: 200px;
  background-color: tomato;
  position: static;  /* ❷ */
}
#second {
  background-color: teal;
}
```

▼ 실행 결과

div 태그 두 개를 만들고 ❶ 두 번째 div 태그 id값으로 second를 지정합니다. style.css에 div 태그 크기와 색상을 지정하고 ❷ div 태그의 position값을 static으로 지정합니다.

div 태그의 position값으로 static을 지정한 결과와 그렇지 않은 결과는 같습니다. static이 기본값이기 때문입니다. 여기서 주목할 점은 position은 항상 태그 속성으로 존재한다는 거예요.

10.2.2 fixed : 웹 브라우저 화면 기준 고정 위치

fixed는 '고정된'이라는 뜻이에요. 뭔가를 고정시킬 것 같은 느낌이군요? 맞습니다. fixed가 적용된 요소는 페이지를 스크롤해도 항상 같은 위치에 있습니다. 일반적으로 웹 페이지 상단에 있는 메뉴바 혹은 네비게이션바에 fixed를 적용합니다.

fixed를 효과적으로 보여드릴 수 있게 페이지 높이를 길게 조정하고 id가 second인 div 태그의 위치를 fixed로 지정하겠습니다.

예제 10-4 fixed 만들기

chapter10/04/style.css

```
body {
  height: 1000vh;      /* ❶ */
}
div {
  width: 200px;
  height: 200px;
  background-color: tomato;
  position: static;
}
#second {
  background-color: teal;
  position: fixed;  /* ❷ */
}
```

❶ body 태그에 height를 1000vh로 지정합니다. vh는 px처럼 길이를 나타내는 단위입니다. vertical height의 약자로 주로 페이지 길이를 정의할 때 사용합니다. ❷ #second div 태그에 위칫값을 fixed로 지정합니다. 스크롤을 내리면 빨간 박스가 화면에서 사라집니다. 하지만 초록 박스는 스크롤을 내려도 위치가 변하지 않습니다.

▼ 스크롤 전   ▼ 스크롤 후

 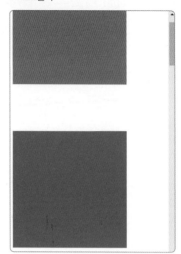

10.2.3 relative : 기본 위치(static) 기준 상대적인 위치

relative는 '상대적인'이라는 뜻입니다. 어디를 기준으로하는 상대적일까요? 바로 자기 자신입니다. position: relative는 자기 자신을 기준으로 top^위, left^왼쪽, right^오른쪽, bottom^아래에 간격을 주고 싶을 때 사용합니다.

형제 관계일 때

다음의 예시는 인접한 2개의 형제 div 태그를 나타냅니다. 형제 태그는 같은 부모를 가진 요소를 말합니다.

예제 10-5 형제의 relative 만들기

```
                                                          chapter10/05/index.html
<!DOCTYPE html>
<html>
  <head>
    <link rel="stylesheet" href="style.css" />
  </head>
  <body>
    <h3>형제 관계일 때</h3>
    <div class="up"></div>
    <div class="down"></div> ─┐─── <!--❶-->
```

```
    </body>
    </html>
```

```
.up {                                                chapter10/05/style.css
    background-color: indigo;
    width: 100px;
    height: 100px;
}
.down {                                       /* ❷ */
    background-color: deeppink;
    width: 100px;
    height: 100px;
}
```

▼ 실행 결과

❶ index.html에서 인접한 div 태그 두 개를 생성합니다. ❷ style.css에서 div 태그를 정사각형으로 만듭니다.

아래에 있는 핑크색 박스의 position값을 relative로 지정하고 top 속성을 이용하여 위쪽에서 20px 떨어지도록 만들어주겠습니다.

예제 10-6 relative와 top으로 요소 움직이기

```
.up {                                                chapter10/06/index.html
    background-color: indigo;
    width: 100px;
    height: 100px;
}
```

```
.down {
  background-color: deeppink;
  width: 100px;
  height: 100px;
  position: relative; /* ❶ */
  top: 20px; /* ❷ */
}
```

❶ down 클래스에 속하는 태그에 position값을 relative로 지정합니다. ❷ top 속성값으로 20px을 지정합니다.

▼ 실행 결과

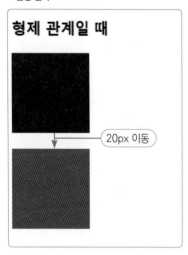

나란히 붙어있던 핑크색 박스는 자기 자신을 기준으로 위쪽에서 20px만큼 떨어졌습니다.

조부모, 부모, 자식 관계일 때

이번엔 형제 관계가 아닌 부모, 자식 사이에서 어떻게 relative가 사용되는지 살펴보겠습니다.

예제 10-7 부모, 자식 관계의 relative 만들기(1)

chapter10/07/index.html

```
<!DOCTYPE html>
<html>
  <head>
    <link rel="stylesheet" href="style.css" />
  </head>
  <body>
    <h3>조부모, 부모, 자식 관계일 때</h3>
```

```
    <div class="grandparent">
      <div class="parent">
        <div class="child"></div>        <!--❶-->
      </div>
    </div>
  </body>
</html>
```

```
.grandparent {
  background-color: aqua;
  width: 200px;
  height: 200px;
}
.parent {
  background-color: blueviolet;
  width: 150px;                    /* ❷ */
  height: 150px;
}
.child {
  background-color: chartreuse;
  width: 50px;
  height: 50px;
}
```

▼ 실행 결과

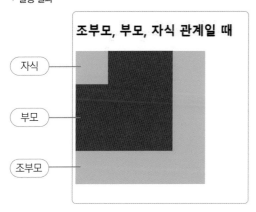

조부모, 부모, 자식 관계일 때

자식

부모

조부모

❶ index.html에 조부모, 부모, 자식 관계로 이루어진 div 태그 3개를 만듭니다.

❷ style.css에서 3개의 div 태그를 정사각형으로 만듭니다.

인접하게 배치된 형제 관계와 달리, 조부모, 부모, 자식 관계로 설정했을 때는 겹쳐서 나타납니다.

여기서 부모와 자식의 position값을 relative로 지정하겠습니다.

예제 10-8 부모, 자식 관계의 relative 만들기(2)

```
                                                          chapter10/08/style.css
.grandparent {
  background-color: aqua;
  width: 200px;
  height: 200px;
}
.parent {
  background-color: blueviolet;
  width: 150px;
  height: 150px;
  position: relative; /* ❶ */
  top: 20px; /* ❷ */
}
.child {
  background-color: chartreuse;
  width: 50px;
  height: 50px;
  position: relative; /* ❶ */
  top: 20px; /* ❷ */
}
```

▼ 실행 결과

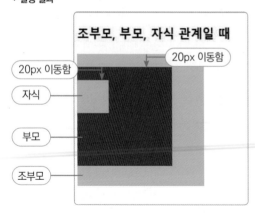

❶ 부모와 자식의 position값을 relative 로 지정합니다. ❷ top 값으로 20px을 지 정합니다.

형제 관계와 마찬가지로 각 요소는 20px만큼 움직였습니다. 다만 부모, 자식 관계는 기본적으로 부모 위치를 기준으로 자식의 위치가 결정됩니다. 복잡하므로 다음의 순서로 풀어서 생각해보겠 습니다.

1 보라색 요소가 부모인 하늘색 요소 안에 위치 함

2 보라색 요소가 자기 자신을 기준으로 20px만큼 부모의 아래에 위치함

3 연두색 요소가 부모인 보라색 요소 안에 위치 함

4 연두색 요소가 자기 자신을 기준으로 20px만큼 부모의 아래에 위치함

그림을 보면 마치 자식 요소(연두색)는 40px을 이동한 것 같지만 보라색 부모를 기준으로 20px을 이동한 겁니다.

상대적 위치를 음수로 설정할 수도 있어요. 예를 들어 top을 -20px으로 지정하면 위쪽로 20px만큼 이동합니다. 자식 요소를 반투명 상태로 만들어 음수를 주었을 때 어떻게 움직이나 확인해보겠습니다.

예제 10-9 top에 음수값 지정하기

```
                                              chapter10/09/style.css
.grandparent {
  background-color: aqua;
  width: 200px;
  height: 200px;
}
.parent {
  background-color: blueviolet;
  width: 150px;
  height: 150px;
  position: relative;
  top: -20px;        ┐
  opacity: 0.5;      ┘─── /* ❶ */
}
.child {
  background-color: chartreuse;
  width: 50px;
  height: 50px;
  position: relative;
  top: -20px;                         ┐
  opacity: 0.5; /*투명도를 50%로 지정*/  ┘─── /* ❶ */
}
```

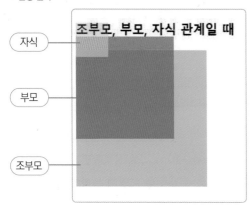

❶ top값을 -20px로, opacity값을 0.5로 지정합니다. opacity 속성으로 투명도를 지정합니다.

보라색 상자가 부모인 하늘색 상자보다 20px만큼 위에 위치합니다. 연두색 상자는 부모인 보라색 상자보다 20px만큼 위에 위치합니다. 양수일 때와 반대로 이동한 것을 알 수 있습니다.

10.2.4 absolute : static이 아닌 가장 가까운 조상 기준 상대적 위치

relative가 자기 자신을 기준으로 움직였다면, absolute는 position값이 static이 아닌 가장 가까운 조상 기준으로 움직입니다. 여기서 조상이란 부모가 될 수 있는 모든 요소를 말합니다. 즉, position값이 relative, absolute, fixed 중 하나이면서 가장 가까운 조상의 위치를 기준으로 움직이는 거예요.

absolute는 특정 태그를 기준으로 움직이고 싶을 때 효과적입니다. 기준이 되는 태그의 position값을 relative로 지정하고, 움직이려는 태그의 position값을 absolute로 정하면 됩니다. 예시로 다음의 그림처럼 로고 위치를 기준으로 검색창을 위치시키고 싶을 때 이 둘의 관계를 absolute와 relative로 지정하면 됩니다.

로고 위치를 기준으로 검색창을 아래에 두고 싶어!

형제 관계일 때

형제 관계로 이루어진 예시에서 position값을 relative에서 absolute로 변경해주겠습니다.

예제 10-10 형제의 absolute 만들기

```css
.up {                                    chapter10/10/style.css
  background-color: indigo;
  width: 100px;
  height: 100px;
}
.down {
  background-color: deeppink;
  width: 100px;
  height: 100px;
  position: absolute; /* ❶ */
  top: 20px;
  opacity: 0.5;
}
```

▼ 실행 결과

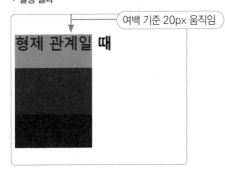

❶ down 클래스 이름을 가진 태그의 position 값을 absolute로 변경합니다.

position값이 relative일 땐 자기 자신을 기준으로 움직였지만 absolute의 경우 가장 가까운 조상을 기준으로 움직입니다. down 클래스 태그는 어디를 기준으로 움직일까요? 인접한 up 클래스는 부모가 아니기 때문에 기준이 될 수 없습니다. down 클래스 태그는 부모 요소 중 최상위 요소인 여백 영역을 기준으로 움직입니다. 이 여백 영역을 기준으로 위쪽 20px만큼 움직인 거예요.

조부모, 부모, 자식 관계일 때

그렇다면 부모가 분명하게 보이는 부모, 자식 관계에서 absolute는 어떤 역할을 할까요? 이를 확

인하기 위해 앞서 사용했던 조부모, 부모, 자식 관계 예제에서 조부모의 position값을 relative
로, 부모와 자식의 position값을 absolute로 바꿔주겠습니다.

예제 10-11 부모, 자식의 absolute 만들기

```
                                              chapter10/11/style.css
.grandparent {
  background-color: aqua;
  width: 200px;
  height: 200px;
  position: relative; /* ❶ */
}
.parent {
  background-color: blueviolet;
  width: 150px;
  height: 150px;
  position: absolute; /* ❶ */
  top: 20px;
}
.child {
  background-color: chartreuse;
  width: 50px;
  height: 50px;
  position: absolute; /* ❷ */
  top: 20px;
}
```

▼ 실행 결과

❶ 조부모의 position값을 relative로 변경합니다.

❷ 부모와 자식의 position값을 absolute로 변경합니
다.

눈으로 봤을 땐 앞선 relative의 예시와 차이가 없죠? 이는 grandparent 클래스를 가진 태그의 position값을 relative로 지정했기 때문입니다. absolute는 position값이 static이 아닌 가장 가까운 조상을 기준으로 움직입니다.

이번에도 순서대로 차근차근 생각해봅시다.

1 보라색 요소가 부모인 하늘색 요소 안에 위치 함
2 보라색 요소가 relative값을 가진 부모 태그로부터 20px만큼 아래에 위치함
3 연두색 요소가 부모인 보라색 요소 안에 위치 함
4 연두색 요소가 relative값을 가진 부모 태그로부터 20px만큼 아래에 위치함

아직 헷갈리시는 분들을 위해 간단 정리를 드리자면, position값이 relative인 요소는 자기 자신을 기준으로 움직이고, absolute인 요소는 static이 아닌 position값을 가진 가장 가까운 부모 요소를 기준으로 움직입니다.

학습 마무리

지금까지 CSS에서 위치를 지정하는 속성을 알아보았습니다. 위치를 지정할 줄 알고 콘텐츠를 자신이 원하는 곳에 지정하는 기능이 CSS의 꽃이라 생각합니다. 그럼 이번에도 복습해볼까요?

핵심 요약

1 position으로 요소의 위칫값을 지정할 수 있습니다. 위칫값으로는 static, fixed relative, absolute가 있습니다.
2 기본값인 static은 위치가 정적입니다. 스크롤에 따라 요소가 이동합니다.
3 relative는 자기 자신을 기준으로 하는 상대적인 위치입니다.
4 absolute는 static이 아닌 position값을 가진 가장 가까운 조상을 기준으로 하는 상대적 위치입니다. 이때 부모가 여백 영역이 될 수 있다는 점을 명심하세요.
5 fixed는 고정 위치이기 때문에 화면을 스크롤해도 위치가 변하지 않습니다.

가상 선택자와 클래스

☐ 학습 목표	CSS에서 선택자는 스타일을 적용할 태그를 선택해주는 요소입니다. 이미 8장에서 한 차례 배웠는데, 이번에는 가상 선택자를 알아봅시다.
☐ 학습 순서	**1** 가상 선택자 사용법 **2** 동적 가상 클래스 **3** 구조적 가상 클래스 **4** 미니 퀴즈 풀어보기
☐ 가상 선택자 소개	선택자는 '무언가를 선택하는 요소'입니다. CSS에서 선택자는 스타일링할 특정 요소를 선택할 때 사용합니다. 이미 전체 선택자, 태그 선택자, 클래스 선택자, 아이디 선택자 등을 배웠습니다. 이번에는 선택한 요소가 특별한 상태일 때 사용할 수 있는 가상 선택자를 배워보겠습니다.

11.1 가상 선택자

가상 선택자를 어디에 사용할 수 있을까요? 웹 페이지에서 버튼을 누르면 해당 버튼의 색이나 모양이 변합니다. 버튼을 눌러도 아무런 변화가 없다면 버튼이 눌렸는지 안 눌렸는지 알 수 없을 거예요. 이와 같이 상태에 따라 변화를 주고 싶을 때 가상 선택자를 사용합니다.

가상 선택자pseudo selectors는 선택한 요소가 특별한 상태여야 만족할 수 있습니다. 이게 무슨 뜻인지 지금부터 알아보겠습니다. 가상 선택자는 두 가지로 분류할 수 있어요.

- 동적 가상 클래스
- 구조적 가상 클래스

11.2 동적 가상 클래스

동적 가상 클래스dynamic pseudo classes는 어떤 상태나 조건이 발생할 때, 사용자의 액션에 따라 스타일이 바뀌는 선택자입니다. 버튼을 클릭했을 때 색깔이 변하는 것처럼 사용자와 웹 페이지 간의 상호작용이 필요할 때 사용합니다. 여기서 소개할 동적 가상 클래스는 active, visited, disabled, hover, focus입니다.

11.2.1 액션이 필요해 : active

active는 클릭 시 활성화되는 가상 클래스입니다. 예를 들어 버튼을 누르면 active 가상 클래스가 활성화되어서 선택한 항목에 선언한 CSS 스타일이 적용됩니다.

button 태그를 사용하여 클릭할 때 텍스트 색이 바뀌는 코드를 작성해봅시다. active 가상 클래스를 사용해 마우스로 버튼을 누를 때 연두색으로 변경하겠습니다.

예제 11-1 active 가상 클래스

```
                                          chapter11/01/index.html
<style>
  button:active {
    color: lime;        ── /* ❷ */
  }
</style>
<button>클릭하세요</button> /* ❶ */
```

▼ 실행 결과

| 클릭 전 | 클릭했을 때 |

❶ 버튼 태그로 버튼을 만듭니다. ❷ active 가상 선택자로 버튼을 스타일링합니다.

11.2.2 방문 기록을 남기자 : visited

visited 가상 클래스는 사용자가 이미 방문한 링크를 표시해줍니다.

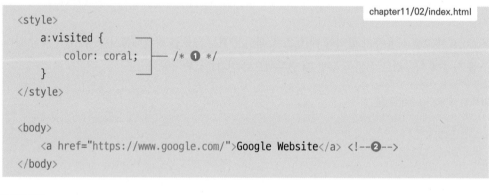

검색창에 검색 후 특정 페이지를 들어갔다 나오면 클릭한 페이지의 텍스트 색깔이 변합니다. 왜냐하면 링크를 클릭하거나 방문할 때 visited로 표시되기 때문입니다. 간단하죠? 우리도 구글이나 네이버처럼 이 기능을 구현해봅시다!

예제 11-2 visited

```
                                                    chapter11/02/index.html
<style>
    a:visited {
        color: coral;      /* ❶ */
    }
</style>

<body>
    <a href="https://www.google.com/">Google Website</a> <!--❷-->
</body>
```

▼ 실행 결과

Google Website	Google Website

방문 전   방문 후

❷ a 태그를 사용하여 링크를 삽입합니다. ❶ visited를 사용할 태그를 지정하고 스타일링합니다.

Tip 이미 방문한 것으로 나와있는 분들은 a 태그에 입력한 링크를 이전에 방문한 적이 있기 때문이에요. 이럴 땐 브라우저 설정창에서 인터넷 방문기록을 전부 삭제하면 링크가 방문 전 파란색 글씨로 나타날 거예요.

11.2.3 비활성화하기 : disabled

disabled 가상 클래스는 비활성화된 요소를 나타냅니다. 말 그대로 요소를 비활성화시키는 거예요.

```
                    ┌──── 적용 대상 태그
<style>             │        ┌──── 가상 선택자
    input:disabled {
        background: red
    }                        ┌──── 적용하려는 스타일
</style>
```

매우 간단하니 바로 예제에서 살펴봅시다. input 태그를 사용하여 입력 폼을 만든 뒤 disabled
를 사용하여 폼을 비활성화해보겠습니다.

예제 11-3 disabled

```
                                                    chapter11/03/index.html
<style>
    input:disabled {
        background-color: coral;  ──── /* ❶ */
    }
</style>

<body>
    <input type="text" placeholder="Name" disabled> <!--❷-->
</body>
```

▼ 실행 결과

❷ input 태그를 이용하여 텍스트 폼을 작성합니다. ❶ 폼에 비활성화^{disabled} 스타일을 입력합니다.

input 태그를 이용하여 만든 폼은 입력이 가능해야 하지만 폼을 disabled 상태로 바꿔주면 입력
폼에 아무것도 쓸 수 없습니다. 보통 disabled는 단독으로 쓰이기보단 조건을 추가해 조건에 해
당하지 않는 경우 폼에 입력을 할 수 없도록 만드는 용도로 사용됩니다.

11.2.4 마우스로 상호작용하기 : hover

hover 가상 클래스는 마우스 커서를 요소에 올려놓았을 때 선언한 스타일을 실행합니다. active 가 클릭할 때 반응하는 거라면 hover는 마우스를 올려놓았을 때 반응합니다. 예를 들어 버튼에 마우스를 올렸을 때 색깔을 변하게 만들었다가, 마우스를 떼면 원래 모습으로 돌아오게 할 수 있습니다. 저는 개인적으로 hover를 참 좋아합니다. 왜냐하면 마우스의 움직임만으로 동적인 모습을 표현할 수 있기 때문입니다.

```
                    ┌─ 적용 대상 태그
<style>    ┌── 가상 선택자
    a:hover {
        color: orange;
    }                └── 적용하려는 스타일
</style>
```

Warning hover 가상 클래스는 1) 스마트폰 같은 터치스크린에서 작동하지 않거나, 2) 요소를 터치한 후 잠시 동안만 작동하거나, 3) 사용자가 터치를 하지 않아도 다른 요소를 터치할 때까지 계속 작동할 수 있습니다. 개발자가 되어 hover 기능을 사용할 때는 유저들이 사용하는 모든 장치에서 의도한 대로 보이는지 확인해야 합니다.

hover의 매력을 예제를 살펴보면서 알아봅시다.

예제 11-4 hover

```
                                            chapter11/04/index.html
<style>
    span {
        background-color: powderblue;    ── /* ❶ */
    }
    span:hover {
        background-color: gold;    ── /* ❷ */
    }
</style>

<body>
    <span>이 곳에 마우스를 올려보세요</span> <!--❸-->
</body>
```

| 이 곳에 마우스를 올려보세요 | | 이 곳에 마우스를 올려보세요 |

마우스 올리기 전
마우스 올린 후

❸ span 태그를 스타일링합니다. ❶ span의 기본 색(하늘색)과 ❷ hover 시 바뀔 색(골드색)을 지정합니다. 이 기능을 응용하면 마우스를 올렸을 때 이미지가 확대되거나 영상의 미리보기가 실행되게 할 수 있습니다.

11.2.5 클릭하면 반응하는 focus

focus는 input으로 만든 폼 등 집중(focus)을 받은 요소를 나타냅니다. PC에서는 마우스 클릭이나 `tab` 키를 클릭할 때, 스마트폰에서는 탭을 했을 때 발동합니다.

```
                       ┌── 적용 대상 태그
<style>         ┌── 가상 선택자
   input:focus {
   color:red;
}          └── 적용하려는 스타일
</style>
```

input 태그를 이용하여 폼을 만들어주겠습니다. 그리고 만든 폼에 focus로 사용자가 클릭했을 때 스타일이 발동되도록 하겠습니다.

예제 11-5 focus

```
                                        chapter11/11.5/index.html
<style>
  .red-input:focus {
    background: springgreen;
    color: red;
  }
  .blue-input:focus {                 /* ❶ */
    background: springgreen;
    color: blue;
  }
```

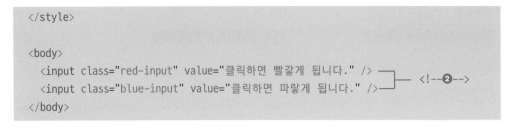

```
  </style>

<body>
  <input class="red-input" value="클릭하면 빨갛게 됩니다." />
  <input class="blue-input" value="클릭하면 파랗게 됩니다." />        <!--❷-->
</body>
```

▼ 실행 결과

폼 클릭 전

폼 클릭 후

index.html에 ❷ input 태그 2개를 만들고, 특징을 나타내는 class와 value값을 입력합니다.
❶ style 태그에 각 클래스에 글자와 배경색을 지정합니다.

폼을 클릭하면 지정한 스타일이 발동됩니다. 주로 focus는 사용자가 자신이 클릭한 위치가 어디
인지 알려줄 때 사용됩니다. 따라서 낮은 시력을 가진 사용자도 시각적으로 잘 볼 수 있도록 디자
인하면 좋다는 점도 참고해주세요.

active, hover, focus 가상 선택자를 정리하겠습니다. active는 클릭할 동안만, hover는 마우
스가 요소에 위치할 동안만, focus는 클릭했을 때 발동됩니다.

11.3 구조적 가상 클래스

구조적 가상 클래스structural pseudo classes는 CSS에서 id, class 등의 선택자를 사용하지 않고 요소
를 선택할 수 있습니다. 이렇게 하는 이유는 코드를 효율적으로 작성하기 위함입니다. 우리 모두
이름을 가지고 있지만 번호로 불릴 때가 있는 것처럼 태그도 id나 class 같은 이름이 아니라 가상
클래스로 불리는 거예요.

여기서 배울 구조적 가상 클래스는 first-child, last-child, nth-of-type, only-of-type입니다.

11.3.1 형제 중 첫 번째 요소 선택하기 : first-child

first-child는 형제 요소 중 첫 번째, 즉 맏이 요소를 나타냅니다. 형제 요소를 선택하기 때문에 first-child로 선택하는 대상은 반드시 부모 요소를 가지고 있어야 합니다.

```
                        ┌──── 적용 대상 태그
<style>                 │          ┌──── 가상 선택자
    p:first-child {─────┘
        color: lime;
    }                   ┌──── 적용하려는 스타일
</style>
```

Warning 띄어쓰기에 주의하세요! CSS에서 띄어쓰기는 자식 요소를 의미합니다. 띄어쓰기 없이 p:first-child를 작성하면 형제 p 태그 중 첫 번째 요소를 가리키지만 띄어쓰기를 사용하여 p :first-child를 쓰면 p 태그의 자식 요소 중 첫 번째 요소를 가리킵니다.

예제 11-6 first-child

```
                                                    chapter11/06/index.html
<style>
    p:first-child {
        color: lime;
        background-color: black;  ────── /* ❶ */
        padding: 5px;
    }
</style>

<body> <!--❷-->
    <div>
        <p>:first-child입니다.</p>
        <p>:first-child가 아닙니다.</p>  ────── <!--❸-->
    </div>
    <div>
        <h2>P 태그가 아니라 선택되지 않습니다.</h2>  ────── <!--❹-->
    </div>
</body>
```

▼ 실행 결과

> :first-child입니다.
>
> :first-child가 아닙니다.
>
> **P 태그가 아니라 선택되지 않습니다.**

❷ body 태그에 div 두 개를 생성합니다. ❸ 첫 번째 div 태그에 p 태그 2개를 작성하고, ❹ 두 번째 div 태그에는 h2 태그로 작성합니다. ❶ p 태그의 first-child를 스타일링합니다.

첫 번째 p 태그가 선택되어 지정한 스타일이 적용되었습니다. 그럼 h2 태그를 p 태그로 바꾸면 어떻게 될까요? 똑같은 p 태그 중 첫 번째 요소가 될 테니 first-child의 영향을 받아 p 태그 first-child 스타일값이 적용될 겁니다. 정말 그런지 확인해볼까요?

직전 코드에서 h2를 p로 수정하세요. 다른 곳은 모두 똑같이 유지하세요.

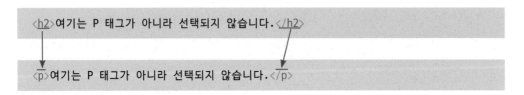

▼ 실행 결과

> :first-child입니다.
>
> :first-child가 아닙니다.
>
> P 태그가 아니라 선택되지 않습니다.

예상한 결과대로 p:first-child가 p 태그 중 첫 번째 요소를 가리키고, 이에 해당하는 p 태그 두 개가 스타일링되었습니다.

11.3.2 형제 중 마지막 요소 선택하기 : last-child

last-child는 형제 요소 중 마지막, 즉 막내 요소를 나타냅니다.

```
                    ┌─── 적용 대상 태그
                    │          ┌───── 가상 선택자
<style>             │          │
    p:last-child {
        color: lime;
    }           └──────┐
</style>               └───── 적용하려는 스타일
```

last-child을 사용하는 예제를 살펴보겠습니다.

예제 11-7 last-child

```
<style>                                          chapter11/07/index.html
    p:last-child {
        color: lime;
        background-color: black;      ── /* ❶ */
        padding: 5px;
    }
</style>


<body> <!--❷-->
    <div>
        <p>:last-child가 아닙니다.</p>   ┐
        <p>:last-child입니다.</p>        ┴── <!--❸-->
    </div>
    <div>
        <p>:last-child가 아닙니다.</p>                ┐
        <h2>p 태그가 아니라 선택되지 않습니다.</h2>    ┴── <!--❹-->
    </div>
</body>
```

▼ 실행 결과

```
:last-child가 아닙니다.

:last-child입니다.

:last-child가 아닙니다.

p 태그가 아니라 선택되지 않습니다.
```

❷ body 태그에 div를 두 개 생성합니다. ❸ 첫 번째 div 태그에는 p 태그 2개를 ❹ 두 번째 div 태그에는 p 태그와 h2 태그를 사용합니다. ❶ p 태그의 last-child 스타일을 지정합니다.

:first-child를 잘 이해하셨다면 :last-child는 어렵지 않을 겁니다. 지금까지 첫 번째 형제 요소를 선택하는 방법, 마지막 형제 요소를 선택하는 방법을 배웠습니다. 그런데 중간에 있는 형제 요소는 어떻게 가상 클래스로 선택할 수 있을까요? 이어서 알아봅시다.

11.3.3 형제 위치 기반 요소 선택하기 : nth-of-type( )

nth-of-type( )은 형제 그룹 안에서의 위치를 기반으로 형제 요소를 선택합니다. 괄호 안을 1, 2, 3과 같이 숫자로 지정할 수도 있지만, n+1처럼 규칙으로도 지정할 수 있어 형제 선택에 유용합니다.

```
                ┌── 적용 대상 태그
                    ┌── 가상 선택자
                        ┌── 적용 대상을 정할 숫자 또는 규칙
<style>
    p:nth-of-type(4n) {
        color: lime;
    }
</style>                  └── 적용하려는 스타일
```

짝수와 홀수를 선택하는 예제를 살펴보겠습니다.

예제 11-8 nth-of-type( )

```
<style>                                    chapter11/08/index.html
    /* 홀수 문단 */
    p:nth-of-type(2n+1) {
        color: red;              ── /* ❶ */
    }
    /* 짝수 문단 */
    p:nth-of-type(2n) {
        color: blue;             ── /* ❷ */
    }
    /* 첫 번째 문단 */
    p:nth-of-type(1) {
        font-style: italic;      ── /* ❸ */
    }
```

```
    </style>

    <body>
        <div>
            <div>여기는 카운트 세는 곳 아님!</div>
            <p>첫 번째 p 태그</p>
            <p>두 번째 p 태그</p>
            <div>여기는 카운트 세는 곳 아님!</div>
            <p>세 번째 p 태그</p>
        </div>
    </body>
```

▼ 실행 결과

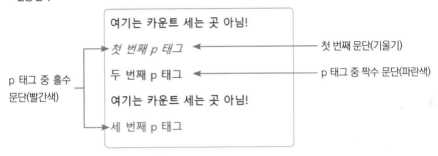

❹ body 태그에 div와 p 태그를 작성합니다. nth-of-type( )를 이용하여 ❶ 홀수, ❷ 짝수, ❸ 첫 번째 문단을 지정합니다. 각각 2n+1, 2n, 1로 지정했습니다.

홀수, 짝수, 숫자로 지정하는 등 다양하게 선택할 수 있다는 걸 보여드리고 싶어 화려하게 예제를 꾸며보았습니다. nth-of-type( )을 이용하여 홀수, 짝수를 지정하면 지정된 태그(예제는 p 태그)만을 카운트합니다. 그래서 p 태그 기준으로 홀수 번째에 위치한 p 태그가 빨간색으로, 짝수 번째 위치한 p 태그는 파란색으로 보입니다. 추가로 nth-of-type(1)처럼 직접 숫자를 써도 됩니다. 1은 first-child와 같은 효과를 냅니다.

11.3.4 자식 중 유일한 요소 선택하기 : only-of-type

only-of-type은 자식 요소 중 유일하게 사용된 요소를 가리킵니다. '유일하게' 즉 딱 한 번만 사용된 요소를 지정하는 겁니다.

```
<style>
    p:only-of-type {                  가상 선택자
        background-color: lime;
    }
                        적용하려는 스타일
</style>
```

예제 11-9 only-of-type( )

chapter11/09/index.html

```
<style>
    span :only-of-type {
        color: red;                /* ❶ */
    }
</style>

<body>
    <span>
        <div>난 div 태그의 첫 번째야</div>
        <p>난 유일한 p 태그야</p>
        <div>난 div 태그의 두 번째야</div>
        <div>난 div 태그의 세 번째야            <!--❷-->
            <i>난 유일한 i 태그야</i>
            <em>난 em 태그의 첫 번째야</em>
            <em>난 em 태그의 두 번째야</em>
        </div>
    </span>
</body>
```

▼ 실행 결과

난 div 태그의 첫 번째야

난 유일한 p 태그야

난 div 태그의 두 번째야
난 div 태그의 세 번째야 *난 유일한 i 태그야* *난 em 태그의 첫 번째야* *난 em 태그의 두 번째야*

❷ span 태그에 div, p, i, em 태그를 작성합니다. ❶ only-of-type를 이용하여 스타일을 지정합니다.

span 태그의 형제 요소 중 유일하게 사용된 태그만 스타일이 지정되었습니다. 여기서 2가지 주의할 점이 있습니다. 첫 번째, 이 예제는 style 태그에서 span 뒤에 띄어쓰기를 넣었습니다. 두 번째, only-of-type은 형제 요소 중에 유일하게 쓰인 태그가 해당됩니다. 예를 들어 예제에서 div 태그의 자손으로 p 태그를 하나 더 만들어준다면 기존 p 태그와 div 태그의 자손 p 태그는 형제 요소가 아니기 때문에 유일한 태그가 됩니다.

11.4 미니 퀴즈 풀어보기

지금까지 요소를 선택하는 방법을 배웠습니다. 근데 코드만 보니 재미도 없고 잘 이해도 안 되시죠? 그래서 재밌는 퀴즈를 가져왔습니다. 부디 재밌길 바랄게요.

방법은 다음과 같습니다. 그림에서 화살표가 가리키는 대상을 선택하는 코드를 작성해주면 됩니다. HTML은 제가 제시해드릴 테니 CSS로 그 대상을 선택하는 코드만 적어주세요. 정답은 퀴즈가 모두 끝난 후에 알려드릴게요.

참고로 이 문제에 등장하는 태그 및 코드는 실제로 동작하는 코드는 아닙니다. 선택자 개념을 잘 이해하실 수 있도록 만든 퀴즈랍니다.

1 다음의 요소 중 첫 번째 자식 요소를 선택하세요.

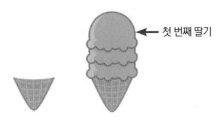

← 첫 번째 딸기

```
<div class="iceCreamStore">
    <cone />
    <cone>
        <strawberry />
        <strawberry />
        <strawberry />
    </cone>
</div>
```

화살표가 가리키는 곳을 선택하는 코드를 작성해주세요!

코드 적어보기:

2 다음의 요소 중 유일한 요소를 선택하세요.

```
<div class="iceCreamStore">
    <cone>
        <blueberry class="small" />
        <blueberry />
    </cone>
    <cone>
        <strawberry class="small" />
        <strawberry />
    </cone>
    <cone>
        <mint />
    </cone>
</div>
```

화살표가 가리키는 곳을 선택하는 코드를 작성해주세요!

코드 적어보기:

3 다음의 요소 중 블루베리와 민트의 마지막 요소를 선택하세요.

```
<div class="iceCreamStore">
    <cone>
        <blueberry />
    </cone>
    <cone>
        <strawberry class="small" />
        <strawberry />
    </cone>
    <mint />
</div>
```

화살표가 가리키는 곳을 선택하는 코드를 작성해주세요!

코드 적어보기:

4   다음의 요소 중 가리키는 요소를 선택하세요.

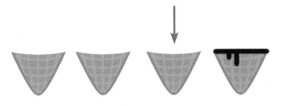

```
<div class="iceCreamStore">
    <cone />
    <cone />
    <cone />
    <cone id="chocolate" />
</div>
```

화살표가 가리키는 곳을 선택하는 코드를 작성해주세요!

코드 적어보기:

1   정답   `strawberry:first-child`

해설   아이스크림가게 안에 cone 태그가 2개가 있습니다. strawberry 태그가 3개인 걸로 보
아 첫 번째 요소는 맨 위에 올려진 아이스크림을 의미하겠군요. 문제를 보면 화살표가
가리키는 곳은 2번째 콘에 위치한 첫 번째 딸기를 선택하면 되겠네요.

그럼 첫 번째 콘은 어떤 strawberry 태그도 갖고 있지 않으니, 첫 번째 요소를 선택하는 first-child를 이용해 strawberry:first-child를 선택해주면 되겠습니다.

2 정답

```
.small:only-of-type
```

해설 이번엔 small이라는 클래스가 등장했네요. small이라는 클래스가 있는 태그는 작은 아이스크림이 올려져 있는 것으로 보아 small이라는 클래스가 작은 아이스크림으로 스타일링해주는 것 같습니다.
문제를 보면 화살표는 small 클래스가 있는 태그만을 가리키고 있습니다. 그럼 유일한 요소를 의미하는 only-of-type을 사용하면 되겠습니다. 이때 점 .을 이용해 클래스를 지칭하는 것도 잊지 마세요!

3 정답

```
blueberry, mint:last-child
```

해설 문제를 보면 blueberry 태그와 mint 태그를 가리키고 있는데 이들의 공통점은 태그의 마지막 요소라는 점입니다. 그럼 last-child가 적합하겠네요. 이때 쉼표 ,를 이용해서 태그를 연속적으로 선택해줄 수 있다는 점 잊지마세요!

4 정답

```
cone:nth-of-type(3)
```

해설 이번엔 콘밖에 없네요. 그리고 chocolate이라는 클래스가 있는 태그가 생겼습니다. 콘 중에 세 번째 콘을 가리키는 거니 nth-of-type을 이용해 괄호로 세 번째라는 걸 지칭하면 되겠습니다. 그래서 답은 cone:nth-of-type(3)이 되겠네요.

학습 마무리

지금까지 가상 선택자를 배웠습니다. 학번이나 출석번호가 학생을 간편하게 지칭하는 것처럼 가상 선택자는 코드를 효율적으로 선택하는 데 도움을 줍니다. 우리가 배운 가상 선택자 외에도 많은 가상 선택자가 있습니다. 관련 정보를 추가로 찾아보셔도 너무 좋을 것 같습니다.

`Google` 'css pseudo selector' 구글링

핵심 요약

1 가상 선택자는 동적 가상 클래스와 구조적 가상 클래스로 나뉩니다.

2 동적 가상 클래스

  ○ active : 클릭할 때 활성화되는 가상 클래스입니다.

  ○ visited : 사용자가 이미 방문한 링크를 표시해줍니다.

  ○ disabled : 비활성화된 요소를 나타냅니다.

  ○ hover : 마우스 커서를 화면의 요소에 올려놓았을 때 지정한 스타일을 실행합니다.

  ○ focus : input으로 만든 폼 등 집중(focus)을 받은 요소를 나타냅니다.

3 구조적 가상 클래스

  ○ first-child : 형제 요소 그룹 중 첫 번째 요소를 나타냅니다.

  ○ last-child : 형제 요소 그룹 중 마지막 요소를 나타냅니다.

  ○ nth-of-type( ) : 형제 그룹 안에서의 위치를 기반으로 형제 요소를 선택합니다.

  ○ only-of-type : 자손 요소 중 유일하게 사용된 태그를 지정합니다.

CSS 애니메이션 만들기

□ **학습 목표**	CSS 애니메이션 기능을 알아보고 활용하는 방법을 배워봅시다.
□ **학습 순서**	**1** 전환
	2 변형
	3 애니메이션 동시에 적용하기
	4 키프레임
□ **CSS 애니 메이션 소개**	CSS에서 애니메이션이란 움직이는(변화하는) 효과를 의미합니다. 예를 들어 CSS 애니메이션으로 요소의 스타일(글자 색, 이미지 위치 등)에 변화를 줄 수 있습니다. CSS에서는 전환, 변형, 키프레임으로 애니메이션을 구현합니다. 내가 만드는 웹, 앱 페이지에 움직임을 줄 수 있다니! 어서 배워봅시다.

※ **안내** : 움직임을 만들어내는 과정입니다. 스크린샷만으로 움직임의 생동감을 모두 전달할 수가 없습니다. 코드를 타이핑해서 결과를 직접 확인해보기 바랍니다.

12.1 전환

전환transition은 시간에 따른 상태를 지정하는 애니메이션입니다. 전환의 대표적인 상점은 형태의 변형을 부드럽게 만들어준다는 점입니다. 즉, 부드럽고 점진적인 애니메이션을 만들려면 움직임을 줄 때 전환을 사용해야 합니다. 예를 들어 11장에서 다룬 hover 속성은 마우스를 갖다 대면 지정한 스타일값을 적용합니다. 하지만 갑자기 바뀌는 바람에 부자연스러운 느낌입니다. 부드러운 애니메이션이 필요한 순간이군요! 그리고 이 대표적인 장점 외에도 다양한 전환 특징을 알아보도록 합시다.

전환에는 2가지의 필수 속성과 2가지의 선택 속성이 있습니다.

- 필수 속성
  - 전환 속성값
  - 전환 시간
- 선택 속성
  - 전환 타이밍
  - 전환 지연

각 속성을 처음 봤을 땐 완벽히 이해가 되지 않을 수 있습니다. 우선 어떤 속성이 있는지 살펴보고 다시 확인하는 시간을 가지겠습니다. 각 속성을 알아봅시다.

전환 속성값

전환 속성값transition-property은 전환될 속성을 지정합니다. 전환 속성값에는 border-color와 같은 개별 속성 또는 all(전체 속성)이 있습니다. 전체를 지정하면 모든 속성에, 개별 속성을 지정하면 지정한 개별 속성에 애니메이션이 적용됩니다.

```
element {                              ┌──── 개별 속성
  transition-property: border-color;
  transition-property: all;
}                    └──────── 전체 속성
```

전환 시간

전환 시간transition-duration은 전환을 시작해서 끝날 때까지의 시간을 지정합니다. 초(s) 또는 밀리초(ms)로 지정합니다. 기본값은 0초이며, 어떠한 애니메이션도 일어나지 않는다는 의미입니다. 따라서 부드러운 애니메이션을 주려면 전환 시간을 반드시 입력해야 합니다.

```
element {
  transition-duration: 0.5s;
}                      └──── 전환 시간(s, ms 지정 가능)
```

전환 타이밍

전환 타이밍transition-timing-function은 전환이 이루어지는 시점을 지정합니다.

```
element {
  transition-timing-function: ease-in;
}
```

전환 타이밍 속성값으로는 linear, ease-in, ease-out, ease-in-out, step-start, step-end 등이 있는데, 기본값은 ease입니다. linear는 일정하게 전환하고, ease-in은 느려졌다 빨라집니다. 하단 그림을 참고해주세요. 여기서 모든 전환 타이밍을 외우실 필요는 없습니다(속도 차이는 미세합니다). 다양한 타이밍이 필요할 때 찾아 쓰시면 됩니다.

Google 'css animation transition-timing-function' 구글링

전환 지연

전환 지연transition-delay은 전환을 지연시켜 전환이 시작되는 시기를 지정합니다. 기본적으로 전환은 조건이 충족되는 즉시 진행됩니다. 하지만 전환 지연을 사용하면 전환을 지연시킬 수 있습니다.

```
element {
  transition-delay: 1s;
}
```

각 속성을 개별적으로 작성할 수 있지만 더 빠르고 깔끔한 코드를 위해 다음 절의 예제처럼 필요한 속성들을 한 번에 쓰시면 더 큰 효과를 보실 수 있습니다. 여기서 중요한 것은 필수 속성인 전환 속성값과 전환 시간을 입력하는 겁니다.

12.1.1 전환 예제 : 색이 변하는 사각형

마우스를 사각형 위에 올려두면 색이 변하는 예제를 만들어봅시다.

예제 12-1 전환

```
                                                    chapter12/01/index.html
<style>
    div {
        background: blueviolet; ─┐
        width: 300px;            ├─ /* ❶ */
        height: 150px;          ─┘
        transition: 500ms linear; /* ❷ */
    }
    div:hover {                 ─┐
        background: green;       ├─ /* ❸ */
    }                           ─┘
</style>

<body>
    <div></div> <!--❹-->
</body>
```

▼ 실행 결과

마우스를 올려놓기 전

마우스를 올려놓은 후

❹ body 태그에 div를 생성합니다. ❶ div에 배경색, 가로, 세로 값을 주어 직사각형을 만듭니다.
❷ 전환 필수값을 지정해 애니메이션을 만듭니다. ❸ 애니메이션이 이루어질 행동(hover)과 결과
(background: green)를 작성합니다.

마우스를 사각형 위에 올려두면 초록색 배경으로 부드럽게 바뀝니다.

12.2 변형

변형transform CSS 속성을 사용하면 외적인 형태의 변형을 줄 수 있습니다. 또한 전환과 함께 사용하면 부드러운 애니메이션까지 만들 수 있습니다. 회전rotate, 기울이기skew, 크기scale, 이동translate 효과가 의미하는 바를 다음 그림에서 확인해보세요.

▼ 4가지 변형 효과

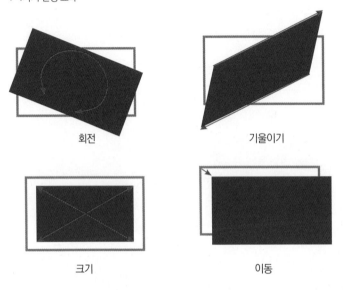

시작하기 전에 공간에 대한 이해가 필요합니다. 모든 변형은 세 축(X, Y, Z)을 중심으로 이루어집니다. 어느 방향으로 움직이는지 파악하면서 변형을 사용하시는 것을 추천드립니다 .

- X축은 왼쪽에서 오른쪽으로 이동/변형되며 값은 오른쪽으로 증가합니다.
- Y축은 아래에서 위쪽으로 이동/변형되며 값은 위쪽으로 증가합니다.
- Z축은 화면에서 튀어 나와 더 큰 값이 화면에 더 가깝습니다.

다음은 세 축을 표현한 그림입니다.

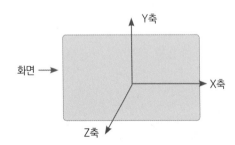

12.2.1 회전

회전rotate은 지정된 각도(단위 deg)만큼 요소를 시계 방향 또는 반시계 방향으로 회전시킵니다. 양수는 시계 방향으로, 음수는 시계 반대 방향으로 회전시킵니다.

시계 방향으로 45도 회전하는 사각형을 만들어봅시다.

예제 12-2 회전하기

chapter12/02/index.html

```
<style>
  div {
    height: 200px;
    width: 200px;              /* ❶ */
  }
  .container {
    border: 4px solid tomato;
    margin: 50px;
  }                            /* ❷ */
  .transformed {
    background-color: wheat;
    border-radius: 5px;
    transition: transform 1s ease-in-out;
  }
  .transformed:hover {                     /* ❸ */
    transform: rotate(45deg);
  }
</style>

<body>
  <div class="container">
    <div class="transformed">transformed</div>   <!--❹-->
  </div>
</body>
```

▼ 실행 결과

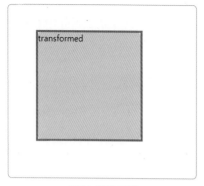

마우스 올려놓기 전

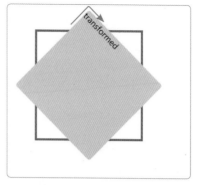

마우스를 올려놓은 후(부드럽게 45도로 회전)

❹ body 태그에 부모와 자식 관계인 div 2개를 생성합니다. ❶ div에 크기를 정의합니다. ❷ 부모 태그에는 테두리와 마진을, 자식 태그에는 채워진 정사각형을 생성합니다. ❸ 애니메이션이 이루어질 행동과 결과를 작성합니다.

마우스를 네모 위에 올려두면 시계 방향으로 45도 회전합니다. 마우스를 요소에서 치우면 처음 모양으로 되돌아갑니다. 이 외에도 transform에 사용할 수 있는 변수를 표로 만들어두었습니다. 익숙해지도록 하나씩 바꿔보세요.

▼ rotate에 따른 변화

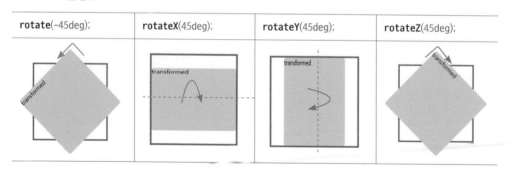

rotate(-45deg);	**rotateX**(45deg);	**rotateY**(45deg);	**rotateZ**(45deg);

rotateZ(a)는 rotate(a)와 똑같이 동작합니다. 여기서 a는 각도를 의미합니다.

12.2.2 기울이기

기울이기skew는 요소의 X축과 Y축을 제공된 값에 따라 기울입니다. 주어진 각도가 양수이면 양의 방향으로, 음수이면 음의 방향으로 기울입니다. X와 Y값을 따로 사용할 수도, 모두 사용하여 기울일 수도 있습니다.

기울이기 예제를 살펴보겠습니다.

예제 12-3 기울이기

```
                                              chapter12/03/index.html
<style>
  div {
    height: 200px;
    width: 200px;
  }
  .container {
    border: 4px solid tomato;
    margin: 50px;
  }
  .transformed {
    background-color: yellow;
    border-radius: 5px;
    transition: transform 1s ease-in-out;
  }
  .transformed:hover {
    transform: skew(20deg); /* ❶ */
  }
</style>

<body>
  <div class="container">
    <div class="transformed">transformed</div>
  </div>
</body>
```

▼ 실행 결과

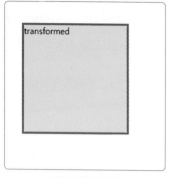
마우스 올려놓기 전

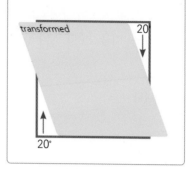
마우스를 올리면 부드럽게 지정한 값만큼 기울여집니다.

❶ 회전 예제에서 transform을 skew로 변경하고 20도로 기울입니다.

이 외에도 사용할 수 있는 변수를 표로 만들어두었습니다. 익숙해지도록 하나씩 바꿔보세요.

▼ skew에 따른 변화

skewX(30deg);	skewY(20deg);	skew(20deg, 20deg);	skew(-0.06turn, 18deg);

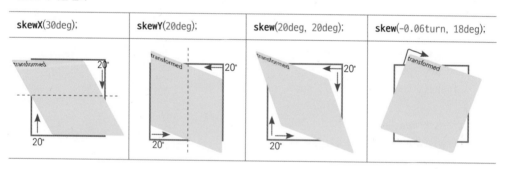

skewX(a)는 skew(a)와 같습니다.

12.2.3 크기

크기scale는 요소 크기를 늘리거나 줄입니다. 1보다 큰 숫자는 요소 크기를 늘리고 1보다 작으면 줄입니다. 예를 들어 2는 요소를 원래 크기의 두 배로 만들고 0.5는 절반 크기로 만듭니다. 요소의 크기는 X축과 Y축으로 조정할 수 있습니다. 만약 X 또는 Y값을 지정하지 않으면 기본적으로 두 축에 영향을 줍니다. 크기가 줄어드는 예제를 만들어봅시다.

예제 12-4 크기 줄이기

```
<style>
  div {
    height: 200px;
    width: 200px;
  }
  .container {
    border: 4px solid tomato;
    margin: 50px;
  }
  .transformed {
    background-color: chartreuse;
    border-radius: 5px;
    transition: transform 1s ease-in-out;
  }
  .transformed:hover {
    transform: scale(0.5); /* ❶ */
  }
</style>

<body>
  <div class="container">
    <div class="transformed">transformed</div>
  </div>
</body>
```

▼ 실행 결과

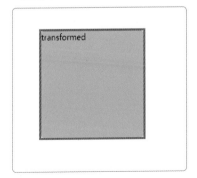

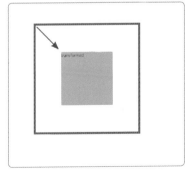

마우스 올려놓기 전   마우스를 올려놓은 후(부드럽게 절반의 크기로 작아짐)

❶ 기울이기 예제에서 transform 항목의 속성을 scale로 변경하고 원하는 속성값을 작성합니다. 크기를 절반으로 줄이고자 0.5를 입력했습니다. 실행 결과 크기가 절반으로 줄어듭니다.

이 외에도 사용할 수 있는 변수를 표로 만들어두었습니다. 익숙해지도록 하나씩 바꿔보세요.

▼ scale에 따른 변화

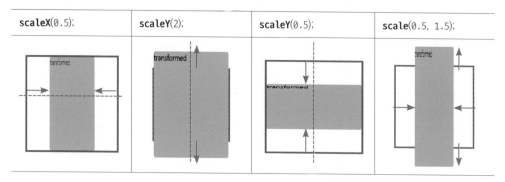

| scaleX(0.5); | scaleY(2); | scaleY(0.5); | scale(0.5, 1.5); |

scaleX(a)는 scale(a, 1)과 같습니다.

12.2.4 이동

이동translate은 요소를 상하좌우로 이동합니다. 주어진 값이 양수이면 양의 방향으로, 음수이면 음의 방향으로 이동합니다. 네모를 옆으로 이동하는 애니메이션을 구현해봅니다.

예제 12-5 이동하기

```
<style>                                              chapter12/05/index.html
  div {
    height: 200px;
    width: 200px;
  }
  .container {
    border: 4px solid tomato;
    margin: 50px;
  }
  .transformed {
    background-color: darkturquoise;
    border-radius: 5px;
    transition: transform 1s ease-in-out;
```

```
  }
  .transformed:hover {
    transform: translate(50px) /* ❶ */
  }
</style>

<body>
  <div class="container">
    <div class="transformed">transformed</div>
  </div>
</body>
```

▼ 실행 결과

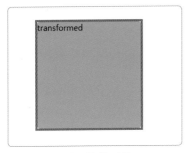

마우스 올려놓기 전

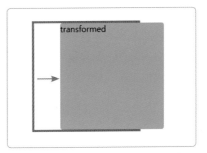

마우스를 올려놓은 후(부드럽게 옆으로 이동)

❶ 크기 예제에서 transform 항목의 속성을 translate으로 변경하고 50px을 지정합니다.

이 외에도 사용할 수 있는 변수를 표로 만들어두었습니다. 익숙해지도록 하나씩 바꿔보세요.

▼ translate에 따른 변화

translateX(50px);	translateY(50px);	translate(15px, -40px);	translate(12px, 50%);
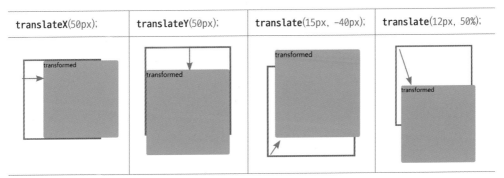			

translateX(a)는 translate(a)와 같습니다.

12.3 애니메이션 동시에 적용하기

어때요? 애니메이션을 적용하니 웹 페이지가 움직이는 느낌입니다. 저는 이 내용을 처음 배웠을 때 동그라미를 만들고 그 안에 햄스터 이미지를 넣어 마우스를 올리면 돌아가게 만들었어요. 만들고 한참을 귀여워했던 기억이 납니다.

잡담은 여기까지 하고 제가 추가로 알려드릴 2가지가 있습니다.

1 여러 효과를 동시에 적용할 수 있습니다.
2 애니메이션이 지정된 요소만 변경됩니다. 다른 형제 요소에는 영향을 미치지 않아요.

12.3.1 동시에 적용하기

첫 번째는 여러 효과를 동시에 적용할 수 있습니다. 이때도 사용자가에게 좋은 경험 제공하도록 애니메이션을 부드럽게 유지하려는 노력을 잊지 마세요. 회전하면서 작아지는 사각형을 예제로 만들어봅시다.

예제 12-6 여러 변형 값 사용하기

```
                                            chapter12/06/index.htm
<style>
  div {
    height: 200px;
    width: 200px;
  }
  .container {
    border: 4px solid tomato;
    margin: 50px;
  }
  .transformed {
    background-color: lightpink;
    border-radius: 5px;
    transition: transform 1s ease-in-out;
  }
  .transformed:hover {
    transform: rotate(90deg) scale(0.5) translateX(50px); /* ❶ */
  }
</style>
```

```
<body>
  <div class="container">
    <div class="transformed">transformed</div>
  </div>
</body>
```

▼ 실행 결과

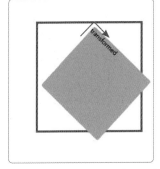
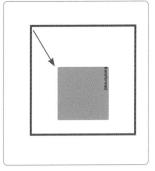

마우스 올려놓기 전   마우스를 올려놓은 후(부드럽게 아래로 회전하며 크기가 작아짐)

❶ 적용하고 싶은 변형을 transform에 작성합니다. 회전(rotate), 크기 조절(scale), 이동 효과 (translateX)를 지정합니다.

12.3.2 애니메이션이 미치는 범위

두 번째, 애니메이션은 지정한 요소의 형제 요소에 영향을 미치지 않는다는 사실을 확인해보겠습니다. 앞서 사용한 예제에 일부 값을 수정해 'hello world'를 추가해보겠습니다.

예제 12-7 애니메이션 범위

chapter12/07/index.html

```
<style>
    div {
        background-color: lightblue;
        border-radius: 5px;
        height: 200px;
        width: 200px;
        margin: 50px;
        transition: transform 1s ease-in-out;
    }
```

```
    div:hover {
        transform: rotate(90deg) scale(2) translateX(50px);  ─── /* ❶ */
    }
</style>

<body>
    <div></div>
    <p>hello world</p> <!--❷-->
</body>
```

▼ 실행 결과

hello world

마우스 올려놓기 전

마우스를 올려놓았을 때

❷ body 태그에 p 태그를 추가합니다. ❶ transform에서 scale로 두 배 크기가 되도록 지정합니다.

마우스를 올려 애니메이션을 적용하니 p 태그가 가려졌습니다. 다시 말씀드리자면 애니메이션은 다른 태그에 영향을 미치지 않습니다. 이걸 알고 있어야 애니메이션과 함께 다른 요소를 같이 놓았을 때도 요소를 가리지 않고 적절한 간격으로 배치할 수 있습니다.

12.4 키프레임

지금까지 마우스를 올리면 애니메이션이 일어나는 속성을 알아봤습니다. 마우스를 올리지 않고도 애니메이션이 동작할 수는 없을까요? 정답은 '가능하다'입니다. @keyframes를 이용하면 애니메이션을 반복적으로 보여줄 수 있습니다.

키프레임 단위로 애니메이션을 지정하면 애니메이션이 일어나고 있는 중간에 CSS 스타일을 변경할 수 있습니다. 예를 들어 크기가 커졌다 회전하고 다시 작아지는 등 내가 원하는 애니메이션을 자유롭게 만들 수 있습니다. 키프레임을 주는 방법은 스타일의 변화가 발생하는 시기를 백분율(0%~100%)로 지정하거나 from/to를 사용하여 지정합니다. 0%와 from은 애니메이션의 시작이고 100%와 to는 애니메이션 끝을 의미합니다.

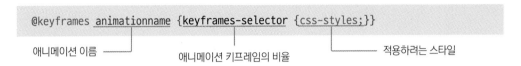

참고로 애니메이션은 개수 제한없이 키프레임을 형성할 수 있습니다. 즉 마음껏 키프레임을 만들어도 된다는 뜻입니다.

12.4.1 백분율(0~100%) 지정 방식

백분율을 사용하여 무한히 회전하는 사각형을 만들어봅시다.

예제 12-8 키프레임 0~100%

```
                                          chapter12/08/index.html
<style>
    div {
        background-color: rgb(146, 146, 146);
        height: 200px;
        width: 200px;                          /* ❶ */
        margin: 50px;
        animation: mymove 3s infinite;  /* ❷ */
    }
    @keyframes mymove {
        0% {
            transform: rotate(90deg)
        }
        25% {
            transform: rotate(180deg)          /* ❸ */
        }
        75% {
            transform: rotate(270deg)
        }
```

```
            100% {
                transform: rotate(360deg)
            }
        }
</style>

<body>
    <div></div> <!--❹-->
</body>
```

▼ 실행 결과

❹ body 태그에 div를 생성합니다. ❶ div
로 정사각형을 구현합니다. ❷ animation
에 애니메이션 이름, 속도, 무한을 의미하는
infinite를 적용합니다. ❸ 0~100%를 이용하
여 90도 단위로 회전하게 만듭니다.

사각형이 무한히 돌아갑니다. 신기하죠?

12.4.2 from to 지정 방식

from, to를 사용해서 무한히 회전하는 사각형을 구현하겠습니다.

예제 12-9 from to

chapter12/09/index.html

```
<style>
    div {
        background-color: mediumvioletred;
        height: 200px;
        width: 200px;
        margin: 50px;
        animation: mymove 3s infinite;
    }
```

```
    @keyframes mymove {
        from {
            transform: rotate(90deg)
        }
        to {                              /* ❶ */
            transform: rotate(360deg)
        }
    }
</style>

<body>
    <div></div>
</body>
```

▼ 실행 결과

❶ [예제 12-8]에서 @keyframes를 from to
로 변경 후 한 번에 270도씩 회전하도록 만듭
니다.

`Google` 'css animation'을 검색하면 더 많은 애니메이
션을 볼 수 있습니다.

사각형이 무한히 돌아갑니다.

학습 마무리

이번 장에서 CSS로 애니메이션을 만드는 방법을 배웠습니다. 요소를 전환, 변형하고 키프레임으
로 세세하게 애니메이션을 줄 수 있습니다. 이 외에도 재밌는 애니메이션이 많으니 한번 알아보셔
도 좋을 것 같습니다.

핵심 요약

1 CSS에서 애니메이션이란 움직이는(변화하는) 효과를 의미합니다.

2 전환(transition)에는 속성, 전환 시간, 전환 타이밍, 전환 지연을 사용합니다.

   ◦ 전환 속성값은 전환될 속성을 지정합니다.

   ◦ 전환 시간은 전환하는 시간의 범위를 지정합니다. 기간은 초(s) 또는 밀리초(ms)로 선언할
     수 있습니다.

   ◦ 전환 타이밍은 전환이 이루어지는 기간의 타이밍을 지정합니다.

   ◦ 전환 지연은 전환이 시작되는 시기를 지정합니다.

3 변형(transform)에는 회전 각도와 방향, 기울기, 크기, 이동 방향을 사용합니다.

   ◦ 회전은 지정된 각도만큼 요소를 시계 방향 또는 반시계 방향으로 회전시킵니다.

   ◦ 기울이기는 제공된 값에 따라 요소의 X축과 Y축을 기울입니다.

   ◦ 크기는 요소 크기를 늘리거나 줄입니다.

   ◦ 이동은 요소를 상하좌우로 이동시킵니다.

4 @keyframes를 이용하면 백분율이나 from, to를 사용하여 애니메이션을 반복해 보여줄 수
   있습니다.

Chapter

13

깃/깃허브 배우기

☐ **학습 목표**	버전 관리 시스템 깃^{Git}과 깃을 이용해서 소스 코드를 저장하고 관리하는 깃허
	브^{GitHub}를 알아봅시다.

☐ **학습 순서**	**1** 깃 입문하기
	2 깃허브 입문하기
	3 깃/깃허브 핵심 개념 알아보기
	4 [실습] 깃허브 사용하기

13.1 깃 입문하기

깃은 문서나 소스 코드 같은 파일의 변경 이력을 관리해주는 시스템입니다. 파일 내용을 수정해 저장해도, 필요하면 수정 전 내용을 언제든 다시 확인하거나 복원할 수 있습니다. 이런 시스템을 일컬어 버전 관리 시스템$^{version-control\ system}$이라고 합니다.

13.1.1 버전 관리 시스템이 왜 필요할까?

그렇다면 버전 관리 시스템 깃은 왜 필요할까요? 예를 들어 버전 업그레이드를 하다가 오류가 발생하여 이전 버전으로 되돌려야 하는 상황을 가정해봅시다. 깃을 사용한다면 코드를 이전 상태로 되돌릴 뿐만 아니라 시간 경과에 따른 변경 사항을 비교하고, 문제를 일으킨 항목을 마지막으로 수정한 사람, 시기 등을 확인할 수 있습니다.

깃은 저장소에 등록된 코드에 발생한 모든 수정 사항을 추적할 수 있습니다. 버전 관리 시스템은 더 빠르고 스마트하게 작업할 수 있도록 지원합니다. 협업뿐만 아니라 혼자 개발할 때도 개발 시간을 줄이고 깃허브 등으로 배포하는 데 도움이 됩니다.

다음 그림과 같은 상황이 나타나지 않도록 소스 코드와 문서를 안전하게 바꾸고 관리하는 툴이 필요합니다.

▼ 버전 시스템이 없을 때 파일명의 변화

13.1.2 깃 설치하기

그럼 깃을 설치해보겠습니다. 아주 간단해요.

To Do **01** 깃 홈페이지(git-scm.com)에 접속합니다.

02 [Download 2.30.0 for Windows]를 클릭해 실행 파일을 다운로드합니다.

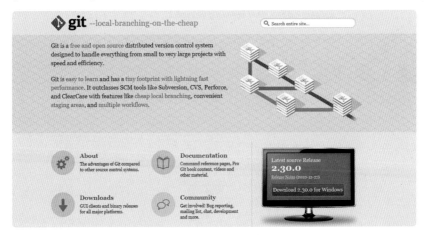

03 설치 완료 화면이 보일 때까지 기본 설정으로 [Next >]를 클릭합니다.

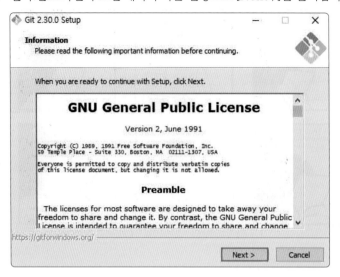

04 완료 화면이 보이면 ❶ [View Release Notes] 선택을 해제하고 → ❷ [Finish] 버튼을 누릅니다.

이것으로 깃을 설치했습니다. 지금은 큰 변화가 없지만 이제 깃허브와 VSCode를 연동시킬 수 있는 토대를 만든 겁니다.

13.2 깃허브 입문하기

깃허브는 협업 및 버전 관리에 사용되는 소스 코드 호스팅 플랫폼입니다. 쉽게 깃 인터넷 저장소라고 생각하면 됩니다(물론 저장만 하는 건 아닙니다).

13.2.1 깃허브가 왜 필요할까요?

우리는 코드를 열심히 저장합니다. 날리면 안 되니까요. 혼자 작업할 때는 내 PC에 코드를 저장해도 되지만, 협업할 때 팀원들이 코드를 각자의 PC에 따로따로 관리하면 서로의 코드를 확인하기 어렵습니다. 이럴 때 깃허브를 공동 저장소로 사용하면 유용합니다.

또한 대부분 오픈 소스[1]는 깃허브에 있습니다. 이처럼 너도나도 깃허브에 소스 코드를 모아두니, 깃허브에 들어가기만 하면 참고할 만한 코드를 손쉽게 찾아볼 수 있어요. 깃허브는 개발자의 성지라고 보시면 됩니다.

본격적으로 코드를 작성하기 전에 기본적인 깃허브 사용법을 배울 거예요. 코드를 올바르게 작성하는 것만큼 코드를 올바르게 저장하고 관리하는 방법도 중요합니다.

같은 듯 다른 깃과 깃허브 차이

깃허브는 깃을 SaaS 형태로 제공합니다. 여기서 SaaS란 서비스 소프트웨어Software as a Service를 의미합니다. 가장 완성된 형태의 클라우드 서비스로, 소프트웨어 형태로 서비스를 제공합니다. 구글 드라이브나 네이버 N드라이브도 SaaS에 해당하는 서비스죠.

깃은 코드 버전 관리 소프트웨어입니다. 그리고 깃허브는 깃 소프트웨어를 기반으로 구축된 클라우드 플랫폼입니다. 결국 깃을 웹에서 더 쉽게 사용할 수 있도록 만든 것이 깃허브인 것이죠.

---

1 open source. 확인, 수정, 배포할 수 있게 공개된 코드

13.2.2 깃허브에 가입하기

깃허브에 가입해보겠습니다.

To Do **01** 깃허브 홈페이지(github.com)에 접속합니다.

02 [Sign up]을 클릭해 회원 가입을 합니다.

03 가입 정보를 입력하세요.

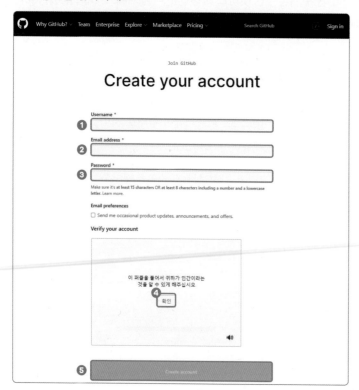

❶ 이름 ❷ 이메일 주소 ❸ 비밀번호, ❹ 사람인지 확인하는 퍼즐입니다. ❶~❹까지 완료했으면 ❺ [Create account]를 클릭해서 가입을 완료해주세요.

13.3 깃/깃허브 핵심 개념 알아보기

깃/깃허브를 다루려면 몇 가지 개념을 알아야 해요. 저장소, 브랜치, 클론, 에드 → 커밋 → 푸시, 풀 정도 알면 초보자로서 기본 사용은 할 수 있어요.

저장소

저장소repositories는 저장하는 공간을 말해요. 저장소에 폴더 및 모든 유형의 파일(HTML, CSS, 자바스크립트, 문서, 데이터, 이미지)을 저장할 수 있습니다.

브랜치

깃허브 브랜치는 버전별 저장소입니다. Branch는 '(나뭇)가지'라는 의미죠. 여러 갈래로 버전을 분기 및 통합하며 개발하는 데 사용됩니다. 왜 여러 버전이 생길까요? 예를 들어 처음에 한 개발자가 저장소를 만들었다고 가정합시다. 그 이후 다른 개발자들까지 가세해 각각 맡은 기능을 구현해 멋진 웹 서비스로 업그레이드하기로 했습니다. 그 과정에서 저장소를 각 개발자가 브랜치로 분기하여 기능을 구현하고, 중간중간 각자 개발한 기능을 병합하여 전체 서비스가 원활하게 돌아가도록 확인합니다. 이때 처음 저장소를 메인 브랜치main branch, 각 개발자가 분기한 소스를 서브 브랜치sub branch라고 합니다.

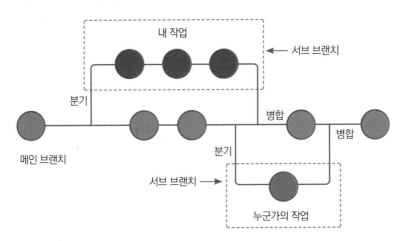

서브 브랜치를 메인 브랜치에 병합하기 전까지 서브 브랜치에 수정한 내용은 메인 브랜치에 영향을 주지 않습니다. 사용자가 웹 페이지를 이용 중인데 수정 중인 화면을 보여주면 안 되기 때문입니다. 만약 완성했다면 병합할 차례입니다. 병합 명령을 내리면 깃허브에서 자동으로 중복 코드를 제외하고 새로운 코드를 합쳐줍니다. 이렇게 각 개발자가 자신의 브랜치를 만들어 코드를 작성하고 메인 브랜치로 합치는 과정을 반복하며 프로젝트를 진행합니다.

기본적으로 저장소에는 메인 브랜치가 있습니다. 마스터 브랜치라고 적힌 곳도 있을 텐데 2020년 10월부터 master에서 main으로 정식 명칭을 변경했습니다.[2] 우리는 메인 브랜치에서 작업해보겠습니다.

클론

클론은 깃허브 저장소에 있는 파일들을 로컬 컴퓨터로 복사본을 만드는 작업을 말합니다.[3] 깃허브에서 생성한 저장소에 있는 파일은 배포된 파일이에요. 각자 로컬에서 작업할 수 있도록 저장소에 있는 파일을 받아서 코드를 작성하고 다시 저장소에 올려야겠죠. 이때 클론은 파일을 받는 과정을 말합니다. 다음과 같이 Git Bash[4]에 클론 명령을 입력하면 됩니다(뒤에서 같이 진행할 예정이니 일단 보기만 하고 넘어가도 좋아요).

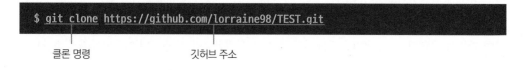

```
$ git clone https://github.com/lorraine98/TEST.git
```

　　　클론 명령　　　　　　　　　깃허브 주소

에드 → 커밋 → 푸시

클론은 파일을 받는 과정입니다. 그러면 저장소에 파일을 올리는 과정은 뭐라고 할까요? 깃허브에서는 변경 사항을 커밋commit이라고 합니다. Commit이 '저지르다'라는 뜻을 가지고 있는데 우리는 깃허브 저장소에 무언가를 저지르는 겁니다. 아주 위대한 일이요. 커밋 과정은 add → commit → push 순서로 명령을 수행해 이루어집니다. 내 코드를 추가(add)하고 저지르고(commit) 저장소로 밀어(push) 마무리하는 거죠.

2　master가 인종차별적, 주종의 의미를 담고 있어서 main이란 이름으로 변경했어요. 조금 헷갈리지만 옳은 선택이니 기억해둡시다.

3　로컬 저장소도 있지만 우리는 깃허브를 사용하므로 깃허브 기준으로 설명합니다.

4　깃 명령을 내리는 환경. 13.4.2절 '클론하기' 참조

풀

마지막으로 풀^{pull}을 알아보겠습니다. Pull은 '당기다'라는 의미입니다. 따라서 풀은 깃허브 저장소에 있는 파일을 가져오는 작업을 말합니다. 방금 배운 클론과 비슷하다는 생각이 드시죠? 코드를 내려받는 점에서는 비슷합니다. 하지만 이 둘은 달라요. 클론은 처음 코드를 다운로드할 때 사용하고, 풀은 그 이후에 사용합니다. 클론하면 자동으로 깃허브에 있는 main 브랜치의 변경 내용을 추적합니다. 그래서 풀로 변경 내용만 내려받을 수 있는 겁니다. 따라서 PC와 노트북 각각에 클론을 한 이후에, 노트북으로 커밋한 코드를 PC에서 불러오려면 클론이 아니라 풀을 해야 합니다.

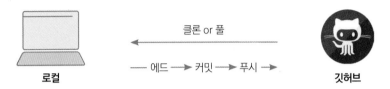

13.4 [실습] 깃허브 사용하기

회원가입을 마쳤으니 앞서 배운 깃허브 핵심 개념을 이용해 우리가 작성한 코드를 깃허브에 올려보겠습니다. 다음과 같은 순서로 깃허브 실습을 해보겠습니다.

1 저장소 만들기
2 클론하기
3 파일 추가하기
4 커밋 및 푸시하기
5 풀하기

13.4.1 저장소 만들기

저장소를 먼저 만들어봅시다. 우리가 사물함이 있어야 소지품을 넣을 수 있듯이, 깃허브에 코드를 저장할 공간을 만들어주는 거예요.

To Do **01** 깃허브 홈페이지(github.com)에 접속합니다.

02 왼쪽 상단에 [New]라는 초록 버튼을 누르거나, 오른쪽 상단에 + 아이콘을 클릭하여 [New repository]를 클릭하세요.

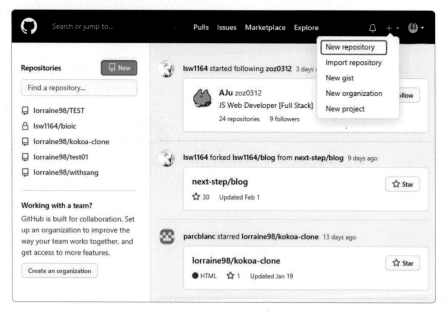

03 폼을 작성합시다.

❶ [Repository name]에는 프로젝트 이름을 적습니다. ❷ 프로젝트 설명을 적어주세요. ❸ 저장소 공개 여부를 정하는 옵션을 선택합니다. 누구나 여러분의 소스 코드를 볼 수 있게 하려면 [Public]을 선택해 공개, 그렇지 않으면 [Private]을 선택해 비공개로 합니다.[5] ❹ [Add a README file] 체크박스를 체크해주세요. README는 내 코드에 대한 공지사항이라고 생각하시면 됩니다. 내 코드를 추가적으로 설명할 수 있습니다.

---

5 과거에는 깃허브 비공개 저장소(Private Repository)를 사용하려면 유료 결제를 해야 했지만 이제 무료로 사용 가능합니다.

04 폼 하단에 있는 [Create repository]를 클릭해 저장소를 생성합니다.

필수 항목을 입력하면 버튼이 활성화됨

다음과 같이 저장소 화면이 보이면 생성에 성공한 겁니다.

13.4.2 클론하기

생성한 저장소를 내 컴퓨터에 클론해보겠습니다.

To Do **01** ❶ [Code] 버튼을 클릭 후 → ❷ 🗌 아이콘을 클릭해 URL을 복사합니다.

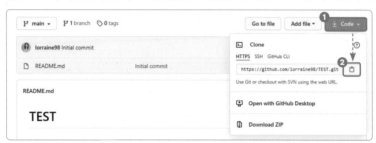

02 깃 명령행^{Git Bash}를 실행할 차례입니다. ❶ 윈도우 탐색기를 실행해 저장소를 클론할 폴더로 이동 → ❷ 오른쪽 마우스 클릭 후 → ❸ [Git Bash Here]를 클릭합니다.

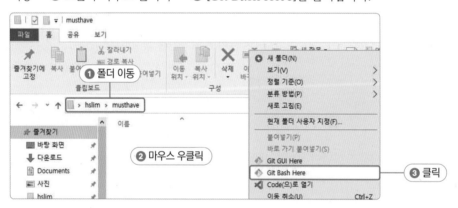

03 아래와 같이 Git Bash 환경이 뜹니다. ❶ "git clone "을 입력하고(clone 뒤 공란까지 입력 하세요) → ❷ 마우스 우클릭 → ❸ [Paste]를 클릭합니다. ❹ enter 를 쳐서 실행시키세요.

04 복제된 파일을 확인합시다. ❶ 생성된 폴더를 눌렀을 때 → ❷ README.md 파일이 잘 보이나 확인해보세요. 잘 보이면 클론이 제대로 된 겁니다.

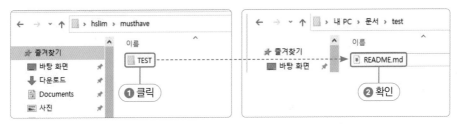

13.4.3 파일 추가하기

VSCode를 실행하여 클론한 저장소에 파일을 만들어줍니다.

To Do **01** VSCode를 실행해 ❶ [파일] → ❷ [폴더 열기] → ❸ 클론한 폴더를 선택합니다. 저는 TEST 폴더를 선택했습니다.

02 ❶ 파일 추가 아이콘을 클릭하고 ❷ 팝업창에 index.html을 입력합니다.

클론한 폴더(저는 TEST)에 다음과 같이 생성한 파일이 보입니다.

지금은 파일을 하나만 생성했지만, 여러 파일을 생성해도 됩니다. 또한 기존에 작성한 코드를 클론한 폴더에 넣고 커밋하면 깃허브에 올릴 수 있습니다.

13.4.4 VSCode에 깃허브 연동하기

이제 커밋을 해볼 거예요. 이 작업을 진행하려면 VSCode에 깃허브가 연동되어야 합니다. 연동시켜봅시다.

To Do **01** VSCode 메뉴에서 ❶ [터미널(T)] → ❷ [새 터미널]을 클릭하세요.

02 로컬 저장소에 사용자를 등록합니다. 다음과 같은 형식으로 ❶ 터미널에 명령을 입력해주세요.

```
git config --global user.name "사용자명"
git config --global user.email "이메일주소"
```

명령에서 "사용자명"과 "이메일주소"는 깃허브에 만든 여러분의 계정 정보대로 입력해야 합니다.

프로젝트마다 사용자를 별도로 지정할 수도 있지만, 그러면 번거롭고 아직 그런 환경을 사용하지 않으므로 범용으로 사용하도록 설정했습니다.

03 ❶ ⊞아이콘을 눌러 ❷ 검색창에 Github를 입력합니다. ❸ [GitHub Pull Requests and Issues]를 클릭해 ❹ [설치] 버튼을 눌러 설치해주세요.

04 ❶ VSCode 좌측 하단에 있는 계정 아이콘⊛을 클릭하고 ❷ [GitHub Pull Requests and Issues(1)을(를) 사용하려면 로그인] 버튼을 클릭합니다.

05 VSCode에서 깃허브로 이동합니다. 깃허브로 접근하기 위해 [Continue] 버튼을 눌러주세요.

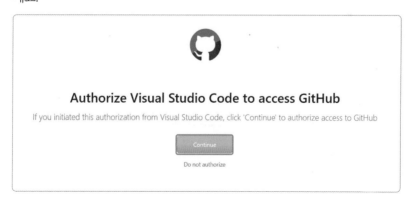

이미 깃허브에 로그인이 되어 있다면 곧바로 연결됩니다. 그렇지 않다면 로그인 요청창이 뜰 겁니다. 안내에 따라 로그인해 연결하세요. 다음과 같이 완료창이 뜨면 성공입니다.

다음과 같이 VSCode에 내 계정이 보여야 합니다.

13.4.5 커밋하기

이제 변경 내용을 깃허브 원격 저장소에 반영(커밋)합시다. 커밋 순서는 에드(add) → 커밋(commit) → 푸시(push)입니다. 추가하고 → 저지르고 → 밀어넣는 겁니다.

01 에드(add) 명령을 수행합니다. ❶ index.html 파일 → ❷ 🔀아이콘 → ❸ + 버튼을 클릭합니다.

02 ❶ index.html이 '스테이징된 변경 사항'으로 이동했습니다. 이제 커밋을 할 차례입니다. ❷에 커밋 메시지를 작성합니다. 강제는 아니지만 언더바 _는 사용하지 않는 것이 보기 좋습니다. 또한 변경 내용을 간단 명료하게 담고 있어야 합니다. 저는 index.html 파일을 처음으로 추가하는 것이기 때문에 'Add index.html'로 해주겠습니다.

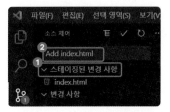

03 ❶ 보기 및 기타 작업 ⬛ 아이콘 → ❷ [커밋] → ❸ [커밋]을 클릭합니다.

이때 아래와 같은 화면이 뜬다면 13.4.4절로 돌아가 우선 깃허브와 연결해주세요.

04 드디어 푸시를 진행할 차례군요. ❶ 보기 및 기타 작업 ▦ 아이콘 → ❷ [푸시]를 클릭합니다.

05 깃허브에 성공적으로 커밋이 되었는지 확인합시다. ❶ 깃허브 접속 → ❷ (깃허브 아이디/생성한 파일 이름)으로 커밋된 Repositories(저장소)를 클릭합니다. index.html이 보이면 성공한 겁니다.

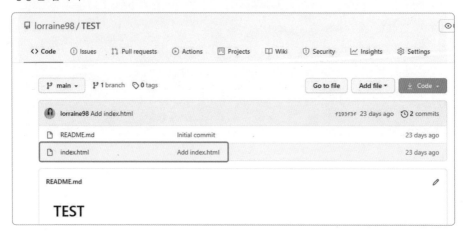

13.4.6 풀하기

풀은 원격 저장소(깃허브)에 발생한 변경 내용을 로컬 저장소(내 PC)로 가져오는 명령입니다.

예를 들어 A와 B 두 컴퓨터가 있다고 합시다. 깃허브에서 A와 B가 같은 코드를 클론하고 나서, A가 수정한 코드를 커밋&푸시를 합니다. 그러면 B는 A가 수정한 코드를 다시 가져올 수 있습니다. 이 작업을 풀이라고 합니다.

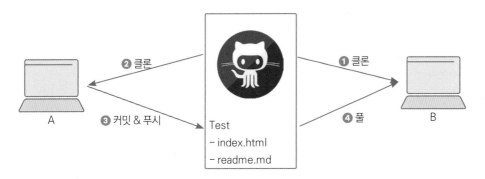

아직은 혼자서 깃허브 코드를 관리하므로 풀(pull)할 일이 없습니다. 추후 협업하거나, 혼자이지만 여러 PC를 사용할 때 사용하게 될 겁니다.

풀은 ❶ 보기 및 기타 작업 ⬛ 아이콘을 클릭해 ❷ [풀, 푸시] → ❸ [풀] 항목에서 확인할 수 있습니다.

학습 마무리

오늘은 깃과 깃허브를 알아보았습니다. 참고로 2018년에 마이크로소프트가 깃허브를 인수했습니다.

핵심 요약

1 깃은 버전 관리 시스템입니다.

2 깃허브는 깃과 연동해 코드 버전을 관리해주고 협업을 도와주는 온라인 플랫폼입니다.

3 저장소는 파일이나 폴더 같은 리소스를 저장하는 공간입니다.

4 브랜치는 리소스를 독립적으로 관리하는 저장소를 의미합니다.

5 클론은 저장소에 있는 파일을 로컬 PC로 복제하는 것을 의미합니다.

6 깃허브에 커밋해 로컬에서 작성한 코드를 저장소로 옮길 수 있습니다. add → commit → push 순서로 명령을 실행합니다.

7 깃허브에서 풀은 깃허브 저장소에 있는 파일을 가져오는 작업을 말합니다.

8 Git Bash를 이용하면 명령행 환경에서 깃/깃허브를 이용할 수 있습니다.

박스 레이아웃 만들기

Project 박스 레이아웃 만들기

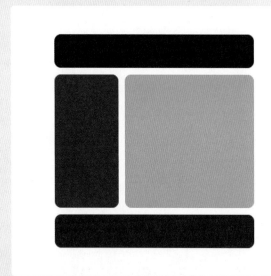

난이도	★★☆☆
이름	박스 레이아웃 만들기
예제 위치	chapter14/
바로보기	https://lorraine98.github.io/musthaveHTML-CSS/chapter14/
미션	그림과 같은 페이지를 구현하라.
설명	header, nav, article, footer의 형태를 가신 박스 레이아웃입니다.
이용할 속성	display, justify-content, align-items

☐ 학습 목표	배운 내용이 많으니 확인하고 개념을 다지는 시간을 갖겠습니다. 박스 레이아웃을 확실하게 익혀봅시다.
☐ 학습 순서	1 힌트
	2 풀이 보기
	3 같이 풀기

14.1 힌트

힌트를 보기 전에 충분히 고민해보시는 걸 추천드려요! 그래도 어렵다면 힌트는 1단계부터 3단계까지 있으니 단계별로 보시고 고민해봅시다!

1 index.html body 태그에 header, main, footer 태그를 만들어보세요.
2 main 태그 자식으로 nav와 article 태그를 만들어주세요(5장).
3 display와 justify-content, align-items를 이용해 도형을 가운데로 위치시킬 수 있습니다(10장).

그림으로도 힌트를 볼까요?

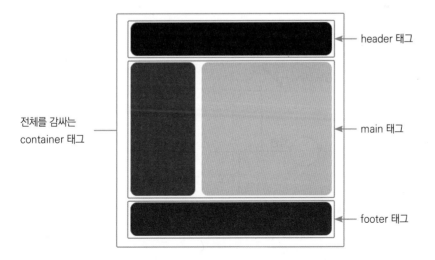

전체를 감싸는
container 태그

header 태그

main 태그

footer 태그

14.2 풀이 보기

다들 풀어보셨나요? 어때요? 어렵다 생각이 드시더라도 이제 시작이니까 너무 걱정하실 필요 없습니다. 문제를 풀다 보면 어느 순간 성장하신 여러분을 만나실 거예요. 제가 그랬거든요. 그럼 전체 코드부터 볼까요?

예제 14-1 div 박스 레이아웃 만들기

```html
<!DOCTYPE html>                                    chapter14/index.html
<html lang="ko">
  <head>
    <meta charset="UTF-8" />
    <meta name="viewport" content="width=device-width, initial-scale=1.0" />
    <title>css practice1</title>
    <link href="style.css" rel="stylesheet" type="text/css" />
  </head>
  <body>
      <div class="container">
          <header></header>
          <main>
            <nav></nav>
            <article></article>
          </main>
          <footer></footer>
      </div>
  </body>
</html>
```

```css
/*html과 body 전체 높이를 화면 너비에 맞춤*/    chapter14/style.css
html,
body {
  height: 100%;
}
/*전체 박스를 가운데로 배치*/
body {
  display: flex;
  justify-content: center;
  align-items: center;
}
```

```css
/*헤더 태그 스타일링*/
header {
  width: 310px;
  height: 50px;
  background-color: #581845;
  border-radius: 10px;
  margin-bottom: 10px;
}
/*메인 태그 스타일링*/
main {
  display: flex;
}
nav {
  width: 100px;
  height: 200px;
  background-color: #c70039;
  border-radius: 10px;
  margin-right: 10px;
}
article {
  width: 200px;
  height: 200px;
  background-color: #ffc300;
  border-radius: 10px;
}
/*푸터 태그 스타일링*/
footer {
  width: 310px;
  height: 50px;
  background-color: #900c3f;
  border-radius: 10px;
  margin-top: 10px;
}
```

14.3 HTML 레이아웃 구성하기

'이게 뭐야? 왜 이렇게 복잡해! 어려워 보여!'라는 생각이 드시죠? 하나하나 뜯어보면 지금까지 배운 내용이 대부분입니다.

14.3.1 느낌표 !를 눌러 HTML 형식 자동 완성하기

코드를 처음 치려면 텅 빈 index.html 파일을 만나실 거예요. 이제 본격적으로 코딩을 시작해볼까 하는데 초보자라면 아직은 기본 구조가 갑자기 잘 떠오르지 않을 거예요. 이럴 때 에디터 프로그램이 빛을 발휘합니다. HTML 자동 완성을 이용해봅시다.

VSCode가 제공하는 HTML 형식 자동 완성 기능을 활용해서 index.html 파일을 만듭시다.

To Do **01** index.html 파일 첫 줄에 느낌표를 칩니다.

02 `Tab` 을 누르거나 ⬇ 버튼을 눌러 이동 후 `enter` 를 쳐서 첫 번째 항목을 선택해줍니다.

그러면 HTML 5 기본 구조가 자동으로 완성됩니다.

03 en 대신 ko를 입력해 언어를 한글로 바꿔줍니다. 이제 body 태그 안쪽에서 본격적인 코딩을 시작하면 됩니다.

```
index.html > ⟨⟩ html
1   <!DOCTYPE html>
2   <html lang="en">
3   <head>
4     <meta charset="UTF-8">
5     <meta name="viewport" content="width=device-width, initial-scale=1.0">
6     <title>Document</title>
7   </head>
8   <body>
9   ⟵
10  </body>
11  </html>
```

14.3.2 head 태그 완성하기

To Do **01** head에 title을 지정하고 CSS 파일을 연결합니다. HTML 파일을 다음과 같이 수정합니다.

```
<!DOCTYPE html>
<html lang="ko">
  <head>
    <meta charset="UTF-8" />
    <meta name="viewport" content="width=device-width, initial-scale=1.0" />
    <title>css practice1</title> <!--❶-->
    <link href="style.css" rel="stylesheet" type="text/css" /> <!--❷-->
  </head>
  <body>
  </body>
</html>
```

❶ title 태그에 제목을 지정합니다. ❷ CSS 파일을 연결합니다.

02 파일을 저장합니다.

14.3.3 HTML 작성하기

저는 코드를 작성하기 전에 먼저 구조를 생각합니다. 그림을 그리기 전에 스케치를 하듯이요. 우선 그림이 화면 정중앙에 위치하도록 해야 하니 전체 박스를 감싸는 태그가 필요해보입니다. 요소를 3등분해서 코드 구조를 만들겠습니다. header, main, footer로 태그를 정하고 main 태그의 자식으로 nav, article 태그를 지정하겠습니다.

모든 태그를 div로 만들고 클래스 이름을 줘도 되지만 이 그림은 HTML 레이아웃을 본 떠 만든 거예요. 따라서 header, footer 등 각 태그가 의미하는 바를 생각하며 작성해주시면 좋겠습니다 (5장).

01 HTML 파일에 부모 박스와 자식 박스를 다음과 같이 작성하고, 파일을 저장합니다.

```
<body>
    <div class="container"> <!--❶-->
        <header></header> <!--❷-->
        <main>
            <nav></nav>
            <article></article>            <!--❸-->
        </main>
        <footer></footer> <!--❹-->
    </div>
</body>
```

❶ 전체를 감싸는 div 태그, ❷ header 태그, ❸ main 태그, ❹ footer 태그를 작성합니다.

> **클래스 이름을 container로 짓는 이유**
>
> contain이 '담다'라는 의미를 가지고 있습니다. 따라서 박스를 담는 공간이라 생각하여 container라고 지었습니다. 각자 이해하기 쉬운 이름으로 선언해도 되지만 통상적으로 쓰이는 이름을 사용하면 다른 개발자가 내 코드를 쉽게 이해할 수 있습니다.

STEP 2 14.4 스타일링

HTML로 레이아웃을 만들었으니, CSS로 스타일을 지정해줄 차례입니다. 다음과 같은 순서로 스타일링하겠습니다.

1 스타일 지정하기

2 main 태그 위치 잡기

3 간격 조정하기

14.4.1 스타일 지정하기

일단 아무것도 보이지 않으니 각 태그에 너비, 높이, 배경색 등의 스타일을 지정하여 사각형을 만들어주겠습니다.

To Do **01** style.css 파일에서 각 태그의 ❶ 너비, ❷ 높이, ❸ 배경색, ❹ 테두리 속성을 지정합니다.

```css
header {
  width: 310px; /* ❶ */
  height: 50px; /* ❷ */
  background-color: #581845; /* ❸ */
  border-radius: 10px; /* ❹ */
}
nav {
  width: 100px;
  height: 200px;
  background-color: #c70039;
  border-radius: 10px;
}
article {
  width: 200px;
  height: 200px;
  background-color: #ffc300;
  border-radius: 10px;
}
footer {
  width: 310px;
  height: 50px;
  background-color: #900c3f;
  border-radius: 10px;
}
```

02 파일을 저장하고 실행합니다.

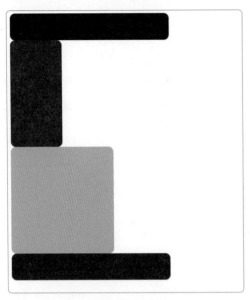

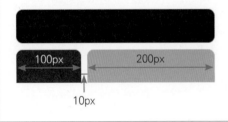

header 태그와 footer 태그의 너비가 310px인 이유

최종 결과물을 보면 각 태그마다 간격이 존재합니다. 저는 이 간격을 10px로 생각했기 때문에 nav 태그와 article 태그 사이가 10px이면 전체 너비는 310px이 됩니다.

14.4.2 main 태그 위치 정하기

우선 main 태그에 있는 nav와 article 태그가 한 줄에 오도록 만들겠습니다. 어떻게 하면 될까요? 바로 main 태그의 display 속성을 block에서 flex로 바꿔주면 됩니다. main 태그의 display는 block이 기본값입니다. 이 display 속성을 inline이 아닌 flex로 지정하는 이유는 flex가 가진 정렬 속성을 이용할 것이기 때문입니다(9장).

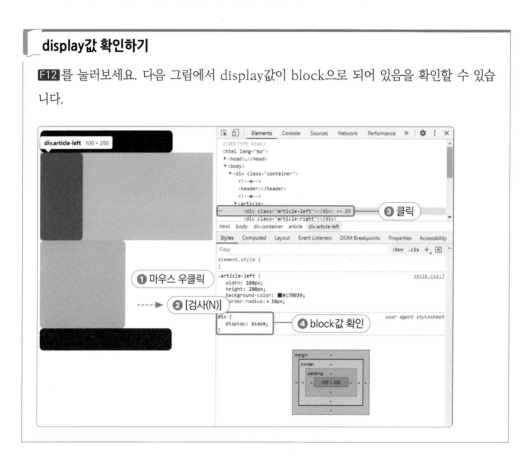

display값 확인하기

F12를 눌러보세요. 다음 그림에서 display값이 block으로 되어 있음을 확인할 수 있습니다.

To Do **01** style.css 파일에 main 태그 display 속성을 flex로 지정합니다.

```css
main {
  display: flex;
}
```

02 파일을 저장하고 실행합니다.

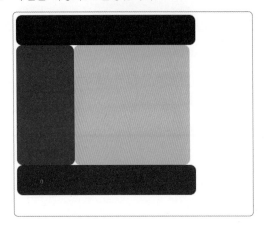

14.4.3 박스 간격 조정하기

지금은 박스 사이의 간격이 너무 없죠? margin을 사용하면 박스 사이의 간격을 줄 수 있습니다(9장). 위, 아래 등 특정 위치에만 간격을 지정할 것이기 때문에 margin-right, margin-bottom 등으로 속성을 지정합니다.

To Do **01** style.css 파일에서 간격이 필요한 부분에 margin값을 지정합니다.

```css
header {
  width: 310px;
  height: 50px;
  background-color: #581845;
  border-radius: 10px;
  margin-bottom: 10px; <!--❶-->
}
main {
  display: flex;
}
nav {
  width: 100px;
  height: 200px;
  background-color: #c70039;
  border-radius: 10px;
```

```
  margin-right: 10px; <!--❷-->
}
article {
  width: 200px;
  height: 200px;
  background-color: #ffc300;
  border-radius: 10px;
}
footer {
  width: 310px;
  height: 50px;
  background-color: #900c3f;
  border-radius: 10px;
  margin-top: 10px; <!--❸-->
}
```

❶ header 태그 아래에 간격을 10px로 지정합니다. ❷ nav 태그에 오른쪽 간격을 10px로
지정합니다. ❸ footer 태그에 위 간격을 10px로 지정합니다.

02 파일을 저장하고 실행해주세요.

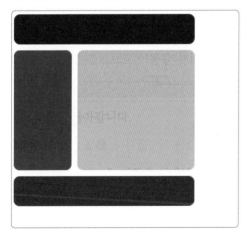

14.5 화면 중앙으로 위치시키기

드디어 마지막 단계입니다. 만든 레이아웃 박스 전체를 페이지 가운데로 위치시켜보겠습니다.

1 body 태그에 flex 속성 적용하기

2 height값 지정하기

14.5.1 body 태그에 flex 속성 적용하기

방법은 main 태그에 적용했던 원리와 비슷합니다. 요소의 위치를 가운데로 적용하려면 display 속성을 flex로 지정한 후, justify-content와 align-items의 속성값을 center로 지정하면 됩니다.

여기서 주의해야 할 점은 display: flex, justify-content, align-items는 적용 대상의 부모에 사용해야 한다는 겁니다. 이것이 우리가 main이라는 부모 태그를 만들어준 이유이자 container 라는 부모 div 태그를 만들어준 이유입니다.

To Do **01** body 태그에 flex 속성을 적용합니다.

```
body {
  display: flex; <!--❶-->
  justify-content: center; <!--❷-->
  align-items: center; <!--❸-->
}
```

❶ display값을 지정합니다. ❷ justify-content값을 지정합니다. ❸ align-items값을 지정합니다.

02 파일을 저장하고 실행합니다.

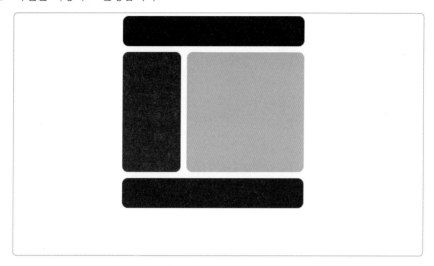

14.5.2 height값 지정하기

여기서 한 가지 의문점이 생길 거예요. 분명 교차축(여기선 세로)을 기준으로 가운데에 위치시키는 align-items를 center로 맞춰주었는데 박스들은 하나같이 위에 붙어서 움직일 생각을 하지 않습니다.

그 이유는 html과 body의 높이가 정해지지 않아서 그래요. 컴퓨터는 우리가 만든 페이지의 높이가 얼마인지 모르기 때문에, 가장 큰 요소의 길이만큼 높이를 설정합니다. 정말 그런지 확인해봅시다(9.3.3절에서 다룬 'html과 body에 height값을 100%로 주어야 합니다!' 참조).

❶ 오른쪽 마우스 클릭 → ❷ [검사(N)]를 눌러 페이지를 검사할 수 있습니다.

▼ html 태그의 영역

▼ body 태그의 영역

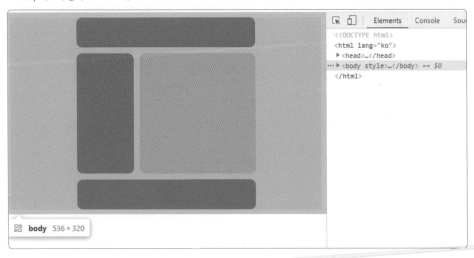

파란색으로 칠해진 부분이 html과 body가 각각 가지고 있는 영역입니다. 이렇게 세로 영역은 우리가 보는 페이지를 꽉 채우지 않고 가장 큰 요소의 크기만큼 지정되어 있습니다. 그러니까 우리가 높이를 지정해줘야 해요. 높이 지정에는 height 속성을 사용합니다. height값을 100%로 지정해주겠습니다. 이는 부모의 높이를 기준으로 자식의 높이를 100%로 지정하겠다는 뜻입니다.

01 style.css 파일에 html과 body의 높이를 지정합니다.

```
html,
body {
  height: 100%;
}
```

02 파일을 저장하고 실행합니다.

Tip html과 body 태그에 같은 스타일값을 지정할 때는 쉼표 ,를 이용해서 구분해줄 수 있어요. 쉼표를 사용하여 구분하면 태그마다 스타일을 써주지 않아도 되기 때문에 편리합니다.

height와 100%의 관계

브라우저 창의 높이를 설정할 때 pixels, (r)em, percentages를 이용한다면 이들은 상대 단위이기 때문에 높이가 상위 요소(부모)의 높이에 따라 달라집니다. 따라서 상위 요소(부모)의 height값이 지정되어야 비로소 align-times: center가 적용됩니다. 즉 container의 부모인 body와, body의 부모인 html이 모두 height값을 100%로 가져야 한다는 뜻입니다. 참고로 height값을 지정하지 않으면 기본적으로 auto의 성질을 갖게 됩니다.

Google CSS height property

학습 마무리

함께 따라와주신 여러분 정말 수고하셨습니다. 문제를 구현하면서 어떤 태그와 코드를 쓰는지 이유를 파악하셨길 바랍니다. 보고 작성하신 분들은 나중에 보지 않고 작성해보시기 바랍니다. 지금은 이해가 되는 듯하지만 나중에 빈 코드창에 다시 써보려 하면 잘 안 써지거든요. 몇 번 반복해서 연습하다 보면 감이 올 겁니다.

핵심 요약

1 display, justify-content, align-items는 정렬하고 싶은 대상의 부모에게 사용합니다.

2 align-items 등 세로 길이가 필요할 때는 html과 body의 높이가 정해졌는지 확인합니다.

Project 햄버거 만들기

▼ (기본 화면) 　　　　　　　　　　　　　▼ (클릭 시)

난이도	★★★☆
이름	햄버거 전환 만들기
예제 위치	chapter15/
바로보기	https://lorraine98.github.io/musthaveHTML-CSS/chapter15/
미션	그림과 같은 페이지를 구현하라.
설명	• 기본 화면 – 타이틀과 햄버거가 나타납니다. • 클릭 시 – 햄버거와 X 아이콘이 클릭할 때마다 번갈아 나타납니다.
이용할 속성	transition, before, after

15.1 사전 지식

전환을 활용하는 문제입니다. 전환은 요소 형태를 변경하는 데 사용합니다(12장). 문제를 보면서 '이게 왜 햄버거야?'라고 하실 분들을 위해 말씀드리자면, 햄버거처럼 층층이 있다고 해서 햄버거라고 부릅니다. 주로 앱의 카테고리를 여닫는 용도로 쓰입니다. 그럼 햄버거를 맛있게 만들어보겠습니다.

햄버거를 만드는 데 아직 배우지 않은 사용자 지정 속성과, before와 after 속성을 사용합니다. 이들을 먼저 배우고 햄버거를 만들어봅시다.

15.1.1 사용자 지정 속성으로 색 정하기

CSS에서 색깔을 지정할 때 매번 #ffffff처럼 컬러 코드를 지정해주어야 할까요? 정답은 NO입니다! 우리는 하얀색이라고 말하지 #ffffff(하얀색 컬러 코드)라고 말하지 않는 것처럼 코드에도 컬러 코드 대신에 컬러 이름을 적어줄 수 있습니다. 직접 이름을 정해서 말이죠. 이를 사용자 지정 속성이라고 합니다. 말 그대로 사용자가 지정하는 속성이라는 뜻이죠.

사용자 지정 속성은 색상뿐 아니라, CSS 모든 속성을 지정할 수 있습니다. 색상을 지정할 때만 사용하는 거라고 오해하지 마세요!

사용자 지정 속성은 :element {사용자 지정 속성 이름}으로 선언하고 이 선언된 속성은 var( ) 함수를 사용하여 나타냅니다. 사용자 지정 속성을 HTML 전체에 적용하고 싶을 땐 :element에 :root를 사용합니다.

```
:element {
    --main-bg-color: brown;
}
```

　　　　사용자 지정 속성 이름　　속성값

잠깐! 함수라니? 함수는 처음이군요! 함수란 입력값이 주어졌을 때 특정 결과값을 돌려주는 특수한 코드를 말합니다(때로는 입력값이 없기도 합니다). var( ) 함수에서 var은 variable(변수)의 약자로 변하는 수를 말합니다. 즉 사용자 지정 속성은 우리가 지정하는 대로 변하기 때문에 변수라고 할 수 있습니다. 변수를 지칭하는 var와, 괄호 ( ) 안에 사용자 지정 속성 이름을 넣으면 우리가 지정한 속성을 사용할 수 있습니다.

```
var(사용자 지정 속성);  ◀—— 속성값 반환
```

자 우리는 사용자 지정 속성을 만드는 방법, 그리고 그 사용자 지정 속성을 특정 태그에 어떻게 지정하는지 배웠습니다. 바로 앞에서 --main-bg-color라는 사용자 지정 속성의 값으로 brown을 지정했죠. 그럼 var(--main-bg-color)라고 작성했을 때 var( ) 함수는 brown을 반환해줍니다. 즉 var( )는 사용자 지정 속성을 입력하면 해당 속성값을 반환하는 함수입니다.

예제로 사용자 지정 색을 선언하는 방법을 알아보겠습니다.

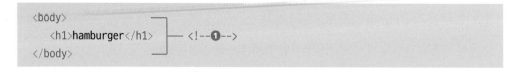

▼ 실행 결과

hamburger

❶ body 태그에 h 태그를 생성합니다.

이번에는 h1에 사용자 지정 속성으로 색상을 지정해보겠습니다.

```
<style>
  :root {
    --title-color: red;      /* ❶ */
  }
  h1 {
    color: var(--title-color);    /* ❷ */
  }
</style>
<body>
  <h1>hamburger</h1>
</body>
```

▼ 실행 결과

hamburger

❶ style 태그에 사용자 지정 속성을 사용하여 지정하고 싶은 색깔을 선언합니다. ❷ 지정한 색깔을 h1 태그에 var()를 이용하여 선언합니다.

요소 하나를 가지고 예를 들었기 때문에 뭐가 좋은지 체감되지 않을 겁니다. 그렇다면 h 태그를 비롯해 다른 태그가 수천 개라고 가정해봅시다. 모든 태그에 사용자 지정 속성을 사용했다면 root에 선언한 색깔만 변경해도 모든 색깔이 변경됩니다. 이 부분은 최종 프로젝트에도 사용되는 개념이니 잘 기억해둡시다.

15.1.2 before, after

11장에서 가상 선택자를 배웠습니다. 이번 장에서는 새로운 가상 선택자를 다룹니다. 바로 before와 after입니다. before와 after는 요소 바로 앞뒤에 생성되는 자식 요소를 의미합니다. 여기서 중요한 점은 자식 요소지만 실제 자식이라기보단 가상의 무언가를 만드는 거예요.

after, before 가상 선택자를 사용할 때는 반드시 content를 써야 합니다. content로 텍스트를 지정해주면 지정된 텍스트나 이미지가 표시됩니다. content를 적지 않으면 가상 선택자가 제대로 보이지 않으니 꼭 넣어주세요! 다음 표는 content를 사용할 때 쓰이는 대표적인 속성입니다.

▼ content에 쓰는 대표적인 속성

속성	기능
none	아무것도 표시하지 않는 기본값
string	문자열 생성
image	이미지를 불러옴

string 속성 사용해보기

예제로 텍스트라는 string을 사용해 리스트를 만들어보겠습니다.

```
<style>
  .new-sign::after { ─┐
  content: " New!";  │
  color: red;        ├── /* ❶ */
  }                 ─┘
</style>
<body>
  <ol>                            ─┐
    <li>coffee</li>                │
    <li class="new-sign">sandwich</li>  ├── <!--❷-->
    <li>fruit</li>                 │
    <li class="new-sign">tea</li>  │
  </ol>                           ─┘
</body>
```

▼ 실행 결과

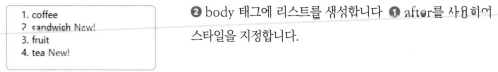

```
1. coffee
2. sandwich New!
3. fruit
4. tea New!
```

❷ body 태그에 리스트를 생성합니다 ❶ after를 사용하여 스타일을 지정합니다.

HTML에 New라는 텍스트를 입력하지 않았지만, New라는 텍스트가 보입니다. 가상 선택자인 after로 지정한 클래스에만 생긴 겁니다.

none 속성 사용해보기

크기와 배경색 속성을 사용한 예제를 만들어보겠습니다.

```
<style>
  .box {
    width: 400px;
    height: 100px;         /* ❶ */
    background-color: blueviolet;
    position: relative;
  }
  .box::after {
    content: "";
    width: 400px;
    height: 100px;         /* ❷ */
    background-color: brown;
    top: 110px;            /* ❸ */
    position: absolute;
  }
</style>
<body>
  <div class="box"></div> <!--❹-->
</body>
```

▼ 실행 결과

❹ body 태그에 div 태그를 생성합니다. ❶ div 태그를 스타일링합니다. ❷ after를 사용하여 스타일을 지정합니다. ❸ div 태그와 복사한 after 가상 선택자 사이의 위치를 정의합니다.

여기서 주의할 점 2가지가 있습니다. 첫 번째는 top을 지정해주지 않으면 가상 선택자(보라색 박스)가 보이지 않습니다. 왜냐하면 보라색 박스와 빨간색 박스가 겹쳐있기 때문이에요. 아래 그림을 보시면 더 이해가 쉬울 거예요. 추가로 그림에서 content, after, before, element 순서로 배치되어 있습니다. 반면 앞의 실행 결과에서는 content가 제일 앞이고 element(보라색 박스)가 가장 뒤입니다. element가 무조건 중간에 있는 게 아니라는 점을 주의해주세요.

▼ content, after, before, element 순서

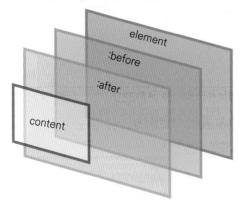

두 번째는 content에 빈 값인 ""를 써주었다는 점입니다. div처럼 기능이 없는 빈 공백을 복사할 때는 content에 ""만 써주면 됩니다.

이처럼 가상 요소에도 스타일링을 할 수 있고 top, left, right, bottom으로 위치도 변경할 수 있습니다.

15.1.3 체크박스 가상 선택자

체크박스(〈input type="checkbox"〉)에 스타일을 지정할 수 있는 가상 선택자가 있습니다. 바로 CSS에서 :checked를 사용하면 '체크박스가 실행될 때 {}에 있는 스타일을 실행한다'라는 의미를 가집니다. 예제로 알아볼게요.

```
<style>
  input:checked {
    box-shadow: 0 0 0 3px hotpink; /* x축, y축, 흐림 정도, 퍼짐 정도, 색상 */
}
</style>
```

```
<div>
  <input type="checkbox">
</div>
```

▼ 실행 결과

미체크   체크

이렇게 checkbox를 사용한 input 태그에 :checked를 사용하면 '체크할 때' 일어나는 스타일을 지정할 수 있습니다.

15.2 힌트

힌트를 보기 전에 충분히 고민해보시는 걸 추천드려요! 그래도 어렵다면 힌트는 1단계부터 3단계까지 있으니 단계별로 보시고 고민해봅시다! 이번 연습문제는 11장에서 나온 개념을 토대로 제작했습니다. 혹시 내용이 너무 어렵다면 11장을 읽고 오시는 것도 좋을 것 같습니다.

1 타이틀과 햄버거를 나누어 HTML을 작성합니다.
2 input 태그로 체크박스를 만들어 체크할 때마다 햄버거와 X 표시가 번갈아 나타나게 합니다.
3 before와 after를 이용합니다.

그림으로도 힌트를 볼까요?

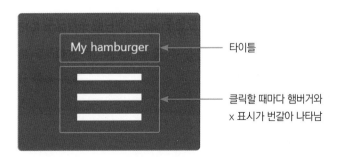

타이틀

클릭할 때마다 햄버거와
x 표시가 번갈아 나타남

15.3 풀이 보기

이번 문제는 CSS로 간단하면서 멋진 효과를 낼 수 있기 때문에 애니메이션에 익숙해지길 바라는 마음에서 만들었습니다. 아직 못 푸신 분들은 전혀 걱정하실 필요 없어요! 애니메이션 이론을 배우고 처음으로 코딩에 도전하는 거니까 같이 풀고 그 과정을 이해하셔도 충분히 괜찮습니다. 그럼 전체 코드부터 볼까요?

예제 15-1 햄버거 전환 만들기

```html
                                                    chapter15/index.html
<!DOCTYPE html>
<html>
  <head>
    <title>hamburger practice</title>
    <link rel="stylesheet" href="./style.css" />
  </head>
  <body>
    <span class="hamburger-title">My hamburger</span>
    <label>
      <div class="hamburger-container">
        <input class="toggle" type="checkbox" />
        <div class="hamburger"></div>
      </div>
    </label>
  </body>
</html>
```

```css
                                                    chapter15/style.css
/*색깔 저장*/
:root {
  --body-bg: crimson;
  --hamburger-bg: crimson;
}
html,
body {
  height: 100%;
}
body {
  background: var(--body-bg);
  display: flex;
  flex-direction: column;
```

```css
  justify-content: center;
  align-items: center;
}
.hamburger-title {
  color: white;
  font-size: 18px;
  padding-bottom: 10px;
}
/*햄버거 전체 크기 지정*/
.hamburger-container {
  display: inline-block;
  position: relative;
  width: 100px;
  height: 100px;
  background: var(--hamburger-bg);
}
/*햄버거와 가상 선택자 크기 지정*/
.hamburger,
.hamburger::before,
.hamburger::after {
  position: absolute;
  width: 100%;
  height: 10px;
  transition: 0.5s;
  background: white;
}
.hamburger::before,
.hamburger::after {
  content: "";
}
/*햄버거와 가상 선택자 위치 지정*/
.hamburger {
  top: 50%;
}
.hamburger::before {
  top: -30px;
}
.hamburger::after {
  top: 30px;
```

```
}
/*형태 변형*/
.toggle:checked ~ .hamburger::after {
  top: 0;
  transform: rotate(225deg);
}
.toggle:checked ~ .hamburger::before {
  top: 0;
  transform: rotate(135deg);
}
.toggle:checked ~ .hamburger {
  background: var(--hamburger-bg);
}
.toggle {
  opacity: 0;
}
```

STEP 1 15.4 HTML 레이아웃 구성하기

VSCode가 제공하는 HTML 형식 자동 완성 기능을 활용해서 index.html 파일을 만듭시다.

To Do **01** index.html 파일 첫 줄에 느낌표를 칩니다.

02 Tab 을 이용해 누르거나 ↕ 버튼을 눌러 이동 후 enter 를 쳐서 첫 번째 항목을 선택해줍니다.

03 자동 생성된 HTML 파일을 수정합니다.

```
<!DOCTYPE html>
<html lang="ko"> <!--❶-->
  <head>
    <meta charset="UTF-8" />
    <meta name="viewport" content="width=device-width, initial-scale=1.0" />
    <title>hamburger practice</title>  <!--❷-->
```

```
    <link href="style.css" rel="stylesheet" type="text/css" /> <!--❸-->
  </head>
  <body>
  </body>
</html>
```

❶ en 대신 ko를 입력해 언어를 한글로 바꿔줍니다. ❷ title 태그에 제목을 입력합니다.
❸ CSS 파일을 연결합니다.

04 파일을 저장합니다.

15.4.1 타이틀과 햄버거 HTML 만들기

HTML에 타이틀, 햄버거를 감싸줄 컨테이너, 컨테이너 안에 들어가는 input 태그, 햄버거를 만
들 div 태그를 만듭니다.

To Do 01 HTML 파일에서 body 태그를 다음과 같이 작성합니다.

```
<body>
  <label> <!--❶-->
    <span class="hamburger-title">My hamburger</span> <!--❷-->
    <div class="hamburger-container">
      <input class="toggle" type="checkbox" />
      <div class="hamburger"></div>                  <!--❸-->
    </div>
  </label>
</body>
```

▼ 실행 결과

My hamburger

❷ span 태그로 타이틀을 제작합니다. ❸ 햄버거 컨테이너
에 input 태그와 div 태그를 제작합니다. ❶ 제작한 타이틀
과 컨테이너를 label 태그로 감싸줍니다.

Tip 그런데 toggle이 뭘까요? 토글이란 하나의 설정값으로부터 다른 값으로 전환하는 것을 말합니다. 스위치 같이 오
직 두 가지 상태밖에 없는 상황에서 다른 값으로 전환할 때 자주 사용하는 용어입니다. 많이 쓰이니까 기억해주시면 좋겠
습니다.

> **왜 label 태그로 감싸는 걸까?**
>
> input 태그와 결합하면 이점이 있기 때문에 사용했어요. 바로 클릭할 수 있는 영역을 확장해주기 때문입니다. 체크박스는 꽹장히 작은 사각형이지만 label로 감싸면 요소가 갖고 있는 형태만큼 누를 수 있는 영역이 확장되어 사용자가 클릭하기 편해집니다.
>
> ▼ label로 감싸지 않았을 때 체크박스 영역　　　▼ label로 감쌌을 때 체크박스 영역
>
>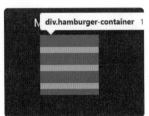
>
> 추가로 label 태그는 시각 장애인이 컴퓨터를 읽을 때 사용하는 스크린리더에서 사용자가 입력해야 하는 텍스트를 음성으로 지원합니다. 체크박스는 체크 시 '선택', '해제' 음성을 지원합니다.

STEP 2 15.5 햄버거 스타일링

이제부터 style.css 파일을 작성하겠습니다. 다음과 같은 순서로 스타일링해줄 거예요.

1 햄버거 형태 잡기
2 햄버거 형태 변형
3 전체 스타일링

15.5.1 햄버거 형태 잡기

햄버거 형태를 잡는 데 사전 지식에서 배운 before, after를 써줄 거예요. before, after가 대상을 가상 선택자로 복사한다고 생각하시면 편해요. 복사를 하려면 복사할 대상이 있어야 하겠죠? 그런 의미에서 복사의 대상이 될 직사각형을 만들어주겠습니다. 또한 햄버거 컨테이너에 배경색을 임시로 지정하여 형태를 확인해보겠습니다.

To Do **01** 배경색을 자유롭게 바꿀 수 있도록 사용자 지정 속성을 이용해 지정해주겠습니다.

```css
                                                        style.css
:root {
  --hamburger-bg: black;  ⌐── /* ❶ */
}

.hamburger-container {
  width: 100px;  ⌐
  height: 100px; ⌐── /* ❷ */
  background: var(--hamburger-bg); /* ❶ */
}
.hamburger {
  width: 100%; /* 햄버거 컨테이너를 기준으로 넓이 100% */ ⌐
  height: 10px;                                         ├── /* ❸ */
  background: white;                                    ⌐
}
.hamburger::before,
.hamburger::after {
  content: "";
}
```

▼ 실행 결과

❶ 사용자 지정 속성을 사용해 임시로 사용할 배경색을 지정합니다. ❷ 햄버거 컨테이너 형태를 지정합니다. ❸ 햄버거 형태를 지정합니다.

02 before와 after의 형태를 잡아주겠습니다.

```css
                                                        style.css
.hamburger-container {
  display: inline-block;
  position: relative;  /* ❶ */
  width: 100px;
  height: 100px;
  background: var(--hamburger-bg);
}
.hamburger,
.hamburger::before, ⌐── /* ❷ */
.hamburger::after { ⌐
```

```css
  position: absolute; /* ❶ */
  width: 100%;
  height: 10px;           ──── /* ❷ */
  background: white;
}

.hamburger::before,
.hamburger::after {
  content: "";
}

.hamburger {
  top: 50%;
}
.hamburger::before {
  top: -30px;              ── <!--❸-->
}
.hamburger::after {
  top: 30px;
}
```

▼ 실행 결과

❶ position값을 설정하여 움직일 기준을 지정합니다. ❷ 가상 선택자의 형태를 지정합니다. ❸ 복사 대상(햄버거)과 복사된 요소(가상 선택자)의 위치를 이동해 세 줄 형태로 만들어줍니다.

가상 선택자가 어디를 기준으로 가상 요소를 만들지 지정해주어야 합니다. 예를 들어 데칼코마니를 생각해봅시다. 종이를 반으로 접어 왼쪽에 그림을 그리고 합치면 오른쪽에 복사가 됩니다. 이는 왼쪽을 기준으로 오른쪽에 요소를 만든 거예요. 이처럼 가상 선택자도 가상 요소를 만들 기준을 만들어야 합니다.

햄버거 컨테이너를 지정한 이유가 여기서 등장합니다. 햄버거 컨테이너의 position값을 relative로 지정하고, 햄버거를 포함한 가상 선택자의 position값을 absolute로 지정하면, absolute의 성질에 따라 부모 relative를 기준으로 움직입니다(10장). 이후 top 속성을 사용하여 햄버거를 기준으로 가상 선택자의 위치를 지정하였습니다.

> ### 햄버거 컨테이너에 inline-block을 사용한 이유
>
> 햄버거 컨테이너를 검사해보면 다음과 같이 나옵니다.
>
>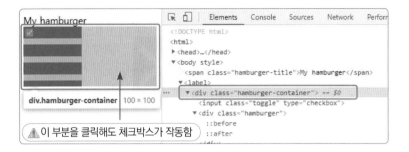
>
> 이 경우 주황색 부분을 클릭하면 체크박스가 클릭됩니다. display가 block이기 때문이에요. 그래서 이를 inline-block으로 바꿔주어 주황색 부분을 없애줍니다. inline-block은 inline의 성질을 갖되, 높이와 너비를 지정해줄 수 있다는 장점이 있습니다. 체크박스는 클릭 시 형태를 변형시키는 핵심 키이기 때문에 범위를 정확하게 정해주는 것이 중요합니다.

15.5.2 햄버거 형태 변형

이제 세 줄짜리 햄버거를 X 표시로 변형하는 작업을 해보겠습니다. label로 감싸진 체크박스를 눌렀을 때 transition을 이용해 회전해주면 될 것 같네요.

`To Do` **01** 체크박스를 이용해 클릭 시 햄버거 모양에서 X 모양으로 변경하게 만들어주겠습니다.

```css
.toggle:checked ~ .hamburger::after {
  top: 0; /*부모인 햄버거를 기준으로 상단 배치*/     /* ❶ */
  transform: rotate(225deg);
}
.toggle:checked ~ .hamburger::before {
  top: 0;                                            /* ❷ */
  transform: rotate(135deg);
}
.toggle:checked ~ .hamburger {
  background: var(--hamburger-bg);                   /* ❸ */
}
```

style.css

```
.toggle {
  opacity: 0;  ┐── /* ❹ */
}              ┘
```

▼ 실행 결과

기본 화면

클릭 시

❶ 체크했을 때 after 가상 선택자를 225도로 회전시킵니다. ❷ 체크했을 때 before 가상 선택자를 135도 회전시킵니다. ❸ 체크했을 때 햄버거 배경색을 컨테이너 배경색과 일치시킵니다. ❹ 체크박스를 투명하게 합니다.

일반 형제 결합자 ~는 처음이라 코드 해석이 어려울 겁니다. ~는 두 선택자 사이에 위치하며, 이 둘을 연결합니다(이렇게 일반 형제 결합자로 결합한 선택자가 바로 7.5.4절 '복합 선택자'에서 이야기한 '일반 형제 선택자'입니다). 따라서 .toggle ~ .hamburger는 toggle 클래스 태그의 hamburger 클래스 태그를 지정할 때 사용합니다. 이때 형제 결합자를 사용하려면 이 둘의 부모가 같고, 다음에 위치한 선택자가 HTML 코드에서 앞에 나온 선택자보다 하단에 위치할 때 가능합니다. 다만 두 요소가 서로 붙어있을 필요는 없습니다. 태그의 뜻을 그림으로 낱낱이 파헤쳐봅시다.

❶ 체크된 toggle 클래스 태그   ❷ hamburger 클래스 태그

```
.toggle:checked ~ .hamburger {
  background: var(--hamburger-bg);
}
```

❸ 배경색을 --hamburger-bg로 선언

❶ toggle 클래스 태그가 체크되었을 때 ❷ hamburger 클래스 태그에 ❸ 배경색을 --hamburger-bg로 선언하라는 코드군요!

02 변형이 갑작스럽게 일어나네요. transition을 주어 움직임을 부드럽게 만들어봅시다.

```css
.hamburger,
.hamburger::before,
.hamburger::after {
  position: absolute;
  width: 100%;
  height: 10px;
  transition: 0.5s; /* ❶ */
  background: white;
}
```

style.css

❶ 변화가 0.5초 동안 일어납니다.

15.5.3 전체 스타일링

배경을 원하는 색깔로 지정하고 전체 위치를 가운데로 잡아볼 시간입니다. 여기서 신경써야 할 점은 전체 배경색과 사용자 지정 속성으로 선언한 색이 일치해야 한다는 점입니다.

체크박스를 선택했을 때, 햄버거가 X로 변하는 것처럼 보인 이유는 가운데 햄버거 줄이 컨테이너 배경색과 같기 때문입니다. 따라서 전체 배경색을 빨간색으로 지정했을 때, 햄버거 가운데 줄도 빨간색으로 지정해주어야 합니다. 그래야 가운데 줄이 사라지는 것 같은 효과를 냅니다. 추가로 햄버거 존재를 확인하고 싶을 때는 사용자 지정 속성으로 정했던 --hamburger-bg 색상을 바꿔보면 됩니다. 이게 사용자 지정 속성의 매력이지요.

To Do **01** 배경색을 지정하고 전체 요소를 가운데로 위치시킵니다.

```css
:root {
  --body-bg: crimson; /* ❶ */
  --hamburger-bg: crimson;
}
html,
body {           /* ❷ */
  height: 100%;
}
body {
  background: var(--body-bg); /* ❶ */
```

style.css

```
    display: flex;
    flex-direction: column;
    justify-content: center;          /* ❹ */
    align-items: center;
}
.hamburger-title {
    color: white;
    font-size: 18px;                  /* ❸ */
    padding-bottom: 10px;
}
```

❶ body 태그에 사용자 지정 속성으로 배경색을 지정합니다. ❷ html과 body 태그에 높이를 지정합니다. ❸ 타이틀을 스타일링합니다. ❹ 타이틀과 햄버거의 위치를 가운데로 조정합니다.

02 모든 코드를 저장하고 실행해보세요. 클릭하면 이 두 화면이 번갈아 나타납니다.

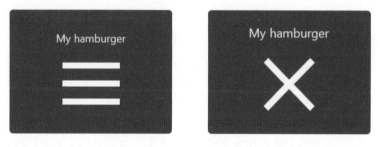

Tip 화면 전체에 스타일을 적용했을 때 아무것도 나타나지 않는 이유는 html과 body의 길이가 정해지지 않아서 그렇습니다. 따라서 html과 body 태그에 높이를 100%로 지정하면 스타일이 적용됩니다.

학습 마무리

여기까지 오시느라 수고하셨습니다. 햄버거를 제작하면서 도형을 멋지게 변형하는 방법에 감을 잡으셨을 거라고 생각합니다. 한 장 한 장 여러분이 따라오실 때마다 저도 엄청 뿌듯하네요. 이 기세를 담아 프로필 UI를 구성해보는 시간을 가질 거예요. 설레는 마음을 안고 내일 만나요!

핵심 요약

1 사용자 지정 속성은 사용자 지정 속성은 :element {사용자 지정 속성 이름}으로 선언하고 이 선언된 속성은 var( ) 함수를 사용하여 나타냅니다.

2 before와 after는 요소 앞뒤에 생성되는 자식 요소를 의미합니다.

3 content는 가상 선택자 before와 after에 필수로 들어가야 하는 속성입니다. 값으로 none, string, image가 올 수 있습니다.

4 토글이란 하나의 설정 값으로부터 다른 값으로 전환하는 것을 말합니다.

5 label 태그는 사용자 인터페이스 항목을 설명하는 데 사용합니다. input 태그와 결합 시 클릭 영역을 확장해준다는 이점이 있습니다.

6 inline-block은 inline의 성질을 갖되, 높이와 너비를 지정해줄 수 있다는 장점이 있습니다.

7 input 태그의 type을 checkbox로 지정한 태그에 :checked를 사용하면 '체크할 때' 일어나는 스타일을 지정할 수 있습니다.

8 일반 형제 결합자 ~는 두 선택자 사이에 위치하며, 앞과 뒤의 선택자를 연결합니다.

프로필 UI 구현하기

Project 프로필 UI 구현하기

난이도	★★★☆
이름	프로필 UI 만들기
예제 위치	chapter16/
바로보기	https://lorraine98.github.io/musthaveHTML-CSS/chapter16/
미션	그림과 같은 페이지를 구현하라.
설명	팔로우 버튼이 있는 자기소개 UI입니다. 프로필 사진과 follow 버튼은 마우스를 올렸을 때 크기가 커지게 만들어봅시다.
이용할 속성	margin, padding, position, hover

16.1 사전 지식

각종 태그, display, position, 가상 선택자 등 우리가 배웠던 걸 본격적으로 활용하는 문제입니다. UI를 뜯어보고 파트별로 코드를 작성해봅시다. 화면에 맞게 요소를 넣는 과정에서 새롭게 알아야 할 사전 지식이 있습니다. 사전 지식을 먼저 익힌 후에 본격적으로 도전합시다.

16.1.1 rem으로 크기 지정하기

rem은 글꼴의 크기를 지정하는 단위입니다. 그간 사용한 px는 '절대 단위'예요. 즉, 페이지 크기를 줄이든 키우든 같은 크기를 가집니다. 하지만 rem은 '상대 단위'예요. 상대 단위로 설정하면 크기가 해상도에 따라 유동적으로 변한다는 장점이 있습니다(html 요소의 기본값이 16px이기 때문에 기본 상태에서는 1rem=16px입니다. 하지만 html 요소의 크기를 바꾸면 이 값도 따라서 바뀝니다).

16.1.2 overflow 속성

overflow는 내용이 요소 크기를 벗어났을 때 어떻게 처리할지를 정하는 속성입니다. CSS는 기본값으로 visible이란 속성을 가져요. visible이란 '보인다'라는 뜻으로 상자 크기와 상관없이 요소를 보여줍니다. 하지만 값을 hidden으로 바꾸면 넘친 컨텐츠가 보이지 않게 됩니다. overflow의 속성은 다음과 같습니다.

Michaelmas term lately over, and the Lord Chancellor sitting in Lincoln's Inn Hall. Implacable November weather. As much mud in the streets as if the waters had but newly retired from the face of the earth.	overflow: visible;	기본값입니다. 요소를 자르지 않으며 안쪽 여백 상자 밖에도 그릴 수 있습니다.
Michaelmas term lately over, and the Lord Chancellor sitting in Lincoln's Inn Hall. Implacable November weather. As much mud in	overflow: hidden;	요소를 안쪽 여백 상자에 맞춰 잘라냅니다. 스크롤바를 포함해 스크롤 방법(드래그, 마우스 휠 등)도 지원하지 않습니다. 오로지 요소를 상자 안쪽으로 넣는 데 사용합니다.
Michaelmas term lately over, and the Lord Chancellor sitting in Lincoln's Inn Hall. Implacable November	overflow: scroll;	요소가 넘치면 스크롤바를 띄워줍니다.
Michaelmas term lately over, and the Lord Chancellor sitting in Lincoln's Inn Hall. Implacable November	overflow: auto;	요소가 안쪽 여백 상자에 들어간다면 visible 과 동일하게 보이나, 요소가 넘칠 때 스크롤바를 띄워줍니다.

여기서 프로필 UI를 만들 때 hidden을 사용할 예정입니다.

Google 'CSS overflow' 구글링

16.1.3 그외 새로 다루는 속성 소개

배경 이미지를 설정할 url을 알려주거나 테두리의 둥근 정도를 나타내는 등 이번 장에서 다루는 다양한 속성을 간단하게 알아봅시다.

- background-image: url("") : 따옴표 안에 이미지 주소를 지정하면 해당 이미지를 불러옵니다.
- border-radius : 요소의 테두리를 둥글게 만듭니다.

- max-width : 최대 너비를 지정합니다.
- text-align : 텍스트를 정렬합니다.
  - left : 왼쪽으로 정렬
  - right : 오른쪽으로 정렬
  - center : 중앙 정렬
  - justify : 양쪽 정렬

```
<style>
    text-align: center;
</style>
```

텍스트 정렬 속성   속성값

16.2 힌트

힌트를 보기 전에 충분히 고민해보시는 걸 추천드려요! 그래도 어렵다면 힌트는 1단계부터 3단계까지 있으니 단계별로 보시고 고민해봅시다.

1 HTML 구조를 4분할로 나눌 수 있을 것 같아요.
2 왜 5분할이 아니냐구요? 프로필 사진을 빼고 4분할이에요. 프로필 사진을 배너의 자식으로 설정해서 배너 하단 중간에 놓을 겁니다.
3 우선 배너와 프로필 사진을 먼저 넣고 형태나 크기를 정하는 게 좋겠어요. background-image: url("")를 사용하여 따옴표 안에 이미지 주소를 넣거나 로컬에 있는 이미지를 VSCode로 불러옵니다.

그림으로도 힌트를 볼까요?

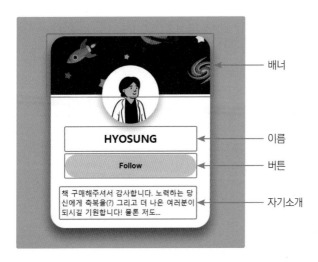

배너

이름

버튼

자기소개

16.3 풀이 보기

본격적으로 코딩하는 느낌이 나셨나요? 같이 푸는 것도 좋지만 어떻게 하면 만들 수 있을지 충분히 고민해보고 검색해보면 더욱 기억에 오래 남고, 여러분이 만들고 싶은 대로 변형할 수 있다는 점 잊지 마세요!

예제 16-1 프로필 UI 만들기

```
                                                            chapter16/index.html
<!DOCTYPE html>
<html lang="ko">
  <head>
    <meta charset="UTF-8" />
    <meta name="viewport" content="width=device-width, initial-scale=1.0" />
    <title>css practice3</title>
    <link href="style.css" rel="stylesheet" type="text/css" />
  </head>
  <body>
    <div class="card">
      <div class="banner">
        <div class="profile"></div>
      </div>
      <h2 class="name">HYOSUNG</h2>
      <div class="follow-btn">
        <button>Follow</button>
      </div>
      <div class="desc">
        책 구매해주셔서 감사합니다. 노력하는 당신에게 축복을(?)
        그리고 더 나은 여러분이 되시길 기원합니다! 물론 저도...
      </div>
    </div>
  </body>
</html>
```

```
                                                            chapter16/style.css
/* body의 스타일 태그입니다. 배경색과 정렬 등을 담당합니다. */
body {
  background-color: #ff9eaa;
  padding-top: 8rem;
  display: flex;
  justify-content: center;
```

```css
}
/* card의 스타일 태그입니다. 배경색과 정렬, 크기 등을 담당합니다. */
.card {
  background-color: #fff;
  max-width: 360px;
  display: flex;
  flex-direction: column;
  overflow: hidden;
  border-radius: 2rem;
  box-shadow: 0px 1rem 1.5rem rgba(0, 0, 0, 0.5);
}
/* banner의 스타일 태그입니다. 배너 이미지 및 정렬 등을 담당합니다. */
.banner {
  background-image: url("space-pattern.jpg");
  display: flex;
  justify-content: center;
}
/* profile의 스타일 태그입니다. 프로필 크기와 사진 등을 담당합니다. */
.profile {
  width: 8rem;
  height: 8rem;
  background-image: url("myprofile.jpg");
  background-size: 120px;
  border-radius: 50%;
  box-shadow: 0 0.5rem 1rem rgba(0, 0, 0, 0.3);
  /* 크기 변형 적용 */
  transform: translateY(50%);
  transition: transform 200ms cubic-bezier(0.18, 0.89, 0.32, 1.28);
}
/* profile의 크기 변형값 */
.profile:hover {
  transform: translateY(50%) scale(1.3);
}
/* name의 스타일 태그입니다. 글자 정렬과 간격을 담당합니다. */
.name {
  text-align: center;
  padding-top: 60px;
}
/* follow button의 스타일 태그입니다. 버튼의 정렬 및 간격을 담당합니다 */
```

```
.follow-btn {
  padding: 0 2rem;
  display: flex;
  flex-direction: column;
  justify-content: center;
}
/* follow button의 자식 스타일 태그입니다. 버튼 디자인을 담당합니다. */
.follow-btn button {
  font-size: medium;
  font-weight: bold;
  background-color: #ffd01a;
  border: none;
  padding: 1rem;
  outline: none;
  border-radius: 50px;
}
/* 버튼의 크기 변형값 */
.follow-btn button:hover {
  background-color: #efb10a;
  transform: scale(1.1);
}
/* description의 스타일 태그입니다. 자기소개 간격을 결정합니다. */
.desc {
  padding: 1.5rem;
}
```

STEP 1 16.4 배경과 HTML 구성하기

프로젝트에 사용할 파일을 만들고 배경과 HTML을 구성해보겠습니다.

1 배경 색칠하기

2 HTML 구상하기

16.4.1 배경 색칠하기

우선 배경이 먼저 보이니 배경부터 칠하겠습니다. 그리고 HTML 구조를 어떻게 작성하면 좋을지 생각해봅시다.

To Do **01** HTML 기본 구조를 만들고 ❶ style.css를 추가합니다.

```
                                                              index.html
<!DOCTYPE html><html lang="ko">
  <head>
    <meta charset="UTF-8" />
    <meta name="viewport" content="width=device-width, initial-scale=1.0" />
    <title>practice3</title>
    <link href="style.css" rel="stylesheet" type="text/css" /> <!--❶-->
  </head>
  <body>
```

02 style.css에서 body에 배경 색상을 지정합니다.

```
                                                                style.css
body {
    background-color: #ff9eaa;
}
```

03 두 문서 모두를 저장하고 나서 실행합니다.

16.4.2 HTML 구상하기

배너, 이름, 팔로우 버튼, 자기소개로 HTML을 구성하고 이 전체를 감싸는 부모 태그를 만들어주 겠습니다.

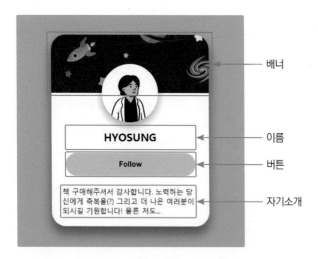

To Do 01 HTML에 각 태그와 class를 추가합니다.

```
                                                                index.html
<body>
  <div class="card">
    <div class="banner"></div> <!--❶-->
    <h2 class="name"></h2>      <!--❷-->
    <div class="follow-btn"></div>  <!--❸ btn은 button의 약자입니다-->
    <div class="desc"></div>    <!--❹ desc는 description의 약자입니다-->
  </div>
</body>
```

card라는 전체 클래스를 주고, 그 안에 ❶ 배너, ❷ 이름, ❸ 버튼, ❹ 설명을 나타내는 태그를 지 정해주었습니다.

16.5 배너와 프로필 사진 만들기

프로필 사진을 넣을 태그를 만들어주겠습니다. 여기서 포인트는 프로필을 배너의 자식으로 지정해준다는 점입니다. 주측을 기준으로 가운데에 위치시키는 display: flex와 justify-content: center를 사용하려면 부모, 자식관계가 성립해야하기 때문입니다. 그 후에 형태를 잡고 들어갈 사진까지 배치해주는 과정을 설명해드리겠습니다.

1 프로필 만들기
2 배너 만들기
3 카드 형태와 배너와 프로필 위치 정하기

16.5.1 프로필 만들기

To Do 01 index.html 파일에 배너의 자식, 프로필 태그를 만들어줍니다.

```
                                                               index.html
<div class="banner">
  <div class="profile"></div> <!--❶-->
</div>
```

❶ index.html에 profile이라는 클래스 이름을 가진 div 태그를 작성합니다.

02 배너와 프로필을 스타일링합니다.

```
                                                                style.css
.profile {
  width: 8rem; ┐
  height: 8rem; ┘── /* ❷ */
  background-image: url("myprofile.jpg"); /* 프로필 이미지 삽입*/
  background-size: 120px; /* 프로필 이미지 크기 조정 */
  border-radius: 50%; /* 프로필 도형을 원으로 만듦 */       /* ❶ */
  box-shadow: 0 0.5rem 1rem rgba(0, 0, 0, 0.3); /* 프로필 도형에 그림자 추가 */
}
```

❶ 사진을 삽입하고 스타일링합니다. ❷ profile에 높이, 너비를 지정합니다.

03 파일을 저장하고 실행합니다.

16.5.2 배너 만들기

프로필 사진 뒤에 배너에 이미지를 삽입하겠습니다. 프로필에 이미지를 삽입할 때와 같은 방법입니다. 다만 배너 크기를 지정하지 않았기 때문에 원하는 모습으로 보이지 않을 수 있습니다. 이는 나중에 높이, 너비 값을 주어 변경할 수 있으니 일단 이미지만 삽입해보겠습니다.

To Do **01** 배너에 이미지를 삽입합니다.

```css
                                                              style.css
.banner {
  background-image: url("space-pattern.jpg");
}
```

02 파일을 저장하고 실행합니다.

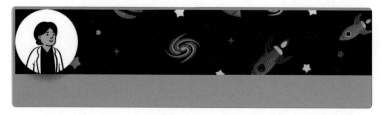

16.5.3 카드 형태와 배너와 프로필 위치 정하기

이 부분이 조금 복잡해보이죠? 우리가 해줘야 할 것에 집중해 풀어봅시다.

01 카드 형태를 잡아주고 배너와 프로필을 카드에 맞게 중앙으로 배치합니다.

```css
                                                                style.css
.card {
  background-color: #fff; /* 카드 배경색 지정 */
  max-width: 360px;    /* 카드 최대 너비 지정*/
  overflow: hidden;    /* 요소를 안쪽 여백 상자에 맞추기 위해 자름 */
  border-radius: 2rem; /* 카드 테두리를 둥글게 함 */
  box-shadow: 0px 1rem 1.5rem rgba(0, 0, 0, 0.5); /* 카드의 그림자 생성 */
}
                                                      /* ❶ */
.banner {
  background-image: url("space-pattern.jpg");
  display: flex; /* block 해제 */
  justify-content: center; /* 자식(프로필)을 중앙에 위치시킴  */     /* ❷ */
}
.profile {
  width: 8rem;
  height: 8rem;
  background-image: url("myprofile.jpg");
  background-size: 120px;
  border-radius: 50%;
  box-shadow: 0 0.5rem 1rem rgba(0, 0, 0, 0.3);
  transform: translateY(50%); /* ❸ Y축 기준으로 50% 내려옴 */
}
```

❶ 카드 형태를 지정합니다. max-width를 사용한 이유는 추후에 만들 설명 등의 요소에 따라 길이를 조절하기 위함입니다. 추가로 hidden으로 요소가 카드를 벗어나지 않게 했습니다. 그래서 테두리 스타일링이 보이는 거예요.

❷ 부모인 배너에 display값을 지정해 프로필을 중간에 놓습니다. ❸ 프로필을 배너 하단 경계면에 위치시킵니다.

02 파일을 저장하고 실행합니다.

> **px값을 어떻게 아나요?**
>
> 직접 픽셀을 조정하며 적절한 위치를 찾아주세요! 물론 간격에 대한 권장 기준은 있지만 지금은 정확한 px값보단 HTML 구조와 스타일링 방법에 집중하자구요!

STEP 3 16.6 텍스트와 버튼 만들기

이제 나머지 구성을 후다닥 만들어볼까요? 우선 HTML로 돌아가서 이름과 버튼, 그리고 자기소개 칸을 완성해준 다음 CSS로 해당 요소를 꾸며봅시다.

1 로딩바 모양 만들기

2 로딩바 위치 지정하기

3 로딩바 애니메이션 만들기

4 색깔 변경하기

16.6.1 HTML 태그 추가하기

우리는 현재 card, banner, profile, name, follow-btn, desc라는 클래스 이름을 가진 태그를 HTML에 만들었습니다.

To Do **01** name 태그 안에는 이름을 써줍니다. 그리고 follow-btn 태그를 자식으로 추가해주겠습니다. 마지막으로 desc 태그에는 자기소개 텍스트를 넣어주겠습니다.

```html
                                                              index.html
<body>
  <div class="card">
    <div class="banner">
      <div class="profile"></div>
    </div>
    <h2 class="name">HYOSUNG</h2> <!--❶-->
    <div class="follow-btn">
      <button>Follow</button> <!--❷-->
    </div>
```

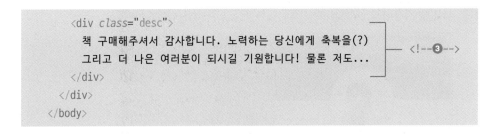

```
<div class="desc">
    책 구매해주셔서 감사합니다. 노력하는 당신에게 축복을(?)
    그리고 더 나은 여러분이 되시길 기원합니다! 물론 저도...    <!--③-->
</div>
    </div>
</body>
```

① 이름을 작성합니다. ② 버튼 태그를 생성합니다. ③ 자기소개를 작성합니다.

02 파일을 저장하고 실행합니다.

16.6.2 이름 스타일링하기

To Do **01** 이름부터 스타일링을 해주겠습니다. text-align 속성으로 글자를 중앙 정렬합니다.

02 padding으로 간격을 줍니다.

```
                                                              style.css
.name {
  text-align: center; /* ① */
  padding-top: 60px;  /* ② */
}
```

① 글자를 중앙 정렬하고 ② 간격을 조절합니다.

03 파일을 저장하고 실행합니다.

16.6.3 버튼 스타일링하기

To Do **01** 버튼을 노란색 배경에 검정 글씨로 만들어주고, 중앙으로 정렬해주겠습니다. 여기서 패딩이나 글씨 굵기 등 자잘하게 바꿔주는 부분이 많으니 주석을 살펴봐주세요.

```css
.follow-btn {
  padding: 0 2rem; /* 버튼 길이 조절 */
  display: flex; /* block 제거 */
  flex-direction: column;  /* 축 방향 변경 */   /* ❶ */
  justify-content: center; /* 가운데 정렬 */
}
.follow-btn button {
  font-size: medium; /* 폰트 크기 변경 */
  font-weight: bold; /* 폰트 굵기 변경 */
  background-color: #ffd01a; /* 버튼 색깔 변경 */
  border: none;  /* 버튼 경계선 제거 */                /* ❷ */
  padding: 1rem; /* 버튼 크기 조절 */
  outline: none; /* 클릭시 나오는 경계선 삭제 */
  border-radius: 50px; /* 버튼 모서리를 둥글게 만듦 */
}
```
style.css

❶ 버튼 부모 위치를 지정합니다. ❷ 버튼 스타일을 지정합니다.

버튼 부모는 무슨 역할을 하지?

follow-btn이라는 div의 역할을 좀 더 명확하게 보고 싶다면 결과물 페이지에서 마우스 우클릭 → [검사(N)]를 눌러보세요. padding은 어디에서 어떤 역할을 하고 있는지, flex-direction은 어떤 모습인지 확인하실 수 있습니다.

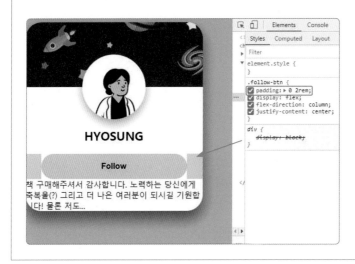

02 파일을 저장하고 실행합니다.

16.6.4 자기소개 스타일링하기

자기소개는 좌우 간격이 필요해보이네요. padding값으로 쉽게 해결할 수 있습니다. 어떤 값이 적당해보이는지 알아봅시다.

To Do 01 desc에 패딩을 적용합니다.

```css
.desc {
  padding: 1.5rem;
}
```
style.css

02 파일을 저장하고 실행합니다.

16.6.5 동적 요소 추가하기

만든 페이지가 움직이지 않아 재미가 없네요. 재미를 포기할 수는 없죠! 프로필 사신과 팔로우 버튼에 마우스를 갖다대면 크기가 커지도록 만들어봅시다. 어떤 속성을 사용할지 감이 오나요? 바로 제가 좋아하는 hover를 사용하면 됩니다.

To Do **01** profile 밑에 다음과 같이 작성해 hover를 적용합니다.

```css
.profile:hover {
  transform: translateY(50%) scale(1.3);
}
```
style.css

02 follow-btn button에 다음과 같이 작성해 hover를 적용합니다.

```css
.follow-btn button:hover {
  background-color: #efb10a;
  transform: scale(1.1);
}
```
style.css

03 파일을 저장하고 실행합니다.

04 프로필 사진에 마우스를 갖다대면 크기가 커집니다.

> ### 움직임이 어색하다면?
>
> 마우스를 갖다 대었을 때 갑자기 커지고 마우스를 떼자마자 작아지는 게 어색하다면 전환을
> 사용해봅시다! 예제 코드를 드릴게요. .profile이나 .follow-btn button에 주면 돼요!
> hover에 적용하는 거 아니에요!
>
> ```css
> transition: transform 200ms cubic-bezier(0.18, 0.89, 0.32, 1.28);
> ```

16.6.6 가운데 정렬하기

마지막으로 카드가 화면 가운데에 위치하도록 해주겠습니다. 이미 배운 display: flex와 justify-content: center를 사용할 거예요. 그럼 어디에 코드를 작성해야 할까요? 잠시 생각해본 후에 코드를 살펴봐주세요.

To Do 01 카드를 화면 가운데로 정렬합니다.

```css
                                                          style.css
body {
  background-color: #ff9eaa;
  padding-top: 8rem; /* ❶ */
  display: flex;
  justify-content: center; ──┐── /* ❷ */
}
```

❶ 상단 간격을 조절합니다. ❷ 가운데 정렬을 합니다.

02 파일을 저장하고 실행합니다.

학습 마무리

여기까지 오시느라 정말 수고하셨습니다! 어때요? 이번엔 꽤 괜찮은 디자인을 한 것 같은 느낌이지 들지 않나요? 연거푸 3번 프로젝트에 도전하면서 CSS 감이 잡혔을 겁니다. 그동안 저도 같이 만들면서 재밌었는데 여기까지 오신 여러분께 좋은 소식을 알려드릴게요. 내일은 코딩 챌린지의 대미인 클론 코딩에 들어갑니다. 그 이유는 여러분은 실제 웹과 앱 화면을 구현하는 실력을 갖추었기 때문입니다. 진심으로 축하드려요.

핵심 요약

1 rem은 크기를 지정하는 상대 단위입니다. 상대 단위로 설정하면 크기가 화면에 따라 유동적으로 변한다는 장점이 있습니다.

2 max-width는 너비가 최대로 커질 수 있는 크기를 지정합니다.

3 overflow는 내용이 요소의 크기를 벗어났을 때 어떻게 처리할지를 정하는 속성입니다.

4 text-align을 사용하여 글자를 정렬할 수 있습니다.

학습 목표

HTML과 CSS만으로도 앱 화면을 구현할 수 있습니다. 이번 최종 프로젝트에서는 영상 서비스 앱 UI를 만듭니다. 우리가 항상 즐겨보는 영상 서비스 앱 UI를 어떻게 HTML과 CSS만으로 구현할 수 있는지 알아봅시다. 이 과정을 통해 여러분은 코딩이 더 재미있어지는 놀라운 경험을 하게 될 겁니다. 추가로 영상 서비스 앱 UI를 웹에 배포도 해봅시다. 3단계 전체가 한 프로젝트입니다.

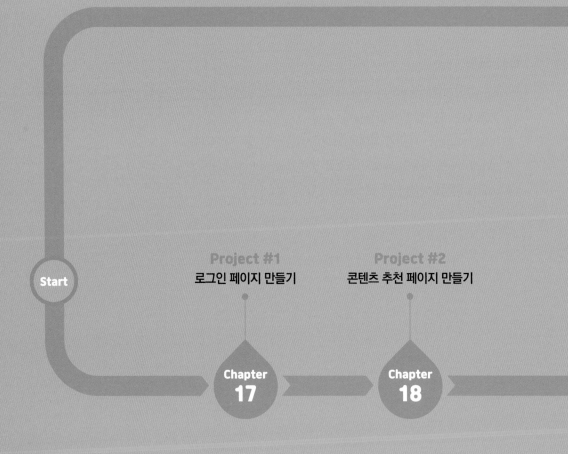

Start

Project #1
로그인 페이지 만들기

Project #2
콘텐츠 추천 페이지 만들기

Chapter
17

Chapter
18

Project

도전, 영상 서비스 앱 UI
클론 코딩

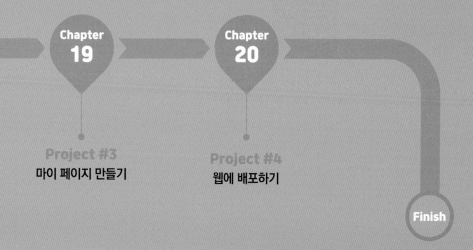

Chapter 19

Chapter 20

Project #3
마이 페이지 만들기

Project #4
웹에 배포하기

Finish

▼ 로그인 페이지

▼ 콘텐츠 추천 페이지

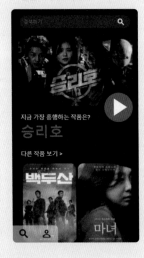

▼ 마이 페이지

난이도	★★★★
이름	뉴플릭스
예제 위치	chapter19_전체코드(개별 코드는 chapter17, chapter18)
바로보기	https://lorraine98.github.io/newflix/
미션	그림과 같은 페이지를 구현하라. 앱을 완성하고 나서 웹에 배포하라.
설명	다양한 콘텐츠를 즐길 수 있는 넷플릭스, 왓챠 같은 OTT(over the top) 앱 UI를 클론 코딩합 시다. 일명 '뉴플릭스'를 만들어보아요.
이용할 속성	input, hover, width, height, display, justify-content, align-item, position

Project #1

로그인 페이지 만들기

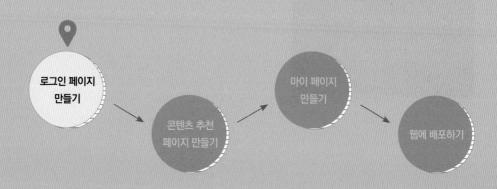

로그인 페이지
만들기

콘텐츠 추천
페이지 만들기

마이 페이지
만들기

웹에 배포하기

☐ **학습 목표**	앱 UI를 직접 구현해봄으로써 HTML과 CSS로 결과물을 도출할 수 있는 능력을 길러봅시다. 먼저 로그인 페이지를 구현하겠습니다.
☐ **학습 순서**	1 뜯어보기
	2 사전 지식
	3 폴더 정리하기
	4 헤더 만들기
	5 로그인 폼 만들기

17.1 뜯어보기

← 헤더 이미지

← 앱 타이틀

← 로그인 폼

앱에 처음 들어오신 분들이 만나게 될 로그인 페이지부터 뜯어보고 코드를 작성해봅시다. 저는 크게 3가지로 나눠볼 수 있을 것 같은데요. 그 3가지는 헤더 이미지, 앱 타이틀, 로그인 폼이 되겠습니다.

> **웹 페이지에서 모바일 기기 해상도로 보고 싶다면?**
>
> 오른쪽 마우스를 눌러 [검사(N)](F12)를 클릭한 후, 상단에 모바일 기기 아이콘을 클릭하시
> 면 많이 쓰이는 다양한 모바일 기기별 해상도로 보실 수 있습니다.
>
>

17.2 사전 지식

본격적으로 구현하기 앞서 구현할 때 추가로 사용된 개념을 알아보겠습니다. 실제 서비스에 사용
될 만큼 실용성이 뛰어나니 두 번 이상 읽는다고 하셔도 절대 말리지 않겠습니다.

17.2.1 클래스명 작성 방법 : BEM

클래스 이름을 작성하는 여러 방법이 있습니다. 그 중 BEM 작성법을 알려드리겠습니다. BEM은
부모의 클래스 이름을 이용하여 이름을 짓는 작성 방법입니다.

폼으로 예를 들어보겠습니다.

```html
<form class="search-form">
    <input class="search-form__input"/>
    <button class="search-form__button">Search</button>
</form>
```

위 예제에 search-form이라는 클래스 이름을 가진 폼 태그가 있습니다. 자식으로 input 태그와 button 태그가 있습니다. 이때 input 태그와 button 태그의 클래스에는 공통점이 있습니다. 바로 부모 클래스 이름을 갖고 있다는 점입니다.

자식 태그의 클래스 이름을 지어줄 때, 부모 클래스 이름을 쓰고 언더바 _를 2번 써준 후 자식의 특성을 잘 설명하는 이름을 붙여주는 방식을 BEM이라고 합니다. 이렇게 하면 자식 클래스 이름만 봐도 어떤 부모를 갖고 있는지, 자식은 어떤 특징을 갖고 있는지 알 수 있습니다. 이때 언더바를 하나가 아니라 두 개를 사용하는 이유는 좀 더 명확한 구분을 위해서예요.

클래스 작성법에는 정답이 없습니다. BEM의 단점은 클래스 이름이 길어진다는 점이에요. 이런 점 때문에 불편하다고 느끼시는 분들은 다른 클래스 작성 방법을 사용하셔도 좋습니다. 즉 BEM은 필수가 아니라 클래스명을 적는 수많은 방법 중 하나입니다.

Google BEM의 핵심 작성법만 알려드린 것이니 정확한 사전적 지식이 궁금하다면 'CSS BEM' 구글링

17.2.2 input 태그를 선택하는 특별한 방법

input 태그를 선택하는 특별한 방법이 있다는 걸 아시나요? 각 input 태그마다 클래스 이름을 주고 CSS에서 불러오는 방법은 이미 알고 계실거라 생각합니다. 하지만 이 방법은 일일이 클래스 이름을 정해야 한다는 번거로움이 있습니다. 이때 input과 type을 가지고 태그를 선택하는 방법이 있습니다. 하단 예제에서 밑줄 친 부분을 집중해서 봐주세요.

```html
<form action="find.html" class="login-form">
  <input
    name="username"
    type="text"
    required
    autocomplete="off"
    placeholder="ID"
  />
  <input
    name="password"
    type="password"
    required
```

```
        autocomplete="off"
        placeholder="PASSWORD"
     />
     <input type="submit" value="게스트로 접속하기" />
  </form>
```

부모인 form 태그의 클래스명과 자식인 input 태그의 type으로 CSS에서 input 태그를 지정해 줄 수 있어요! 방법은 다음과 같습니다.

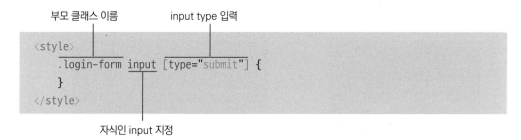

부모 클래스와 그 자식인 input을 언급하고 [type=" "]으로 선택할 수 있습니다. 이렇게 하면 input 태그에 클래스명을 지정해주지 않아도 요소를 선택할 수 있습니다. 이 방법 또한 많이 사용될 경우 혼란을 초래할 수 있기 때문에 클래스와 적절히 사용해줘야 한다는 점도 잊지 마세요!

추가로 앞의 예제에서 특정 요소만 제외한 나머지 요소를 선택할 수 있는 방법도 있습니다. 바로 not( )을 사용하여 괄호 안에 제외할 요소를 넣으면 됩니다.

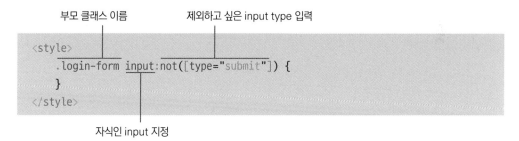

이렇게 :not( )으로 선택자를 제외하는 것을 부정 가상 클래스라고 합니다. 위 코드는 not( ) 안에서 선택한 type을 제외한 모든 input 요소를 선택합니다.

STEP 1 # 17.3 파일 정리하기

우리는 앞으로 많은 파일을 만들 거예요. 만든 파일들을 한 폴더에 모아두면 파일 구분이 쉽지 않아요. 마치 바탕화면에 모든 파일을 놓으면 알아보기 어려운 것처럼요. 이제부터 파일을 폴더 안에 정리하는 법을 알아봅시다.

앱을 만들려면 HTML과 CSS 파일은 당연하고 이미지 파일도 많겠죠? 그러니 CSS와 이미지 폴더를 만들어주겠습니다.

To Do **01** VSCode에서 ❶ 🗂️ 아이콘을 눌러 css, img 폴더를 생성합니다.

이렇게 폴더를 만들면 이미지나 CSS 파일을 넣을 때 경로가 달라집니다. 기존에는 모든 파일을 폴더 없이 탐색기에 저장했기 때문에 모두가 같은 경로에 있어 별도로 경로 처리를 해주지 않아도 됐습니다. 하지만 이제부터는 별도로 경로를 표시해주어야 합니다.

예를 들어 hello.jpg를 img 폴더에 넣었다고 가정해봅시다. index.html에서 이 이미지를 어떻게 불러와야 할까요?

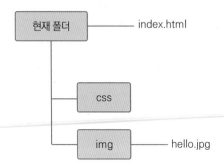

이미지 파일이 있는 폴더 위치를 쭈욱~ 적어주는 방식(절대경로[1])도 있지만, 그보다 작업하고 있는 현재 폴더를 기준으로 표시하는 '상대경로' 방식이 더 편리하고 텍스트 길이도 짧아요. 결론을 말씀드리자면 〈img src="./img/hello.jpg" /〉로 적어주면 됩니다. 여기서 점 .은 현재 경로를 의미하고 슬래시 /는 다음 경로로 넘어간다는 뜻입니다. 따라서 ./img/hello.jpg는 '현재 경로에서 img 폴더에서 hello.jpg 파일을 불러와' 정도로 해석하시면 됩니다.

STEP 2 17.4 헤더 만들기

본격적으로 작업에 들어가겠습니다. 우선 헤더 이미지를 불러와볼까요? 깃허브에 제공된 이미지나 원하시는 이미지를 추가하시면 됩니다.

To Do 헤더 이미지 불러오기

01 저장할 이미지를 img 폴더에 넣습니다.

02 index.html 파일을 생성하고 코드를 다음과 같이 작성합니다.

```html
                                                                    index.html
<!DOCTYPE html>
<html lang="ko">
  <head>
    <meta charset="UTF-8" />
    <meta http-equiv="X-UA-Compatible" content="IE=edge" />
    <meta name="viewport" content="width=device-width, initial-scale=1.0" />
    <title>Newflix</title>
  </head>
  <body>
    <img src="./img/login-img.png" class="login-img" /> <!--❶-->
  </body>
</html>
```

---

1 일반적으로 우리가 알던 컴퓨터에서 경로를 표시하는 방법. 예 : C:\html\index.html

03 파일을 저장하고 실행합니다.

가장자리 여백 부분은 17.6.3에서 해결할 예정이니 일단 이대로 두고 넘어갑시다.

Tip 추천 확장 프로그램을 설치하셨다면 〈〉 없이 'img'라고 쳐도 img 태그 폼이 자동으로 완성돼요!

To Do 앱 이름과 설명 넣기

이어서 다음과 같이 앱 이름과 설명을 만들어줄 거예요.

벌써 어떻게 해야 하는지 감이 와서 빨리 코드를 치고 싶으시죠? 코드를 설명하기 앞서 만들어야 할 결과물을 보여드릴 테니 먼저 코드를 작성하시고 저와 함께 이야기를 나눠보는 것도 좋을 것 같습니다.

저는 h1 태그와 p 태그를 이용하여 글을 작성해주었습니다. h 태그를 사용한 이유는 제목이라는 걸 명시하기 위함입니다.

01 index.html에 타이틀을 추가해주세요.

```
                                                                index.html
<div class="login-title"> <!--❶-->
  <h1 class="login-title__maintext">Newflix</h1> <!--❷-->
  <p class="login-title__subtext">
    새로운 OTT 뉴플릭스 등장! <br />         <!--❸-->
    지금 가입하면 무료!
  </p>
</div>
```

❶ 텍스트를 감싸는 부모 태그를 생성합니다. ❷ h1 태그를 생성하고 제목을 작성합니다. ❸ p 태그를 이용하여 소제목을 작성합니다.

STEP 3 17.5 로그인 폼 만들기 : 로그인 폼

다음은 아이디와 비밀번호를 입력받는 폼과 제출할 수 있는 버튼으로 구성된 폼을 만들겠습니다. 여기서 포인트는 접속하기 버튼을 눌렀을 때 다른 HTML 파일로 넘어가야 한다는 거예요. 이는 마치 로그인을 한듯한 효과를 줍니다. 실제 로그인 동작 방식과는 다르지만 느낌이라도 내봐요! 이번에도 그림을 토대로 먼저 작성해보시고 저와 함께 코드를 비교하시는 걸 추천드립니다.

어때요? 살짝 복잡하단 생각이 들다가도 익숙하게 만들었던 폼이니까 코드를 치실 수 있을 거라고 생각합니다. 저는 form 태그의 action이란 속성으로 다른 링크로 넘어갈 수 있게 했습니다. 그리고 input 태그를 이용하여 폼을 완성해주었습니다.

action에는 영화를 검색할 수 있는 find.html로 파일을 연결해줄 건데 아직 해당 HTML 파일을 생성하지 않았기 때문에 클릭해도 해당 페이지로 접근하지 못할 거예요. 다음 장에서 만들어볼 거니 우선 입력해줍시다.

To Do **01** index.html에 로그인 폼을 추가해주세요.

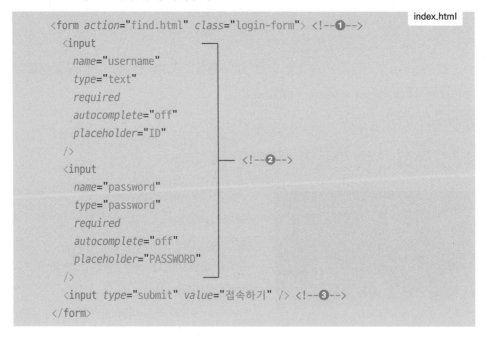

❶ form 태그를 생성하고 action에 폼 제출 시 넘어갈 페이지인 find.html로 연결합니다. ❷ input 태그 2개를 만들고 type에 각각 text와 password를 넣어 입력값을 받을 수 있도록 합니다. ❸ 또 다른 input 태그를 만들고 type을 submit으로 하여 제출 버튼을 만듭니다.

폼에 반드시 내용을 입력하게 만들려면?

required를 적으면 폼 입력을 강제할 수 있습니다. required가 있는 폼에 아무것도 적지 않고 submit 버튼을 누르면 반드시 입력해야 한다는 알림이 뜨거든요.

▼ required 속성을 갖고 있는 태그에 입력 없이 제출할 경우

새로운 OTT 뉴플릭스 등장!
지금 가입하면 무료!

| ID | | PASSWORD | | 접속하기 |

⚠ 이 입력란을 작성하세요.

autocomplete = "off"가 뭐지?

autocomplete는 auto(자동으로) complete(완성된다)라는 뜻을 가졌듯이 브라우저에서 기존에 입력한 값을 기억해두었다가 앞자리를 기억한 것과 동일하게 쳤을 때 해당 값을 미리 보여주는 기능이에요. 편리하지만 보기엔 좋지 않아요. 특히 우리는 배경을 어두운 색으로 만들 것이기 때문에 자동 완성으로 배경색이 바뀌면 곤란합니다. 그러니 자동 완성을 off로 하여 자동 완성 기능을 꺼주겠습니다.

▼ 자동 완성 기능을 사용할 때

17.6 로그인 폼 만들기 : 스타일링 준비

자 이제 HTML의 구조는 완성했으니 이걸 멋지게 스타일링해야겠죠? 위에서 아래로 차근차근 스타일링해보겠습니다.

1 폰트 지정하기
2 로그인 CSS 파일 만들기
3 스타일 초기화하기

17.6.1 폰트 지정하기

본격적인 스타일링에 들어가기 앞서 폰트를 지정해주는 작업을 할 거예요. 윈도우 유저는 큰 차이가 없을 수 있겠지만 맥 유저는 현재 폰트가 제가 캡쳐해드리는 것과 다른 모습을 띨 수 있거든요. 보는 사람이 맥인지, 윈도우인지와 상관없이 내가 보는 화면과 똑같이 보이게 하고 싶다면 폰트를 지정해줘야 합니다.

제가 알려드릴 폰트 지정 방법은 구글 폰트에서 폰트를 받아오는 방법입니다. 구글 폰트는 저작권 이슈가 없는 폰트를 사용할 수 있기 때문에 실용적고 편리합니다.

To Do **01** 구글 폰트에 접속합니다(fonts.google.com).

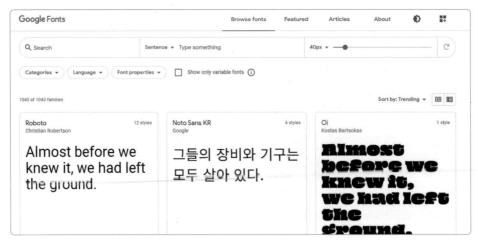

02 ❶ 지정하고 싶은 폰트를 검색합니다(저는 Roboto라는 폰트를 사용했습니다). 검색 결과에서 ❷ 원하는 폰트를 클릭합니다.

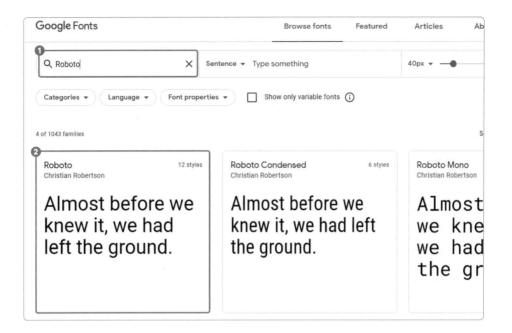

03 ❶ Light 300, ❷ regular 400, ❸ bold 700 폰트를 선택한 후 ❹ [Download all] 버튼을 클릭해 내려받아주세요.

04 오른쪽 하단에 '웹에서 사용하기(use on the web)'에서 ❶ @import를 선택 후, ❷ style 코드를 복사합니다. VSCode로 돌아가 global.css라는 파일을 생성합니다. 복사한 코드를 붙여넣은 후 그 아래 body 태그를 만들어 ❸을 복사/붙여넣기를 합니다.

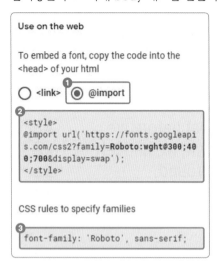

완성된 global.css 파일은 다음과 같습니다.

```
                                                                global.css
@import url("https://fonts.googleapis.com/css2?family=
Roboto:wght@300;400;500;
700&display=swap");

body {
    font-family: "Roboto", sans-serif;
}
```

자 이렇게 웹 페이지에 폰트를 지정해주었습니다. @import url("...") 코드를 CSS 파일 최상단에 위치시켜주세요. 폰트를 가져와 사용하겠다는 뜻입니다. 그리고 global.css[2]에 대해 잠깐 말씀 드리겠습니다. global은 '전 세계의'라는 뜻입니다. 이름에서도 알 수 있듯이 global.css는 모든 CSS에 스타일을 적용하는 CSS 파일입니다. 모든 CSS 파일의 어머니 같은 존재라고 생각해주세요. global.css 파일을 생성 후 CSS 폴더에 넣어주세요! 이렇게 만든 모든 CSS 파일은 CSS 폴더에 저장해주셔야 합니다.

---

2   global.css를 반드시 만들어야 하는 건 아닙니다. 누군가는 style.css로 전체 CSS 관리 파일을 만들 수 있어요. 편하신 방법으로 사용해주세요.

17.6.2 로그인 CSS 파일 만들기

먼저 로그인 CSS 파일을 삽입하겠습니다. 로그인 폼만을 꾸며주는 CSS이니 login.css로 파일 이름을 지정하겠습니다.

To Do **01** 생성한 login.css 파일을 CSS 폴더에 넣습니다.

02 head 태그 안에 login.css 파일을 추가하는 ❶ 코드를 적어줍니다.

```html
                                                                    index.html
<!DOCTYPE html>
<html lang="ko">
  <head>
    <meta charset="UTF-8" />
    <meta http-equiv="X-UA-Compatible" content="IE=edge" />
    <meta name="viewport" content="width=device-width, initial-scale=1.0" />
    <title>Newflix</title>
    <link rel="stylesheet" href="./css/login.css" /> <!--❶-->
  </head>
```

Tip 추천 확장 프로그램이 설치되어 있다면 빈 줄에 link:css라고 쳤을 때 자동으로 CSS 파일 양식이 나타납니다.

이제 @import를 이용하여 global.css 파일을 login.css에 불러올 거예요. 지금은 index. html에서 login.css로 넘어가는 것만 정해주었을 뿐 global.css와 login.css 간 연결이 없습니다. global.css는 폰트 등 모든 페이지에 스타일을 지정해주기 때문에 새로 생성한 CSS 파일에는 global.css를 반드시 연결해주세요. 연결 방법은 아주 간단합니다. @import를 쓰고 큰따옴표 " " 사이에 연결해주고 싶은 CSS 파일명을 적어주면 됩니다.

03 @import "./global.css"; 입력

호출 관계를 그림으로 정리하면 다음과 같습니다.

포함 관계는 다음과 같이 그림으로 나타낼 수 있습니다.

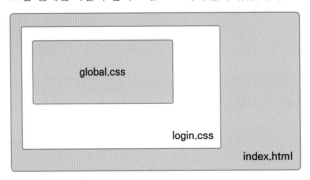

17.6.3 스타일 초기화하기

앞서 사진을 넣었을 때 흰 여백이 생기는 걸 확인했습니다. 이 부분을 없애기 위해 모든 스타일을 초기화할 거예요. 이 여백의 정체는 오른쪽 마우스를 눌러 검사해보면 알 수 있습니다. 바로 html 또는 body에 기본값으로 존재하는 마진입니다.

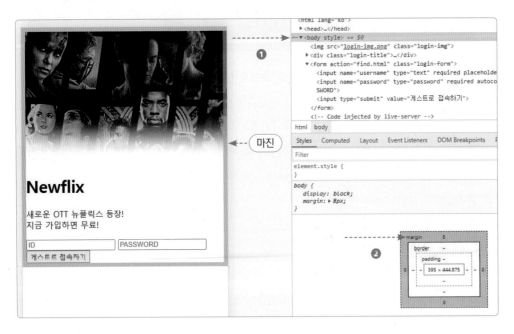

우린 어떠한 스타일링도 지정해주지 않았는데 어떻게 된 걸까요? 여백이 생긴 이유는 HTML에서 기본적으로 적용하는 CSS가 있기 때문입니다. 그렇다면 굳이 이 기본 설정을 없애야 하는 이유는 뭘까요? 왜냐하면 브라우저마다 기본으로 설정해놓은 값이 다르기 때문이에요. 예를 들어 브라우저마다 여백값이 다르기 때문에 크롬에서 볼 때와 사파리로 볼 때 모습이 다를 수 있습니다. 하지만 다행히 이걸 없앨 수 있는 방법이 있습니다. 이제부터 알아보자구요.

To Do 기본 마진, 패딩, 테두리 초기화하기

초기화 코드를 담당하는 CSS를 보통은 reset.css라고 부릅니다. 브라우저에 기본으로 적용된 margin, padding, border 등의 값을 모두 0으로 만들어주는 reset.css를 만들어 적용해보겠습니다. reset.css는 인터넷에 검색해도 초기화 코드를 찾을 수 있습니다. 해당 코드를 복사해오기 전 reset.css 파일을 생성하고 global.css에 reset.css 파일을 임포트import해줍니다.

01 VSCode에 reset.css 파일을 생성합니다.

02 생성한 reset.css를 global.css에 임포트해줍니다.

03 깃허브에 제공된 reset.css 파일에 있는 코드를 복사합니다. 코드를 보면 태그의 margin, padding, border 등의 값을 0으로 설정해주는 것을 알 수 있습니다.

```
                                                              global.css
@import "./reset.css";
```

```
                                                              reset.css
html, body, div, span, applet, object, iframe,
h1, h2, h3, h4, h5, h6, p, blockquote, pre,
a, abbr, acronym, address, big, cite, code,
del, dfn, em, img, ins, kbd, q, s, samp,
small, strike, strong, sub, sup, tt, var,
b, u, i, center,
dl, dt, dd, ol, ul, li,
fieldset, form, label, legend,
table, caption, tbody, tfoot, thead, tr, th, td,
article, aside, canvas, details, embed,
figure, figcaption, footer, header, hgroup,
menu, nav, output, ruby, section, summary,
time, mark, audio, video {
    margin: 0;
    padding: 0;
    border: 0;
    font-size: 100%;
    font: inherit;
```

```
        vertical-align: baseline;
    }
```

04 모든 파일을 저장하고 실행해보세요.

▼ 적용 전   ▼ 적용 후

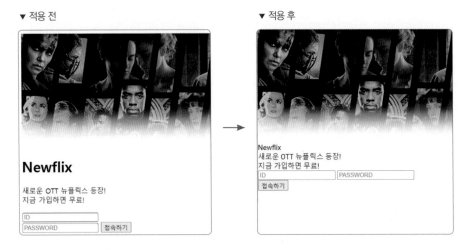

모든 설정이 초기화되었습니다.

> **왜 global.css에 임포트하지?**
>
> reset.css는 모든 HTML 태그에 적용해야 할 스타일입니다. 그렇다면 global.css에 코드를 작성하면 되지 왜 reset.css 파일을 별도로 만드냐구요? 왜냐하면 reset.css 코드가 길고 독창적인 성격을 갖고 있기 때문입니다. 다들 스타일을 추가하는 요소인데 reset.css는 모든 스타일을 초기화시키니까, 성격도 달라요.

`Google` reset.css라고 구글링하면 코드를 쉽게 구할 수 있습니다.

17.7 로그인 폼 만들기 : 배경과 폰트 스타일링

페이지의 배경 색깔, 폰트 색상, 폼 등의 본격적인 스타일링을 시작하겠습니다. 시각적으로 큰 변화가 일어나는 구간이니 신나는 마음으로 따라와주세요!

1 배경과 폰트 색상 정하기

2 사용자 지정 속성으로 색 정하기

3 타이틀 스타일링하기

17.7.1 배경과 폰트 색상 정하기

앱 페이지 소개에도 보셨다시피 우리가 만들 UI는 배경이 어둡습니다. 모든 페이지에 다 해당되는 색감이므로 global.css에 body 태그를 만들어 스타일링을 해주겠습니다.

To Do 01 global.css에 배경색을 지정합니다(컬러 코드 : #120522).

02 글자색을 변경합니다.

```css
                                                                      global.css
* {
  box-sizing: border-box; /*모든 요소를 화면 안에 포함시킴*/
}
body {


  font-family: "Roboto", sans-serif;
  background-color: #120522; /* ❶ */
  color: white; /* ❷ */
}
```

03 파일을 저장하고 실행합니다.

> **box-sizing: border-box를 해주는 이유**
>
> 우선 *는 모든 태그에 적용한다는 뜻이에요. 그리고 box-sizing은 박스 크기를 계산할 때, 어떤 것을 기준으로 할지 정하는 속성입니다. border-box는 테두리를 기준으로 크기를 정하는 기능을 갖고 있습니다. box-sizing: border-box으로 설정해주어야 요소가 앱 화면을 벗어나지 않을 수 있습니다. 지금 당장은 안 적어준다고 해도 큰 문제는 없어보이지만 차후 오류가 나는 것을 방지하려고 예방 차원에서 적어준 거예요.
>
> ▼ 요소가 화면 밖을 나간 사례
>
>

17.7.2 사용자 지정 속성으로 색 정하기

근데 여기서 한 가지 걸리는 점이 있습니다. 우리는 배경색을 색깔 코드로 지정했습니다. 근데 앱 소개를 보면 유독 자주 사용되는 색깔들이 보입니다.

따라서 15장에서 배웠던 사용자 지정 속성을 이용해 컬러 코드의 이름을 지정해주겠습니다. 다시 복습해보자면 사용자 지정 속성을 :element {사용자 지정 속성 이름}으로 선언하고, 이 선언된 속성을 var( ) 함수를 사용하여 나타냅니다. element는 보통 root라는 이름으로 사용한다는 점도 참고해주세요.

사용자 지정 속성은 컬러뿐만 아니라 경계선 등 자주 사용하는 속성을 모두 저장해놓을 수 있어요. 우선 색깔을 지정해주겠습니다. 그리고 이런 변수[3]들을 모아논 CSS를 별도의 파일로 만들어

---

3 담고 있는 값이 변할 수 있는 수

줍니다. 변수가 영어로 variable이니까 variable.css로 선언해줄게요.

To Do **01** variable.css 파일을 생성 후 global.css에 임포트합니다.

```css
@import "./variable.css";
```
global.css

02 variable.css에 사용자 지정 색상을 선언합니다.

```css
:root {
  --purple: #6644b8;
  --darkpurple: #37274b;
  --background-purple: #120522;
  --border: rgba(255, 255, 255, 0.5);
}
```
variable.css

배경색 외에도 뉴플릭스에서 자주 사용하는 색상을 지정합니다. 하단 그림을 참고하면 변수마다 어디 색인지 확인할 수 있습니다. 참고로 border 색깔은 하얀색에서 투명도를 50%로 조절해주었습니다. 색깔 변수명은 자유롭게 지을 수 있습니다.

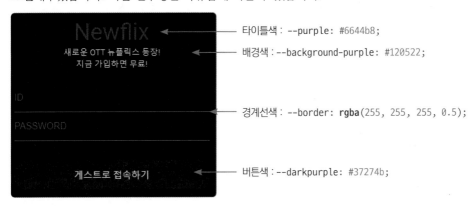

타이틀색 : --purple: #6644b8;
배경색 : --background-purple: #120522;
경계선색 : --border: rgba(255, 255, 255, 0.5);
버튼색 : --darkpurple: #37274b;

03 global.css에 컬러 코드 대신 사용자 지정 색상을 입력합니다.

```css
body {
  font-family: "Roboto", sans-serif;
  background-color: var(--background-purple);
  color: white;
}
```
global.css

04 수정한 모든 파일을 저장하고 코드를 실행합니다.

이제 색상을 컬러 코드로 선언할 필요가 없어졌습니다.

> **왜 element 이름을 root로 했을까?**
>
> element는 사용자 지정 속성을 사용할 수 있는 범위를 정의합니다. :root는 HTML 문서 어디에서나 사용자 지정 속성에 접근할 수 있도록 구성할 때 사용됩니다.

17.7.3 타이틀 스타일링하기

다음은 타이틀 스타일링을 해주겠습니다. 이 부분은 비교적 쉽게 할 수 있을 거예요! 목표 먼저 보고 바로 코딩하는 시간을 가져보도록 합시다.

▼ 현재　　　　　　　　　　　　　　　　　　　▼ 목표

To Do **01** 목표에 맞는 타이틀 스타일 코드를 작성합니다.

```css
.login-title {
  text-align: center;                  /* ❶ */
}
.login-title__maintext {
  font-size: 2.5rem;
  color: var(--purple);               /* ❷ */
}
.login-title__subtext {
  font-size: 0.9rem;
  font-weight: 100;                   /* ❸ */
}
```
login.css

❶ 메인 텍스트와 서브 텍스트의 글자를 정렬합니다. ❷ 메인 텍스트 글씨 크기와 색깔을 지정합니다. ❸ 서브 텍스트 글씨 크기와 굵기를 지정합니다.

02 파일을 저장하고 코드를 실행합니다.

17.8 로그인 폼 만들기 : 로그인 폼 스타일

다들 여기까지 오시느라 고생하셨습니다. 마지막으로 로그인 폼 스타일링을 해볼 겁니다.

1 폼 기본 스타일 초기화하기
2 폼 스타일링하기

17.8.1 폼 기본 스타일 초기화하기

작업에 들어가기 전에 알려드릴 것이 있습니다. form을 만들 때 input 태그를 사용하면 항상 기본으로 보이는 모습이 있습니다. 바로 길쭉한 직사각형의 흰 배경을 가진 기본 설정 모습입니다. 이 기본 설정은 우리가 원하는 모습이 아니기 때문에 input 태그를 꾸미기 전에 기본 스타일을 초기화하겠습니다.

초기화에 언급할 속성은 border, outline, appearance입니다. 이들의 속성값을 none으로 해주면 됩니다. 그러면 클릭 시 나타나는 경계선이나 그림자 등 불필요한 스타일을 제거할 수 있습니다. 앞으로 만들 모든 폼은 이 초기화 스타일을 적용할 거예요. 따라서 이 코드를 모든 페이지에 적용됐으면 하니까 global.css 파일에 넣어주겠습니다. 그럼 앞으로 global.css를 임포트해주면 자동으로 폼 스타일이 초기화됩니다.

To Do 01 global.css에 폼 초기화 코드를 추가합니다.

global.css
```css
input {
  border: none;
  outline: none;
  appearance: none;
}
```

17.8.2 폼 스타일링하기

그럼 지금부터 폼을 스타일링해보겠습니다. 목표는 다음과 같습니다.

▼ 현재

▼ 목표

To Do **01** html과 css를 요소 영역에 맞춥니다(16장).

```css
                                                              login.css
html,
body {
  overflow: hidden;
}
```

02 로그인 폼의 display값을 flex로 변경하고 축 방향을 변경합니다.

```css
                                                              login.css
.login-form {
  display: flex;
  flex-direction: column;
  margin: 1.5rem;
}
```

03 input 태그를 스타일링합니다.

```css
                                                              login.css
.login-form input {
  padding: 15px 0;
  margin: 0 10px;
  border: none;
  outline: none;
  appearance: none;
  background-color: var(--background-purple);
  font-size: 1em;
}
```

04 아이디와 비밀번호를 입력하는 input 태그의 스타일과 애니메이션을 적용합니다.

```
login.css
.login-form input:not([type="submit"]) {
  color: white;
  border-bottom: 1px solid var(--border);
  transition: border-color 0.3s ease-in-out;
}
.login-form input:focus {
  border-color: white;
}
```

05 접속하기 버튼의 스타일과 애니메이션을 적용합니다.

```
login.css
.login-form input[type="submit"] {
  color: white;
  background-color: var(--darkpurple);
  border-radius: 20px;
  margin-top: 2rem;
  transition: background-color 0.2s ease-in-out;
}
.login-form input[type="submit"]:active {
  background-color: var(--purple);
}
```

06 파일을 저장하고 실행합니다.

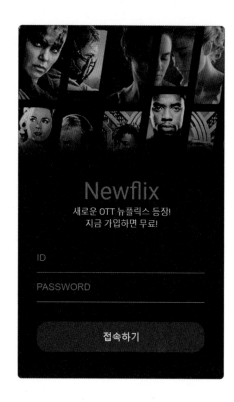

학습 마무리

프로젝트 첫 번째 미션인 로그인 페이지를 만들었습니다. 이어서 콘텐츠 추천 페이지를 만들어봅시다.

핵심 요약

1 BEM은 block, element, modifier의 줄임말로 부모의 클래스 이름을 이용하여 이름을 짓는 CSS 클래스 작명법입니다.

2 부모와 input을 언급하고 [type=""]으로 특정 코드를 선택할 수 있습니다.

3 부정 가상 클래스는 not( ) 괄호 안에 작성한 type을 제외한 요소를 선택합니다.

4 required를 적으면 폼을 반드시 입력하도록 강제할 수 있습니다.

5 input에서 자동 완성을 비활성화하려면 autocomplete 속성을 "off"로 설정합니다.

6 reset.css의 코드는 브라우저가 기본적으로 가지고 있는 스타일을 초기화할 때 사용합니다.

7 요소가 앱 화면을 벗어나지 않게 하는 데 box-sizing: border-box를 사용합니다.

콘텐츠 추천 페이지 만들기

로그인 페이지
만들기

콘텐츠 추천
페이지 만들기

마이 페이지
만들기

웹에 배포하기

☐ 학습 목표	작품 검색, 추천 작품 등을 볼 수 있는 메인 페이지를 만들어보겠습니다.
☐ 학습 순서	1 뜯어보기
	2 사전 준비
	3 검색바 만들기
	4 추천 작품 만들기
	5 다른 작품 추천 기능 만들기
	6 네비게이션 바 만들기

18.1 뜯어보기

← 검색바

← 추천 작품

← 다른 작품 보기

↑
└ 네비게이션바

앞 장에서 로그인 폼을 제출하면 find.html로 연결되는 코드까지 구현했습니다. 오늘은 find.html을 채워볼 거예요. 우리가 구현할 find.html의 UI를 살펴볼까요?

18.2 사전 준비

이번 실습에 돋보기, 플레이 버튼 등의 아이콘을 사용합니다. 아이콘을 자체 제작할 수도 있지만 그런 수고를 덜어주는 사이트가 있습니다. 무려 구글에서 제공하는 아이콘 서비스예요.

18.2.1 구글 아이콘 사용하기

구글 아이콘 사용법은 구글 폰트를 적용하는 것과 동일합니다. 우선 구글 폰트 사이트에서 제공하는 아이콘 페이지에 접속해주세요.

01 구글 폰트 사이트(fonts.google.com/icons)에 접속해서 원하는 아이콘을 검색합니다. ❶ 찾고 싶은 아이콘 이름을 입력하고 ❷ 원하는 아이콘을 찾아 클릭합니다(저는 wifi를 검색했습니다).

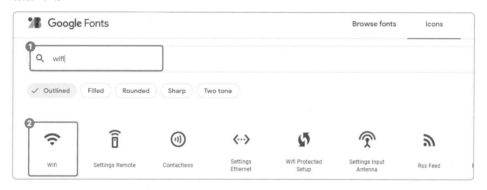

02 아이콘 코드를 클릭해 오른쪽에 나타나는 창에서 ⬜ 아이콘을 눌러 코드를 복사합니다.

03 아이콘을 적용하고자 하는 HTML 파일에 붙여넣습니다.

```
                                                    find.html
<body>
    <span class="material-icons-outlined">
        wifi
    </span>
</body>
```

이렇게만 작업하면 페이지에 'wifi'라는 텍스트가 나올 거예요. 이제 해당 코드가 구글 아이콘에서 불러왔다는 걸 브라우저에게 알려줘야 합니다. 그리고 아이콘 크기를 지정하는 방법등 구글 아이콘을 활용하는 방법을 알려드리겠습니다.

04 아이콘 코드 상단에 있는 설명서 [instruction] 버튼을 클릭합니다.

05 ❶ [guides] → ❷ [Material Icons Guide]로 접속합니다.

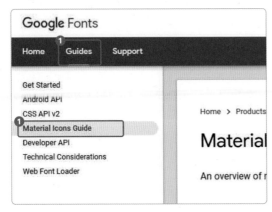

06 구글 아이콘을 사용하기 위한 링크 삽입합시다. 한국어로도 언어 설정을 바꿀 수 있는 것 같은데 이 책을 쓰는 시점에서 완벽하게 번역이 이루어지지 않아 영어 문서로 진행하겠습니다. Material icons guide에 접속해서 밑으로 내리면 setup method 1(설치 방법 1)이라는 항목을 보실 수 있습니다. 여기서 ❶ "https://fonts.googleapis.com/icon?family=Material+Icons"라는 부분만 복사합니다.

@import와 함께 global.css에 삽입합니다. 이때 내가 삽입하는 아이콘 코드가 outlined 또는 icons로 끝나는지 확인 후 어떤 URL을 임포트해줄지 정해야 합니다. 구글 아이콘을 검색할 때 하단에 있는 키워드가 보이실 거예요. 이 키워드는 우리가 임포트해줄 코드와 연관이 있습니다.

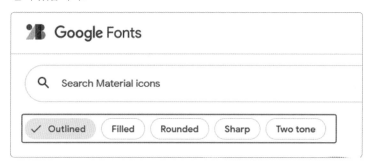

우리는 Outlined가 체크된 상태에서 와이파이 아이콘을 불러왔습니다. 와이파이 코드를 다시 볼까요? 가장 끝에 Outlined라고 적혀 있을 거예요.

▼ 아이콘 키워드 구별하는 방법

```
<span class="material-icons-outlined">
done
</span>
```

material-icons-outlined인 경우

```
<span class="material-icons">
done
</span>
```

material-icons인 경우

아이콘을 임포트할 때 키워드가 알맞게 추가된 코드를 선언해야 합니다. 다음의 코드를 보고 자신이 필요한 코드를 global.css에 삽입해주세요. 자세히 보시면 기본 + 키워드 구성인 걸 보실 수 있습니다.

```
/* 기본 */
@import url("https://fonts.googleapis.com/icon?family=Material+Icons");

/* Outlined */
@import url("https://fonts.googleapis.com/icon?family=Material+Icons+Outlined");

/* Filled */
@import url("https://fonts.googleapis.com/icon?family=Material+Icons+Filled");

/* Rounded */
@import url("https://fonts.googleapis.com/icon?family=Material+Icons+Round");

/* Sharp */
@import url("https://fonts.googleapis.com/icon?family=Material+Icons+Sharp");

/* Two tone */
@import url("https://fonts.googleapis.com/icon?family=Material+Icons+Two+Tone");
```

저는 기본과 Outlined 두 가지 아이콘을 사용합니다. 그래서 두 가지만 추가해주었습니다. 모든 URL을 삽입하면 아이콘을 로딩하는 데 오래걸릴 수 있으니 필요한 코드만 불러와 사용하시기 바랍니다.

global.css
```
@import url("https://fonts.googleapis.com/icon?family=Material+Icons"),
@import url("https://fonts.googleapis.com/icon?family=Material+Icons+
Outlined");
```

07 아이콘 크기를 변경해보겠습니다. 구글 아이콘은 CSS에서 font-size라는 속성을 사용하여 크기를 지정할 수 있습니다. 우리 프로젝트에서는 직접 지정을 해줄 겁니다. 하지만 구글에서 제시하는 방법도 참고하시면 좋을 것 같습니다.

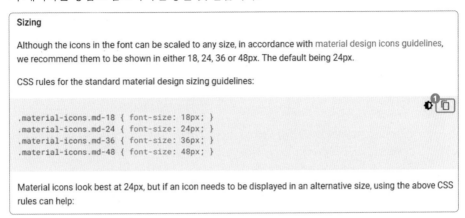

페이지를 더 내려서 sizing이라는 항목에 있는 코드를 ❶ 아이콘을 눌러 복사해 global. css에 적용시켜줍니다. 이 코드는 md-18, md-24 등의 클래스를 가진 태그에 적용됩니다. 따라서 크기를 변경하고 싶을 땐 해당 클래스 이름을 적용하고자 하는 태그의 클래스로 작성 해주면 됩니다. 18px, 24px 등 특정 크기만 정해주는 이유는 해당 크기가 가장 널리 사용 되기 때문입니다.

▼ 적용 예

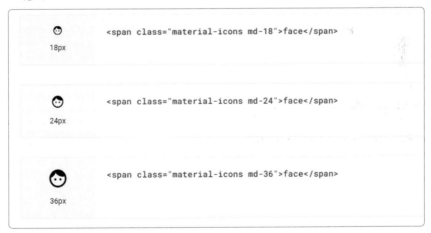

이 외에도 해당 문서를 보시면 투명도를 조절하는 방법, 배경색을 조절하는 방법 등을 확인 할 수 있습니다. 자신이 자주 사용할 것 같은 스타일이라면 적용하셔도 좋겠습니다.

18.3 검색바 만들기

To Do **01** VSCode를 실행하고 find.html 파일에 HTML 기본 구조와 find.html을 스타일링할 find.css를 만듭니다.

02 find.css에 global.css를 임포트합니다.

```html
find.html
<!DOCTYPE html>
<html lang="ko">
  <head>
    <meta charset="UTF-8" />
    <meta http-equiv="X-UA-Compatible" content="IE=edge" />
    <meta name="viewport" content="width=device-width, initial-scale=1.0" />
    <title>find movie</title>
    <link rel="stylesheet" href="./css/find.css" />
  </head>
  <body>
  </body>
</html>
```

```css
find.css
@import "./global.css";
```

18.3.1 검색바 HTML 작성하기

이제 검색창을 구현하겠습니다. 검색은 input 태그를 이용해서 검색바 안에 글씨를 쓸 수 있게 할 거예요. 그리고 클릭하면 검색바가 활성화되도록 애니메이션을 주겠습니다.

▼ 이번에 구현할 목표

To Do **01** 검색바 HTML 구조를 작성합니다.

```html
find.html
<form class="find-search-bar-form"> <!--❶-->
  <div>
```

```
        <input class="find-search-bar" placeholder="검색하기" />
        <span class="material-icons-outlined">
            search
        </span>
    </div>
</form>
```
<!--❷-->

❶ 폼을 제작합니다. ❷ 폼 안에 들어갈 텍스트와 아이콘을 삽입합니다.

02 파일을 저장하고 실행합니다.

HTML 짜는 게 어려워요

처음부터 완벽하게 HTML 코드를 짜는 건 매우 어려운 일입니다. 심지어 저도 여러분께 보여드리는 코드는 여러 번 수정을 거친 코드예요. 일단 적혀있는 대로 따라치기보단 HTML 구조를 생각해보고 모르는 부분이 생기면 그때 다시 코드를 보는 것도 좋은 방법입니다.

18.3.2 검색바 스타일링하기

여기서 잠깐 생각을 해봅시다. 검색바의 형태를 이루는 사각형과 돋보기 아이콘을 일직선에 놓고, 가운데 정렬시키려면 어떻게 해야 할까요? 바로 display: flex로 같은 행에 위치시키고 position: relative와 absolute를 지정하여 절대, 상대 경로를 지정하면 됩니다.

여기서 꿀팁이 있습니다. 자주 사용되는 CSS 스타일이 있다면 global.css에 작성해두는 거예요. 예를 들어 중앙 정렬이 필요할 때마다 CSS 코드를 구구절절 쓸 필요 없이 태그에 해당 스타일을 가진 클래스를 지정하기만 하면 바로 적용할 수 있습니다. 마치 아이콘 크기 조절을 위해 md-18 등으로 클래스명을 주는 것처럼요! 일종의 템플릿이라고 생각할 수 있는 display-flex-center 와 position-relative는 모든 CSS에 걸쳐 쓰이기 때문에 global.css에 넣어주겠습니다. 그리고 이 마법의 템플릿을 검색바 HTML의 클래스로 지정해주겠습니다.

global.css에 display-flex-center와 position-relative에 속성을 추가합니다.

```css
                                                                    global.css
.display-flex-center {
  display: flex;
  justify-content: center;
  align-items: center;
}
.position-relative {
  position: relative;
}
```

02 find.html에 클래스를 추가합니다.

```html
                                                                    find.html
    <form class="find-search-bar-form display-flex-center
position-relative">                     ┌─ <!--❷-->
        <div class="display-flex-center position-relative">
            <input class="find-search-bar" placeholder="검색하기" />
            <span class="material-icons-outlined"> search </span>
        </div>
    </form>
```

03 find.css 파일에 검색바 스타일링 코드를 작성합니다.

```css
                                                                    find.css
.find-search-bar-form {
  padding: 0 25px; /*검색바 간격 조정*/
}

                                                     /* ❶ */
.find-search-bar-form div {
  width: 100%; /*검색바 길이 조정*/
}
.find-search-bar {
  margin-top: 50px; /*검색바 윗 간격 조절*/
  background-color: var( darkpurple);
  border-radius: 25px;
  width: 100%; /*검색바 길이 조정*/           /* ❷ */
  padding: 10px;
  color: white; /*입력시 글씨 하얗게*/
}
```

```
    transition: background-color 0.3s ease-in-out;
  }

  .find-search-bar:focus {
    background-color: #594374;
  }                                                    /* ❸ */
  .find-search-bar-form span {
    position: absolute; /*relative를 기준으로 위치 조정*/
    font: 1rem;
    bottom: 0.55rem;                                    /* ❹ */
    right: 25px; /*오른쪽으로부터 25px 떨어짐*/
  }
```

❶ 검색바의 간격을 조절합니다. ❷ 검색바를 스타일링합니다. ❸ 검색바를 클릭했을 때 애니메이션을 추가합니다. ❹ 검색바 아이콘의 위치 및 크기를 조정합니다.

04 파일을 저장하고 실행합니다.

▼ 클릭 전

▼ 클릭했을 때 검색창이 활성화됨

STEP 2 # 18.4 추천 작품 만들기

▼ 이번에 구현할 목표

이제 작품을 추천하는 페이지를 만들어볼 거예요. 우선 작품 사진이 있어야겠죠? 앞서 설명드린 방법과 마찬가지로 이미지를 불러옵니다. 이번에도 목표부터 설정하고 스스로 구현해보신 다음 저와 함께 코드를 비교하도록 해요.

01 추천 작품 HTML 코드를 작성합니다.

```
                                                                    find.html
    <div class="best-movie"> <!--❶-->
      <div class="best-movie__img-container"> <!--❷-->
        <img class="best-movie__img" src="./img/find-bestMovie-img.jpg" />
        <span class="material-icons"> play_arrow </span>
      </div>                                              <!--❸-->
      <div class="best-movie__title">
        <p class="best-movie__promotion-text">지금 가장 흥행하는 작품은?</p>
        <span class="best-movie__movie-name">승리호</span>
      </div>
    </div>                                                <!--❹-->
```

❶ 추천 작품 전체를 감싸는 div 태그를 생성합니다. ❷ 추천 작품 이미지와 아이콘을 감싸는
div 태그를 생성합니다. ❸ 추천 작품 이미지와 아이콘을 ❷ 태그의 자식으로 만들어줍니다.
❹ 추천 작품 설명 태그를 만들어줍니다. 그림으로 보면 다음과 같습니다.

▼ HTML 구조

← class="best-movie"

← class="best-movie__img-container"

← class="best-movie__title"

02 추천 작품을 스타일링합니다.

```
                                      ┌── 추가
                                                                    find.html
    <div class="best-movie position-relative">
```

```
                                                                    find.css
.best-movie__img-container {
  padding: 0 20px;
  margin: 20px 0;
  display: flex;          /* ❶ */
  justify-content: center;
}
```

```
.best-movie__img {
  width: 22rem;
  height: 12rem;              /* ❷ */
  border-radius: 25px;
}
.best-movie__img-container span {
  position: absolute;/*position: relative의 값을 가진 곳을 기준으로 움직임*/
  background-color: var(--purple);
  border-radius: 50%;
  left: calc(50% + 5rem);                              /* ❸ */
  font-size: 5rem;
  bottom: 3.2rem;
}
.best-movie__title {
  padding-left: 25px;
}
.best-movie__promotion-title {
  font-size: 14px;
}                              /* ❹ */
.best-movie__movie-name {
  color: var(--purple);
  font-size: 40px;
  font-weight: 600;
}
```

❶ 이미지 컨테이너의 간격을 조정합니다. ❷ 사진 크기를 조정합니다. ❸ 플레이 아이콘의 스타일 및 크기를 지정합니다. ❹ 텍스트의 스타일 및 크기를 지정합니다.

이때 중요한 점은 전체를 감싸는 best-movie 태그와 재생 버튼의 관계입니다. 재생 버튼은 best-movie 사진과 함께 일정한 위치에 있어야 합니다. 즉, 반응형으로 디자인되려면 화면 해상도가 이 둘의 위치에 영향을 미치면 안 됩니다. 이들 위해 2가지 작업을 해주겠습니다.

첫째, 재생 버튼은 부모(여기서는 사진)을 기준으로 위치가 움직여야 합니다. 바로 best-movie 태그의 position값을 relative로 지정하고, 재생 버튼 아이콘의 position값을 absolute로 지정하면 됩니다. 재차 강조하자면 position: absolute는 부모를 기준으로 움직이는데, 부모가 relative, fixed 등의 위치 속성을 갖고 있으면 이들을 기준으로 움직이는 성격을 갖고 있습니다. 따라서 해상도가 변해도 재생 버튼은 그림을 기준으로 움직이는 것이죠.

그림으로 이 둘의 관계를 다시 보겠습니다.

둘째, 화면 크기가 바뀔 때 일정한 위치를 유지시켜주는 속성 calc( ) 함수를 사용했습니다.
calc() 함수 사용법은 다음과 같습니다.

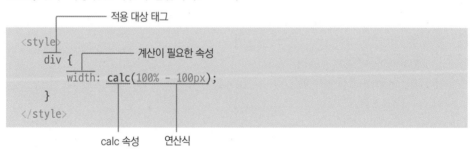

calc( ) 함수는 괄호 안에 연산을 할 수 있고, 연산 결과를 토대로 속성에 값을 적용합니다.
우리는 재생 버튼이 사진의 왼쪽으로부터 2/3만큼 오길 원하기 때문에 calc(50% + 5rem)
로 계산했습니다.

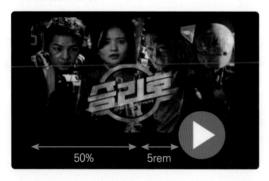

50%는 화면 크기와 상관없이 항상 왼쪽으로부터 절반 떨어진 정도에 위치하라는 뜻이고, 이에 덧셈으로 5rem만큼 왼쪽으로부터 추가로 떨어지게 만들었습니다. 이렇게 함으로써, 재생 버튼은 왼쪽으로부터 절반 그리고 5rem 떨어진 곳에 위치하게 됩니다.

03 두 파일을 저장하고 코드를 실행합니다.

> ## CSS에 position absolute만 있고 position relative는 없어요!
>
> global.css에 적용한 position: relative를 기억하시나요? 그래서 클래스 이름에 position-relative를 넣기만 해도 global.css에 적용되어 있는 CSS 덕분에 find.html에 따로 CSS에 position값을 지정해주지 않아도 됩니다.
>
> ▼ 화면을 늘려도 사진과 span 위치는 바뀌지 않습니다.
>
>

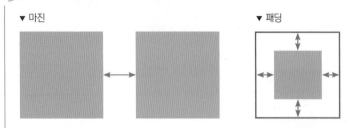

마진과 패딩을 따로 준 이유

▼ 마진

▼ 패딩

마진은 바깥쪽 여백 속성을, 패딩은 안쪽 여백 속성을 지정합니다. 다시 말하면 마진은 요소가 주변의 다른 요소와 유지하려는 거리입니다. 패딩 요소가 내부 요소와 유지하려는 거리입니다. 그래서 이미지 컨테이너와의 여백은 마진을, 이미지 컨테이너 자체의 거리는 패딩으로 관리를 해준 겁니다.

STEP 3 18.5 다른 작품 추천 기능 만들기

이번엔 다른 작품을 추천해주는 UI를 만들 거예요. 여기서 포인트는 추천 작품들은 옆으로 스크롤이 가능하다는 점입니다. 어떻게 하면 페이지 전체가 움직이는 게 아니라 추천 작품만 옆으로 스크롤할 수 있을지 생각해보면서 만들어봅시다.

힌트를 드릴까요? 17장에서 다룬 overflow에 auto라는 속성이 있습니다. 요소 크기가 화면을 벗어나지 않을 때는 visible을 적용하고, 벗어났을 때는 scroll을 노출시켜 요소를 스크롤할 수 있게 만드는 속성입니다.

▼ 요소가 화면 크기에 맞을 때

Michaelmas term lately over,
and the Lord Chancellor
sitting in Lincoln's Inn Hall.
Implacable November
weather. As much mud in

▼ 요소가 화면 크기보다 클 때

The value of Pi is
3.1415926535897932384626433
The value of e is
2.7182818284590452353602874

x축 방향으로 overflow를 적용하는 코드는 다음과 같습니다.

```
overflow-x: auto; /*x축 방향으로 overflow를 적용함*/
```

이번에 구현할 목표를 살펴볼까요?

▼ 처음 화면

▼ 옆으로 스크롤 했을 때

18.5.1 다른 작품 추천 HTML 작성하기

To Do **01** find.html에 ul 태그와 li 태그로 이미지를 감싸는 HTML 코드를 구현합니다.

```
                                                                         find.html
<div class="movie-recommendation"> <!--❶-->
 <span class="movie-recommendation__title">다른 작품 보기 ></span>
 <!--❷-->
 <ul class="movie-recommendation__imges">
  <li>
   <img src="find-movieRecommendation-01.jpg" />
  </li>
  <li>
   <img src="find-movieRecommendation-02.jpg" />        <!--❸-->
  </li>
  <li>
   <img src="find-movieRecommendation-03.jpg" />
  </li>
 </ul>
</div>
```

❶ 전체를 감싸는 div 태그를 만듭니다. ❷ 타이틀을 보여줄 span 태그를 만듭니다. ❸ 이미지를 넣을 ul 태그를 만들고 이미지별로 li 태그를 생성합니다.

02 파일을 저장하고 코드를 실행합니다.

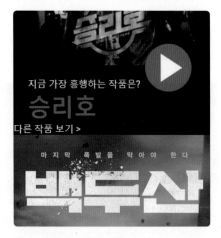

> **ul 태그를 사용한 이유**
>
> ul 태그는 순서가 상관없는 목록을 나타내는 데 용이합니다. ⟨li⟩ 태그는 각 목록 항목을 나타냅니다.

18.5.2 다른 작품 추천 스타일링하기

To Do **01** find.css에 스타일링 코드를 구현합니다.

```css
                                                                find.css
.movie-recommendation {
  margin: 25px 0;
  padding: 0 25px;              /* ❶ */
}
.movie-recommendation__imges {
  margin-top: 15px;
  list-style: none; /*ul 스타일 제거*/
  display: flex;                /* ❷ */
  overflow-x: scroll; /*x축 방향으로 스크롤*/
}
```

```
.movie-recommendation__imges li {
  margin-left: 5px;                      /* ❸ */
}
.movie-recommendation__imges img {
  width: 150px;
  border-radius: 15px;                   /* ❹ */
}
```

❶ 전체를 감싸는 태그의 간격을 조정합니다. ❷ 이미지의 스타일을 지정합니다. ❸ 이미지 사이 간격을 조정합니다. ❹ 이미지 크기를 지정합니다.

02 파일을 저장하고 코드를 실행합니다.

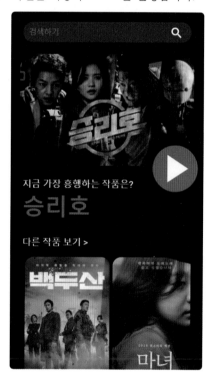

18.6 네비게이션바 만들기

이렇게 다른 작품 추천 페이지를 완성했습니다. 이제 다음 페이지로 이동할 때 필요한 네비게이션 바를 만들면서 오늘 실습을 마무리해보겠습니다. 얼마 남지 않았습니다! 조금만 더 힘내보아요.

네비게이션바도 상태바와 같이 두 개 이상 HTML에서 똑같이 보여지기 때문에 navigation-bar 라는 CSS 파일을 새로 만들어서 적용하는 게 좋을 것 같습니다.

▼ 이번에 구현할 목표

18.6.1 네비게이션바 HTML 작성하기

구글 아이콘에서 각 아이콘을 찾아주세요. 그리고 코드에 삽입 후 아이콘과 이동할 HTML 파일을 연결합니다. 여기서 포인트는 유저가 자신이 있는 페이지를 바로 알 수 있도록 아이콘 굵기가 달라져야 한다는 점입니다.

01 find.html에 네비게이션바 HTML 코드를 구현합니다.

```
find.html
<div class="navigation-bar">  <!--❶-->
  <a href="find.html">
    <span class="material-icons-outlined">
      search
    </span>
  </a>
  <a href="mypage.html"> /*mypage.html 생성 예정*/      ── <!--❷-->
    <span class="material-icons-outlined">
      person_outline
    </span>
  </a>
</div>
```

❶ 네이게이션 바 전체를 감싸는 div 태그를 만들어줍니다. ❷ a 태그로 연결할 파일과 아이콘을 지정합니다.

02 파일을 저장하고 실행합니다.

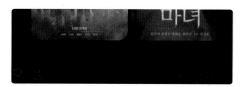

18.6.2 네비게이션바 스타일링하기

네비게이션바는 두 페이지에 걸쳐 적용되는 CSS인만큼 별도로 navigation-bar.css를 만들겠습니다. 추가로 네비게이션바의 position값을 fixed로 만들어주어야 합니다. 왜냐하면 스크롤 시 위치가 고정되어야 하기 때문이죠.

To Do **01** global.css에 navigation-bar.css를 임포트합니다.

```
global.css
@import "./nevigation-bar.css";
```

02 navigation-bar.css에 네비게이션 스타일링 코드를 구현합니다.

```
                                                                navigation-bar.css
.navigation-bar {
  background-color: rgba(255, 255, 255, 0.5); /*투명도를 50%로 조절함*/
  width: 8rem;
  height: 3rem;
  border-radius: 0 10px 0 0;                          /* ❶ */
  display: flex;                                  /* ❷ */
  justify-content: space-around; /*컨테이너 내에 균등하게 분포*/
  align-items: center;
  position: fixed;
  bottom: 0; /*화면에서 가장 아래로 위치시킴, 아래로 부터 0만큼 떨어짐*/
}
.navigation-bar span {
  color: black;
  font-size: 1.5rem;          /* ❸ */
}
```

❶ 네비게이션바의 크기 및 색상을 지정합니다. ❷ 네비게이션바의 위치를 조정합니다.
❸ 아이콘의 색상 및 크기를 지정합니다.

02 파일을 저장하고 실행합니다.

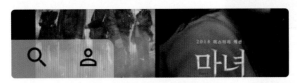

03 아직 끝나지 않았어요! 마지막으로 클릭했을 때 find.html 페이지에 있음을 알리기 위해 돋
보기 아이콘의 굵기를 두껍게 해주겠습니다.

```
                                                                find.html
<div class="navigation-bar">
    <a href="find.html">                            <!--❶-->
      <span class="material-icons-outlined find-icon-licked"> search </span>
    </a>
    <a href="mypage.html">
      <span class="material-icons-outlined"> person_outline </span>
    </a>
  </div>
```

```
.find-icon-clicked {
  font-weight: 600; /* ❷ */
}
```

❶ find.html에 클릭 시 스타일을 줄 수 있는 클래스를 선언합니다. ❷ navigation-bar. css에 클릭 시 폰트를 두껍게 만드는 스타일을 지정합니다.

▼ 실행 결과

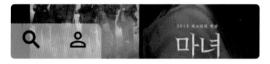

font-weight가 적용되지 않아요!

global.css에 구글 아이콘을 임포트해준 코드와 navigation-bar.css를 임포트해준 코드의 순서를 확인해보세요. 구글 아이콘 코드가 navigation-bar.css보다 아래에 있다면 구글 아이콘에서 기본으로 설정해놓은 스타일로 적용됩니다.

```
css > 3 global.css > ...
  1   @import url("https://fonts.googleapis.com/css2?family=Roboto:wght@300;400;500;7
  2 ▶ @import url("https://fonts.googleapis.com/icon?family=Material+Icons+Outlined")
  3 ▶ @import url("https://fonts.googleapis.com/icon?family=Material+Icons");
  4
  5   @import "./reset.css";
  6   @import "./variable.css";
  7 ▶ @import "./nevigation-bar.css";
```

사진과 같이 구글 아이콘 코드가 상단에 위치해야 합니다.

지금까지 열심히 작성한 덕분에 다음과 같이 멋진 결과물을 얻게 되네요. 모두 고생하셨습니다.

▼ 완성

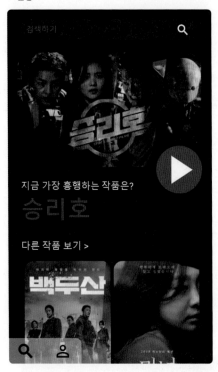

학습 마무리

콘텐츠 추천 페이지를 만들었습니다. 그 과정에서 구글 아이콘 사용법도 배웠습니다. 유용하게 활용하시길 빕니다.

핵심 요약

1. p 태그는 문장을, span 태그는 단어 등 문장이라고 보기 어려운 경우에 사용하는 것이 좋습니다. p 태그는 block을, span 태그는 inline을 기본 요소로 가집니다.
2. 마진은 바깥쪽 여백을, 패딩은 안쪽 여백의 속성을 지정합니다.
3. overflow의 auto는 요소 크기가 화면을 벗어나지 않을 때는 기본값인 visible을, 요소 크기가 화면을 벗어났을 때는 scroll을 노출시켜 요소를 스크롤할 수 있게 만드는 속성입니다.

Project #3
마이 페이지 만들기

로그인 페이지
만들기

콘텐츠 추천
페이지 만들기

마이 페이지
만들기

웹에 배포하기

☐ 학습 목표	프로필, 작품 이어보기, 찜한 목록 등을 볼 수 있는 마이 페이지를 만들어보겠습니다.
☐ 학습 순서	1 뜯어보기
	2 사전 준비
	3 프로필 만들기
	4 이어보기 만들기
	5 내가 찜한 목록 만들기
	6 네비게이션 바 만들기
	7 미디어 쿼리로 화면 제한하기

19.1 뜯어보기

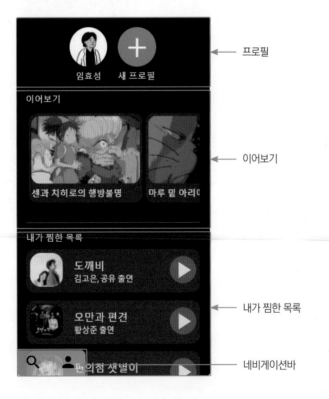

← 프로필

← 이어보기

← 내가 찜한 목록

← 네비게이션바

드디어 오늘 최종 실습을 마무리하는 날입니다! 너무 행복하네요. 우리가 만들 UI는 다음과 같습니다.

19.2 사전 준비

To Do **01** mypage.html을 만들고, 기본 코드를 작성합니다.

```
                                                        mypage.html
<!DOCTYPE html>
<html lang="ko">
  <head>
    <meta charset="UTF-8" />
    <meta http-equiv="X-UA-Compatible" content="IE=edge" />
    <meta name="viewport" content="width=device-width, initial-scale=1.0" />
    <title>My page</title>
    <link rel="stylesheet" href="./css/mypage.css" />
  </head>
  <body>
  </body>
</html>
```

02 mypage.css를 생성 후, global.css를 임포트합니다.

```
                                                        mypage.css
@import "./global.css";
```

STEP 1 19.3 프로필 만들기

프로필을 만들어봅시다.

19.3.1 프로필 HTML 작성하기

프로필 UI는 이미지가 있고 그 밑에 텍스트가 있습니다. 이미지의 텍스트의 부모 대그를 민들고, 프로필 태그를 감싸는 전체 태그를 만드는 방식으로 HTML 구조를 짜보겠습니다. 목표를 먼저 보여드릴 테니 직접 구현해보셔도 좋겠습니다.

▼ 이번에 구현할 목표

To Do 01 프로필 HTML 구조를 작성합니다.

```html
                                                                    mypage.html
<div>  <!--❶-->
  <div class="user-component">
    <img src="./img/mypage-profile.jpg" class="user-component__profile" />
    <div class="user-component__id">임효성</div>      <!--❷-->
  </div>
  <div class="user-component">
    <div class="user-component__profile add-profile-btn">
        <span>+</span>                                 <!--❸-->
    </div>
    <div class="user-component__id">새 프로필</div>
  </div>
</div>
```

❶ 프로필 태그의 전체를 감싸는 div 태그를 생성합니다.

❷ 이미지와 텍스트를 감싸는 div 태그를 생성합니다.

❸ 새 프로필 추가 버튼과 프로필 이름을 감싸는 div 태그를 생성합니다.

02 파일을 저장하고 실행합니다.

19.3.2 프로필 스타일링하기

목표는 다음과 같습니다.

▼ 현재

▼ 목표

To Do 01 mypage.css에 프로필 스타일링 코드를 작성합니다. global.css에 추가했던 템플릿을 사용할 수도 있다는 점을 항상 염두하면서 코드를 짜주세요.

```
                                                            mypage.html
    <div class="display-flex-center"> <!--❹-->
     <div class="user-component position-relative display-flex-center">
                                              <!--❶-->

       <img src="./img/mypage-profile.jpg" class="user-component
__profile" />
       <div class="user-component__id">임효성</div>
     </div>
     <div class="user-component">
       <div
         class="user-component__profile add-profile-btn display-flex-center"
       >
                                              <!--❸-->
         <span>+</span>
       </div>
       <div class="user-component__id">새 프로필</div>
     </div>
    </div>
```

```
                                                            mypage.css
.user-component {
  padding: 20px 10px;
  flex-direction: column;
}
```

```css
.user-component__profile {
  width: 70px;
  height: 70px;                    /* ❷ */
  border-radius: 50%;
}
.user-component__id {
  padding-top: 0.3rem;
  font-size: 1rem;
}
.add-profile-btn {
  background-color: gray;
  width: 70px;
  height: 70px;
  font-size: 4rem;                 /* ❸ */
  font-weight: 100;
  color: white;
}
```

❶ 프로필 이미지 크기 및 위치를 조정합니다.

❷ 프로필 이미지와 텍스트를 스타일링합니다.

❸ 새 프로필 추가 버튼의 위치 및 스타일을 지정합니다.

❹ 전체를 감싸는 태그의 위치를 가운데로 조정합니다.

02 파일을 저장하고 실행합니다.

STEP 2 19.4 이어보기 만들기

보던 작품을 이어서 볼 수 있는 곳을 만들 거예요. 방법은 콘텐츠 추천 페이지에서 만들었던 overflow-x를 사용하면 좋을 것 같습니다. 우선 목표와 그에 맞는 HTML 구조를 작성해보겠습니다.

▼ 이번에 구현할 목표

19.4.1 이어보기 HTML 작성하기

To Do 01 mypage.html 파일에 이어보기 코드를 추가합니다.

```
                                                              mypage.html
    <div class="continue-watching"> <!--❶-->
      <p class="continue-watching__header">이어보기</p> <!--❷-->
      <ul class="continue-watching__imges"> <!--❸-->
        <li>
          <div class="continue-watching__card">
            <img src="./img/mypage-continueWatch-01.jpg" />
            <span class="continue-watching__title">센과 치히로의 행방불명</span>
          </div>
                                                   <!--❹-->
        </li>
/*continue-watching__card의 형식은 같되, 이미지와 텍스트만 변경*/
        <li>
          <div class="continue-watching__card">
            <img src="./img/mypage-continueWatch-02.jpg" />
            <span class="continue-watching__title">마루 밑 아리에티</span>
          </div>
        </li>
      </ul>
    </div>
```

❶ 이어보기 전체를 감싸는 div 태그를 작성합니다.

❷ 타이틀 삽입을 위한 p태그를 작성합니다.

❸ 이어보기 작품 사진과 설명을 감싸는 부모 리스트 태그를 작성합니다.

❹ 작품 사진과 작품 제목을 담는 태그를 작성합니다.

02 파일을 저장하고 실행합니다.

19.4.2 이어보기 스타일링하기

To Do **01** mypage.css에 이어보기 스타일링을 추가합니다.

```css
                                                                        mypage.css
.continue-watching__imges img {
  width: 200px;
  height: 120px;                                              /* ❶ */
  border-radius: 15px;
  object-fit: cover; /*가로세로 비율을 유지한 채로 지정한 크기 맞춤*/
}
.continue-watching {
  margin-bottom: 25px;
  padding: 0 20px;                  /* ❷ */
  padding-bottom: 10px;
}
.continue-watching__imges {
  list-style: none; /*리스트 스타일 제거*/
  display: flex;                    /* ❸ */
  overflow-x: auto; /*x축으로 스크롤*/
}
```

```
.continue-watching__card {
  background-color: var(--darkpurple);
  padding: 5px;                          /* ❹ */
  border-radius: 15px;
}
.continue-watching__header {
  margin-bottom: 15px;
}                                        /* ❺ */
.continue-watching__imges li {
  margin-left: 5px;
}
.continue-watching__title {
  display: block; /*사진과 텍스트 사이 간격 조절*/
  margin: 2px 0;                         /* ❻ */
}
```

❶ 사진 크기를 조절합니다.

❷ 사진 여백을 조정합니다.

❸ 리스트 스타일을 삭제 후 x축으로 스크롤하도록 만듭니다.

❹ 사진과 텍스트를 감싸는 배경을 만듭니다.

❺ 이어보기 타이틀과 작품 간의 간격을 조절합니다.

❻ 사진과 텍스트 사이의 간격을 조절합니다.

object-fit이 뭐지?

object-fit 속성 이미지 등의 요소 크기를 어떤 방식으로 조절해 요소에 맞출 것인지 지정합니다. 이 중 우리가 사용한 cover는 요소의 가로세로 비율을 유지하면서, 요소 박스를 가득 채운다는 뜻입니다. 다만 서로의 가로세로 비율이 들어갈 공간에 완벽히 일치하지 않으면 요소 일부가 잘려나간다는 점을 주의해주세요. 다른 object-fit 속성이 궁금하다면 css object-fit을 구글링해보세요.

02 파일을 저장하고 실행합니다.

19.5 내가 찜한 목록 만들기

이번엔 내가 찜한 목록을 만들어볼 거예요. 이를 위해 이어보기 아래에 경계선을 만들고 아래 목표와 같이 페이지를 구성하겠습니다. 지금까지 해왔던 과정과 비슷하니 이 작업을 비교적 쉽게 하실 거라 생각합니다.

구현할 목표 UI 확인하고 출발합시다.

▼ 이번에 구현할 목표

19.5.1 내가 찜한 목록 HTML 작성하기

To Do 01 mypage.html에 찜한 목록을 보여줄 코드를 작성합니다.

```
                                                                      mypage.html
<div class="wishlist"> <!--❶-->
  <p class="wishlist__header">내가 찜한 목록</p> <!--❷-->
  <div class="wishlist-container"> <!--❸-->

    <div class="wishlist-item"> <!--❹-->
      <div>
        <img src="./img/mypage-wishlist-01.jpg" class="wishlist__img" />
      </div>
      <div class="wishlist-info">
          <span class="wishlist__title">도깨비</span>
          <span class="wishlist__subtitle">김고은, 공유 출연</span>
      </div>
      <div class="wishlist-play-btn">
        <span class="material-icons">
        play_arrow
        </span>
      </div>                                                  <!--❺-->
    </div>
    /*wishlist-item과 형식의 코드이나 이미지와 텍스트만 변경*/
    <div class="wishlist-item">
      <div>
        <img src="./img/mypage-wishlist-02.jpg" class="wishlist__img" />
      </div>
      <div class="wishlist-info">
          <span class="wishlist__title">오만과 편견</span>
          <span class="wishlist__subtitle">황상준 출연</span>
      </div>
      <div class="wishlist-play-btn">
        <span class="material-icons">
        play_arrow
        </span>
      </div>
    </div>

    <div class="wishlist-item">
      <div>
        <img src="./img/mypage-wishlist-03.jpg" class="wishlist__img" />
```

```
        </div>
        <div class="wishlist-info">
            <span class="wishlist__title">편의점 샛별이</span>
            <span class="wishlist__subtitle">김유정, 지상욱 출연</span>
        </div>
        <div class="wishlist-play-btn">
          <span class="material-icons">
            play_arrow
            </span>
        </div>
      </div>
    </div>
  </div>
```

❶ 찜한 목록 전체를 감싸는 태그를 생성합니다.

❷ 헤더 타이틀 태그를 생성합니다.

❸ 찜한 목록 작품과 텍스트 전체를 감싸는 태그를 생성합니다.

❹ 개별 작품과 텍스트를 감싸는 태그를 작성합니다.

❺ 자식으로 작품 이미지와 정보, 아이콘을 담을 태그를 생성합니다.

02 파일을 저장하고 실행합니다.

19.5.2 내가 찜한 목록 스타일링하기

To Do **01** mypage.css 파일에 찜한 목록 스타일을 작성합시다.

```
                                                         mypage.css
.wishlist__img {
  width: 60px;
  height: 60px;                 /* ❶ */
  border-radius: 20px;
}
.wishlist__header {
  border-top: 1px solid var(--border-color);
  padding-top: 15px;            /* ❷ */
  margin-bottom: 10px;
}
.wishlist-item {
  margin-bottom: 0.8rem;
  display: flex;
  align-items: center;
  justify-content: space-between;   /* ❸ */
  background-color: var(--darkpurple);
  padding: 7px;
  border-radius: 15px;
}
.wishlist-info {
  display: flex;
  flex-direction: column;
  width: 100%;
  padding-left: 20px;
}
.wishlist__title {               /* ❹ */
  font-size: 1.2rem;
}
.wishlist__subtitle {
  font-size: 0.9rem;
}
.wishlist-play-btn span {
  background-color: var(--purple);
  border-radius: 50%;
  opacity: 0.9;                  /* ❺ */
  font-size: 3rem;
}
```

```
.wishlist {
  padding: 0 20px 10px 20px;  ── /* ❻ */
}
```

❶ 이미지 크기를 조정합니다.

❷ 경계선 및 헤더 타이틀 간격을 지정합니다.

❸ 찜한 목록 작품 사진 및 정보의 전체 간격을 조정합니다.

❹ 작품 사진 및 정보 세부 간격 및 크기를 조정합니다.

❺ 아이콘을 스타일링합니다.

❻ 내가 찜한 목록의 여백을 지정합니다.

02 파일을 저장하고 실행합니다.

> **화면의 길이가 너무 길어요!**
>
> html 태그와 body 태그의 높이를 100%로 지정해보세요.
>
> ```
> html,
> body {
>   height: 100%;
> }
> ```

STEP 4 19.6 네비게이션바 만들기

우리는 18장에서 이미 네비게이션바를 만들었습니다. 따라서 find.html에서 네비게이션바 코드를 복사해 mypage.html에 복사, 붙여넣기를 해주겠습니다. 그리고 mypage.html에 머물고 있다는 표시로 사람 아이콘을 변경하겠습니다. HTML 코드만 불러와도 CSS가 적용되는 이유는 상태바와 네비게이션바의 CSS를 따로 만들고 global.css에서 불러왔기 때문입니다.

```
                                                            mypage.html
<div class="navigation-bar">
  <a href="find.html">
    <span class="material-icons-outlined find-icon-clicked"> search </span>
  </a>                                                   <!--❶-->
  <a href="mypage.html">
    <span class="material-icons"> person </span> <!--❷-->
  </a>
</div>
```

❶ find-icon-clicked 클래스를 삭제합니다. ❷ 사람 아이콘을 변경합니다. 구글 아이콘에서 채운 사람 아이콘을 검색하여 아이콘을 넣어주세요.

▼ 완성된 모습

19.7 미디어 쿼리로 화면 간격주기

모든 화면을 완성하였지만 사실 우리는 앱을 만들어준 것이기 때문에 화면을 크게 늘렸을 때 어긋나는 부분이 생겨요. 원래 웹과 앱을 모두 제작하려면 모바일과 웹 버전, 이 두 가지의 프로토타입이 필요해요. 이번 프로젝트에선 UI를 HTML과 CSS로 구현하는 데 초점을 맞췄기 때문에 간단하게 이 부분을 보완하겠습니다.

미디어 쿼리를 사용해 화면 크기가 특정 범위를 벗어나면 padding값을 적용하도록 해주겠습니다. 참고로 미디어 쿼리는 8장에서 다루었습니다.

다음과 같은 간격을 만들어줄 거예요.

19.7.1 미디어 쿼리 만들기

To Do **01** media-query.css 파일을 만들고, global.css에 삽입합니다.

```
@import "./media-query.css";
```
global.css

02 미디어 쿼리를 이용하여 화면 가로 크기가 768px 이상일 때, body의 좌우 패딩값을 10vw 로 지정합니다.

```
@media (min-width: 768px) {
  body {
    padding: 0 10vw;
  }
}
```

vw가 뭐지?

vw는 vertical width의 약자로, px의 1/100 단위입니다. 예로 브라우저 가로 값이 1000px 일 때 1vw는 10px이라는 뜻이 됩니다. 주로 스크린의 넓이 값을 지정할 때 사용합니다.

03 파일을 저장하고 실행합니다.

▼ 화면 크기가 768px 이상일 때

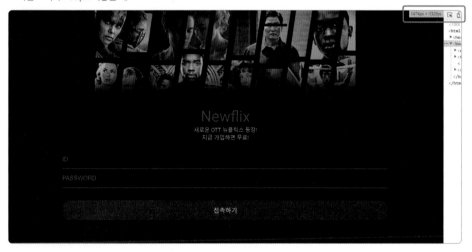

▼ 화면 크기가 645px 미만일 때

학습 마무리

아직은 콘텐츠 양이 많지 않아 어색한 부분도 있지만, 최종 프로젝트의 목적은 HTML과 CSS에 대해 알고, 이를 직접 구현할 수 있다는 점이에요. 이제 원하는 앱을 얼마나 스타일링 하느냐는 여러분들의 선택입니다. 클론 코딩 자체는 이제 끝났습니다. 축하드려요. 이어서 우리의 프로젝트를 웹에 공개하는 배포 과정을 배워보겠습니다.

핵심 요약

1 웹과 앱 UI를 민들고 싶나요? 웹과 앱 버전을 따로 만들어주거나 미디어 쿼리로 스타일을 지정해주면 됩니다.

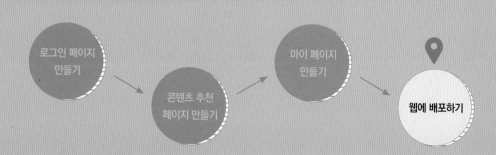

로그인 페이지
만들기

콘텐츠 추천
페이지 만들기

마이 페이지
만들기

웹에 배포하기

20.1 웹 호스팅이 뭐지?

구글에 '웹 호스팅'이라고 치면 cafe24, 가비아, 닷홈 등 여러 업체가 나와요. '여긴 뭐하는 곳인데 웹 호스팅을 치면 나오는거지?' 하는 의문을 가지실 텐데요. 바로 이 회사들이 웹 호스팅을 해주는 곳이에요. 우리는 서비스를 이용할 때 웹 사이트에 접속합니다. 이 과정이 가능한 이유는 웹 호스팅 업체가 웹 사이트로 들어갈 수 있는 도메인, URL을 제공하고 운영해주기 때문입니다. 좀 더 구체적으로 말해볼게요.

host는 '초대하다'라는 뜻을 가지고 있어요. 사람들을 자신의 웹 사이트에 초대할 수 있도록 도와주는 것이죠. 따라서 웹 호스팅 서비스web hosting service는 웹 사이트 주소를 제공하는 것을 말합니다. 웹 호스트는 인터넷 연결을 제공할뿐 아니라, 일반적으로 데이터 센터에서 클라이언트 이용에 대한 임대 또는 소유하는 서버의 공간을 제공하는 회사를 가리키는 거죠. 아래 그림처럼 웹 호스팅은 다양한 일을 처리해줍니다.

▼ 웹 호스팅

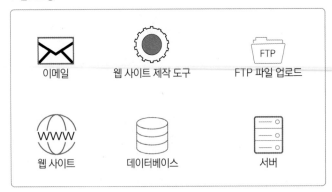

이메일 · 웹 사이트 제작 도구 · FTP 파일 업로드 · 웹 사이트 · 데이터베이스 · 서버

20.2 깃허브로 웹 호스팅하기

그렇다면 우리가 작업한 작업물을 웹에 호스팅하려면 돈을 내야 할까요? 정답부터 말씀드리자면 반은 맞고 반은 틀렸어요. 무슨 말이냐면, 쇼핑몰처럼 많은 트래픽이 발생하고 결제 시스템, 회원 관리 등이 필요한 웹 페이지라면 자체 서버를 마련하거나 유료 웹 호스팅을 해야 합니다. 하지만 우리가 만든 결과물처럼 보여주기 위주의 단순한 웹 페이지라면 무료로 제공해주는 웹 호스팅 업체를 이용해도 됩니다. 웹 호스팅 업체라고해서 다 유료는 아니거든요. 저는 그중에서 개발자들의 성지라고도 할 수 있는 깃허브에서 웹 호스팅하는 방법을 알려드릴 거예요.

우리는 이미 13장에서 깃허브에 가입했습니다. 아직 가입하지 않은 분은 13장을 참고해 지금 가입해주세요.

우리가 만든 코드를 깃허브에 올려 호스팅해봅시다. 이미 깃허브에 내 코드를 올렸다면 20.2.3절부터 시작해주세요!

20.2.1 저장소 만들기

To Do **01** 깃허브(github.com)에 접속해 로그인합니다.

02 저장소를 생성합니다. ❶ 왼쪽 상단에 new라는 초록 버튼을 누르세요. 또는 오른쪽 상단에
❷ + 아이콘을 클릭 → ❸ [new repository] 버튼을 클릭하면 됩니다.

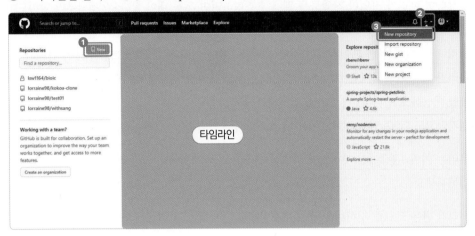

03 repository 정보를 입력합니다.

❶ Repository name에는 프로젝트 이름을 적어주세요. ❷ public(공개)을 선택합니다
(private을 선택하면 비공개됩니다). ❸ [Add a README File]의 체크박스를 체크해주
세요.

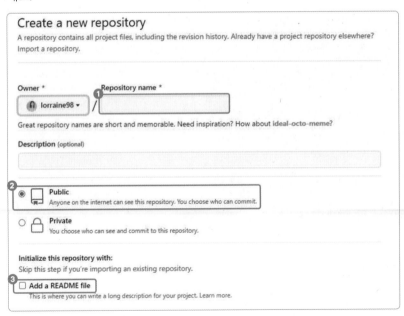

README는 내 저장소에 대한 공지사항이라고 할 수 있어요. README 박스를 생성해야 추후 여러분의 코드에서 읽었으면 하는 부분이나 수정된 부분을 쉽게 알릴 수 있습니다.

04 입력을 제대로 했다면 [Create repository]가 활성화됩니다. 클릭해서 저장소를 생성해주세요.

20.2.2 파일 업로드하기

프로젝트 파일을 모두 올려봅시다.

`To Do` **01** ❶ [Add file] → ❷ [Upload files]를 클릭합니다.

02 파일을 업로드합니다. ❶ 프로젝트 파일을 드래그 앤 드롭하거나 [choose your file]을 눌러 호스팅하려는 폴더 또는 파일을 전체 선택해주세요. ❷ 파일의 특징, 변화점을 적어줍니다. 나중에 코드를 고치거나 추가한 후 변경할 때 어떤 부분이 업데이트되었는지 설명할 때도 사용합니다. ❸ [Commit changes] 버튼을 눌러 업로드합니다.

업로드가 끝나면 사진과 같이 파일 목록이 보입니다.

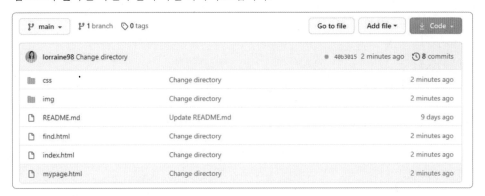

20.2.3 호스팅하기

우리가 업로드한 파일을 이제 특정 링크가 있는 웹 페이지로 만들어보겠습니다.

To Do **01** 메뉴에서 setting을 클릭합니다.

02 GitHub Pages가 보일 때까지 페이지를 아래로 스크롤합니다.

03 GitHub Pages의 Source에서 none을 main으로 변경합니다.

04 폴더를 ❶ /root로 지정한 후 ❷ 저장합니다. ❸ 링크를 클릭하세요.

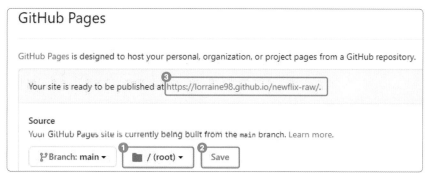

> ### 저는 브랜치 이름이 master라고 되어 있어요!
>
> 괜찮습니다! 현재 깃허브는 master에서 main으로 이름을 바꾸는 과도기에 있어요. 추후 main만 사용하게 될 날이 오겠지만 master로 되어 있다고 해서 잘못된 건 아닙니다.

링크를 클릭하면 정상적으로 호스팅된 것을 확인하실 수 있습니다. 다음과 같이 우리가 만든 페이지가 보이면 성공입니다.

학습 마무리

깃허브로 배포까지 완료했습니다. 이것으로 코딩 챌린지를 마쳤습니다. 축하드립니다.

핵심 요약

- 호스팅이란 서버를 이용할 수 있도록 임대해주는 서비스를 말합니다.
- 깃허브에서 무료로 호스팅을 할 수 있습니다.

리플잇 : 온라인 에디터

리플잇은 온라인 에디터입니다. 설치할 필요가 없어요. 한 번만 가입하면 다른 기기로 접속해도 내 계정으로 로그인하면 되니까 어디서든 코딩할 수 있습니다. 또한 사용법이 매우 간단하고 편리합니다. 간단하고 쉬운 도구입니다.

단점도 있습니다. 코드를 입력한 후 결과를 보기까지 시간이 걸리고 소스 파일을 저장하는 용량에 제한이 있습니다. 회원 가입을 하면 100MB까지 무료로 이용할 수 있지만 장기적으로 봤을 땐 적은 용량입니다. 특성을 이해하고 유용하게 활용하시길 빕니다.

A.1 가입하기

To Do **01** 리플잇 홈페이지에 접속합니다.

- replit.com

02 [start coding]을 클릭해 곧바로 이용할 수 있습니다. 하지만 비회원으로 이용하면 코드를 저장하지 못합니다. 그러므로 회원으로 가입해 사용하겠습니다.
우측 상단에 [Sign up]을 클릭합시다.

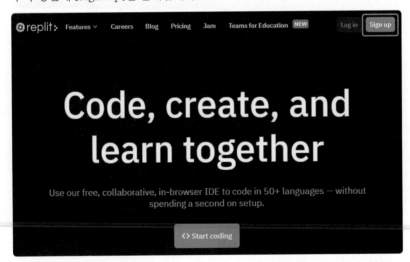

03 다음과 같은 화면이 보이면, 위에서 아래 순서로 ❶ 아이디, ❷ 이메일, ❸ 비밀번호를 입력하고 ❹ [Sign up]을 누릅니다. 참고로 다양한 ❺ SNS와 연동도 가능합니다(SNS 연동은 사이트의 안내에 따라 진행하세요).

회원가입을 완료하면 다음과 같은 화면이 보입니다.

04 프로필 하단에 [+ New repl] 혹은 우측 상단 [+] 버튼을 클릭하면 팝업창이 뜹니다.

05 팝업창에서 'HTML, CSS, JS'를 선택합니다.

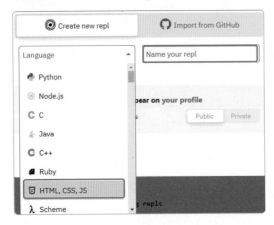

06 [Create repl] 버튼을 클릭합니다.

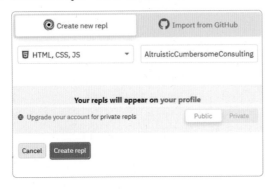

그러면 코딩하는 에디터 창이 보일 겁니다. 정말 간단하죠?

A.2 UI 뜯어보기

❶ 메인 메뉴입니다. ▶는 코드를 실행하는 버튼입니다. 큰 녹색 실행 버튼을 클릭하면 코드가 실행되고 ❺에 출력됩니다.

❷ 퀵 메뉴입니다. 주요 메뉴를 빠르게 선택할 수 있게 버튼을 제공합니다.

- 🗋 Files : 파일을 보여주는 ❸ 영역을 숨기거나 보이게 합니다.
- ⛬ Version control : 버전 관리 기능을 제공합니다.
- 📦 Packages : 패키지를 검색합니다.
- ⚙ Settings : 리플잇의 레이아웃, 다크모드, 폰트 크기 등을 조절할 수 있습니다. 코드를 작성하기 전 내게 맞는 환경으로 바꿔보셔도 좋을 것 같아요.

❸ 파일 탐색기입니다. 파일과 폴더를 담당하는 곳입니다. 기본적으로 프로젝트를 구성하는 모든 파일과 폴더를 보여줍니다. 파일이나 폴더를 생성할 수도 있습니다.

❹ 코딩 에디터입니다. 이곳에 코드를 작성하게 됩니다.

❺ 출력 결과창입니다. 코드의 생성 결과를 보여줍니다.

지금 단계에서 보이는 모든 기능을 다 알려고 애 쓸 필요는 없습니다. 지금은 코드를 작성하고 실행해보겠다는 간단한 목표만 가지면 좋겠습니다.

A.3 리플잇 코드 실행 체험하기

리플잇 에디터 창을 보면 기본 제공되는 HTML 코드가 이미 있습니다. 실행 방법을 체험해보는
시간을 갖겠습니다.

01 ⟨body⟩와 ⟨/body⟩ 사이(기존 10번째 줄)에 hello world라고 입력하세요.

02 실행 버튼을 누르세요.

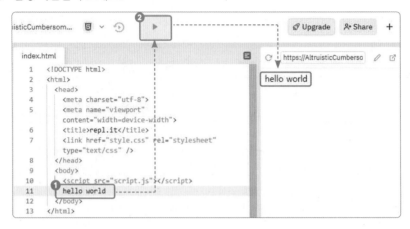

실행 결과창에 hello world가 보이면 제대로 실행된 겁니다.

챌린지가 끝났어! 이제 뭐하지?

여러분 여기까지 오시느라 정말 고생하셨습니다. HTML과 CSS를 배우시면서 다양한 요소와 속성을 알면 알수록 코드가 더 풍부해진다는 점을 아실 겁니다. 나무는 거대한 토지 위에 뿌리를 내립니다. 적당한 햇살과 물(공부)이 있다면 시간이 지날수록 나무는 성장하게 되어 있습니다. 이 성장의 기틀을 마련하신 것에 대해 진심으로 축하드립니다.

마케팅, 디자인 쪽에서 인턴 등의 경험을 쌓던 중 우연히 HTML을 배울 기회가 있었습니다. 기존에 봐왔던 공부와는 다른 세계였고 앞으로 코딩이 대세를 이룰 것이라는 말에 조바심이 나서 배우기 시작했습니다. 세상에 흐름에 합류하고 싶었습니다. 이렇게 떠밀리듯 배운 코딩이었지만 제겐 새로운 도전이 되었고 제 능력을 시험하는 계기가 되었습니다. 코딩을 배우는 동안 즐거웠습니다. 맨날 같은 일상에 지쳐있었거든요. 저는 HTML과 CSS를 어느 정도 익숙하게 다룰 줄 알게 되었고 다음 단계의 코딩까지 도전할 수 있었습니다. 새로운 도전이 또 새로운 도전을 만드는 모습과 세상의 흐름을 따라갈 수 있다는 기분이 매우 좋았네요.

자 이제 어떻게 해야 할까요? 물론 정답은 없지만 HTML과 CSS를 배우는 동안 디자인 또는 기술적으로 부족한 부분이 보였을 거예요. 이 부분에 대해 고민하다 보면 어떤 공부를 더 하고 싶은지 깨닫게 될 겁니다. 지금 당장 시작하지 않아도 괜찮습니다. 우선은 각자 위치에서 하던 일을 더 잘해내면 됩니다. 그러다가 열심히 가꾼 기틀을 사용하지 않게 되어 공부한 게 살짝 억울하다고 생각이 드는 그런 날이 오면, 그때 다시 생각해도 됩니다. 물론 선택은 여러분이 하시는 거예요. 우선 오늘만큼은 여기까지 오셨으니 한숨 돌리면서 미래를 그려봅시다. 그럼 지금까지 따라와주셔서 진심으로 감사드립니다.

2021년 초여름

임효성

에필로그

지금 당장 할 일

- 호스팅한 페이지를 SNS에 올려서 지인에게 자랑하기!
- 이 책을 완독하는 챌린지에 성공한 사연도 SNS에 올리기! 동기 부여 뿜뿜!

다음 추천 코드

1. 웹 프론트엔드 프로그래밍을 더 배우길 원한다면 자바스크립트를 배우세요.
2. 다른 입문용 언어를 더 배우고 싶다면 자바, C 언어, 파이썬을 배우세요.

감사 인사

이 책이 나올 수 있도록 도와주신 베타리더분들, 이상우 개발자님, 골든래빗 최현우 프로님께 진심으로 감사드립니다. 또한 이 책을 집필하는 데 응원해준 친구들, 가족에게 감사드립니다. 이 책은 제게도 좋은 경험이자 공부였습니다. 마지막으로 같이 공부하며 성장을 함께해주신 독자분들께도 진심으로 감사드립니다.

용어 찾기

용어 찾기

코드 찾기

비전공자를 위한 첫 코딩 챌린지 with HTML&CSS

HTML, CSS 입문부터 영상 서비스 앱 UI 만들기와 배포까지

초판 1쇄 발행 2021년 06월 10일

지은이 임효성
펴낸이 최현우 · **기획** 최현우 · **편집** 최현우, 이복연
디자인 Nu:n · **조판** 이경숙

펴낸곳 골든래빗(주)
등록 2020년 7월 7일 제 2020-000183호
주소 서울 마포구 신촌로2길 19, 302호
전화 0505-398-0505 · **팩스** 0505-537-0505
이메일 ask@goldenrabbit.co.kr
SNS facebook.com/goldenrabbit2020

ISBN 979-11-971498-4-9   93000